普通高等学校汽车类专业精品教材

智能汽车线控技术

主　编　石　玲　吕　博
副主编　范钱旺
参　编　邵友林　张文豪　丁成林

华中科技大学出版社
中国·武汉

内 容 简 介

本书不仅全面介绍了智能汽车的定义、体系构成、发展趋势,还介绍了智能汽车线控技术,包括线控制动技术、线控转向技术、线控驱动技术、线控换挡技术、线控悬架技术、线控底盘矢量控制技术等。通过学习本书的内容,读者能全面掌握智能汽车线控新技术。

本书内容新颖、语言简洁、图文并茂,通俗易懂,实用性强,可作为高等院校汽车类专业,包括车辆工程、汽车服务工程、智能车辆工程、交通运输、新能源汽车等专业的教材,也可作为相关专业技术人员的参考书。

本书配有 PPT 教学课件,扫描封底下方的二维码,即可浏览相应的课件内容。

图书在版编目(CIP)数据

智能汽车线控技术 / 石玲,吕博主编. -- 武汉:华中科技大学出版社,2025.5. -- ISBN 978-7-5680
-7936-5

Ⅰ. U463.6

中国国家版本馆 CIP 数据核字第 2025XP1354 号

智能汽车线控技术
Zhineng Qiche Xiankong Jishu

石 玲 吕 博 主编

策划编辑:张少奇
责任编辑:刘 飞
封面设计:廖亚萍
责任监印:朱 玢
出版发行:华中科技大学出版社(中国·武汉)　　电话:(027)81321913
　　　　　武汉市东湖新技术开发区华工科技园　　邮编:430223
录　　排:武汉三月禾文化传播有限公司
印　　刷:武汉市洪林印务有限公司
开　　本:787mm×1092mm　1/16
印　　张:13.5
字　　数:329 千字
版　　次:2025 年 5 月第 1 版第 1 次印刷
定　　价:49.80 元

前　言

通信、互联网、大数据、云计算和人工智能等新型信息与通信技术飞速发展，推动汽车产业随之变革。汽车朝向电动化、智能化，网联化、共享化方向发展。智能汽车正是汽车智能化和网联化结合的产物。通过将人工智能技术与现代通信技术结合以实现车与人、车与车、车与路以及车与云之间的数据及信息交换，智能车联网使汽车不只是一种交通工具，而是一个联网的可行走的智能终端，可实现车载信息服务、车辆数据信息服务和自动驾驶等应用。智能车联网带来了汽车产业的转型升级，正在改变人类的生活方式。智能汽车技术已经突破了汽车行业的范畴，成为涉及汽车、通信和互联网等多学科领域的综合体系。

线控技术是智能汽车核心技术之一，自动驾驶控制执行层主要依赖于线控技术，实现汽车自动转向、自动制动、自动驱动等。在控制单元和执行器之间，线控技术利用电子装置取代传统的机械连接装置或液压连接装置，用电信号取代机械连接部件，取消了机械结构，赋予汽车设计新空间。

本书不仅全面介绍了智能汽车的定义、体系构成、发展趋势，还介绍了智能汽车线控技术，包括线控制动技术、线控转向技术、线控驱动技术、线控换挡技术、线控悬架技术、线控底盘矢量控制技术等。学习本书内容，读者能全面掌握智能汽车线控新技术。

本书由高校教师和企业专家联合编撰，高校编写人员包括上海师范大学天华学院石玲、吕博、邵友林、张文豪、丁成林，企业编写人员为范钱旺博士。在编写本书的过程中，编者参考了许多优秀的书籍和其他资料，在此向本书借鉴、参考的所有文献的作者表示衷心的感谢。书中部分图片来源于网络，在此也向图片的原创者表示感谢，若有未尽事宜，请与我们联系，电子邮箱地址：hustp_jixie@163.com。

由于编者学识有限，书中不当之处在所难免，恳请读者给予指正。

编　者
2024 年 11 月

目　　录

第1章 智能汽车线控技术概述

【学习目标】

通过对本章的学习,学生能够掌握智能汽车的定义与分级,掌握智能汽车的标准体系构成、智能汽车线控技术应用和发展前景,为后续学习奠定基础。

1.1 智能汽车概述

1.1.1 智能汽车定义

据公安部统计,2023年全国机动车保有量达4.35亿辆,其中汽车为3.36亿辆。预计到2030年我国汽车保有量约为4.3亿辆,千人汽车拥有量为300辆。随着汽车保有量的增加,能源危机、环境污染、交通拥堵和交通事故等社会问题(见图1-1至图1-4)增多。智能汽车是解决这些社会问题的有效方法,代表着汽车行业发展的方向。智能汽车是新一轮科技革命背景下的新兴产品,可显著改善交通安全、实现节能减排、减缓交通拥堵、提高交通效率,并拉动汽车、电子、通信、服务等行业协同发展,对促进汽车产业转型升级具有重大战略意义。因此,我国要大力发展智能汽车。

图 1-1 能源危机

图 1-2 环境污染

图 1-3 交通拥堵

图 1-4 交通事故

图 1-5 智能汽车

智能汽车(见图 1-5)是在普通汽车的基础上增加了先进的传感器、控制器、执行器等装置,通过车载传感系统和信息终端实现与人、车、路等的智能信息交换,使车辆具备智能的环境感知能力,能够自动分析车辆行驶的安全及危险状态,并使车辆按照人的意愿到达目的地,最终实现替代人来操作的目的。智能汽车是智能交通系统的重要组成部分,未来的智能汽车已不单纯是一种交通工具,而是智能移动终端。

智能汽车利用多种传感器和智能公路技术实现自动驾驶的前提是要有一套导航信息资料库,该资料库中存有全国高速公路、普通公路、城市道路以及各种服务设施的信息资料;要有全球定位系统(GPS),利用这个系统精确定位车辆所在的位置,与资料库中的数据相比较,确定行驶方向;要有道路状况信息系统,由交通管理中心提供实时的前方道路状况信息,如堵车、事故等,必要时及时改变行驶路线;要有车辆防碰系统,包括探测雷达、信息处理系统、驾驶控制系统,控制与其他车辆的距离,在探测到障碍物时及时减速或刹车,并把信息传给指挥中心和其他车辆;要有紧急报警系统,如果出了事故,自动报告指挥中心进行救援;要有无线通信系统,用于汽车与指挥中心的联络;要有自动驾驶系统,用于控制汽车的点火、改变速度和方向等。

人们对智能汽车的操作实质上可视为对一个多输入、多输出、输入输出关系复杂多变、不确定多干扰源的复杂非线性系统的控制过程。通常情况下,驾驶员既要接受道路、其他车辆、行人等环境信息,还要感受车速、侧向偏移、横摆角速度等汽车信息,然后经过判断、分析和决策,并与自己的驾驶经验相比较,确定应该做出的操纵动作,最后由身体、手、脚等来完成操纵车辆的动作。因此在整个驾驶过程中,驾驶员的人为因素占了很大的比重,一旦驾驶员因疲劳驾车出现判断失误,就很容易造成交通事故。

通过对智能汽车的研究,人们可以提高车辆的控制与驾驶水平,保障车辆行驶的安全畅通、高效。对智能化的车辆控制系统的不断研究完善,相当于延伸扩展了驾驶员的控制、视觉和感官功能,能极大地促进道路交通的安全性。智能汽车的主要特点是以技术弥补人为因素的缺陷,使得即便在很复杂的道路情况下,也能自动地操纵和驾驶车辆绕开障碍物,沿着预定的轨迹行驶。

1.1.2 智能汽车特点

智能汽车是一种新型高科技汽车,这种汽车不需要人去驾驶,因为这种汽车上装有相当于人类"眼睛""大脑"和"手脚"的电子摄像机、电子计算机和自动操纵系统等装置,这些装置可以让汽车能和人一样"思考""判断""行走",可以自动启动、加速、刹车,可以自动绕过地面障碍物。在复杂多变的情况下,智能汽车的"大脑"能随机应变,自动选择最佳方案,指挥汽车正常、顺利地行驶。

智能汽车的"眼睛"是装在汽车右前方、上下相隔 50 cm 的两台电子摄像机,两台摄像机内均有一个发光装置,可同时发出一条光束,交汇于一定距离处,物体的图像只有在这个距离内才能被摄取而重叠。"眼睛"能识别车前 5～20 m 之间的台形平面、高度为 10 cm 以上的障碍物。如果前方有障碍物,"眼睛"就会向"大脑"发出信号,"大脑"根据信号和当时的实际情况,判断是否通过、绕道、减速或紧急制动和停车,并选择最佳方案,然后以电信号的方式让汽车停车、后退或减速。

图 1-6 无人驾驶汽车

　　智能汽车的终极发展目标是无人驾驶。无人驾驶汽车是通过车载环境感知系统感知道路环境、自动规划路径、识别行车路线,按照预定条件控制车辆到达预定地点的智能汽车,如图 1-6 所示。无人驾驶汽车是融合了传感器、计算机、人工智能、无线通信、导航定位、机器识别、机器视觉、智能控制等多种先进技术的综合体。

1.1.3 智能汽车驾驶自动化分级

　　目前国际上对于驾驶自动化的等级分类有两个标准:一个是美国高速公路交通安全管理局(National Highway Traffic Safety Administration,NHTSA)制定的标准,将驾驶自动化划分为 5 级(L0～L4),如表 1-1 所示;另一个是国际汽车工程师协会(Society of Automotive Engineer,SAE)制定的标准,将驾驶自动化定义为 6 级(L0～L5)。主流采用 SAE 的等级划分标准 SAE J3016,如表 1-1 所示。

表 1-1 NHTSA、SAE 对汽车驾驶自动化的分级

驾驶自动化分级		名称	定义	驾驶操作	周边监控	接管	应用场景
NHTSA	SAE						
L0	L0	人工驾驶	由驾驶员全权驾驶汽车	驾驶员	驾驶员	驾驶员	无
L1	L1	辅助驾驶	通过驾驶环境对转向盘和加减速中的一项操作提供支持,其余由驾驶员操作	驾驶员和汽车	驾驶员	驾驶员	限定场景
L2	L2	部分自动驾驶	通过驾驶环境对转向盘和加减速中的多项操作提供支持,其余由驾驶员操作	汽车	驾驶员	驾驶员	
L3	L3	条件自动驾驶	由无人驾驶系统完成所有的驾驶操作;根据系统要求,驾驶员提供适当的应答	汽车	汽车	驾驶员	
L4	L4	高度自动驾驶	由无人驾驶系统完成所有的驾驶操作;根据系统要求,驾驶员不一定提供所有的应答;限定道路和环境条件	汽车	汽车	汽车	
	L5	完全自动驾驶	由无人驾驶系统完成所有的驾驶操作;可能的情况下,驾驶员接管汽车;不限定道路和环境条件	汽车	汽车	汽车	所有场景

1. 美国高速公路安全管理局对驾驶自动化的分级

根据美国高速公路交通安全管理局的分类,自动驾驶分为 5 个级别:L0～L4 级。

1) L0(无自动化)

没有任何自动驾驶功能、技术,驾驶员对汽车的所有功能拥有绝对控制权。驾驶员需要负责启动、制动、操作和观察道路状况。碰撞预警、车道偏离预警、自动雨刷、自动前灯控制属于此阶段。

2) L1(单一功能级自动化)

驾驶员仍然对行车安全负责,不过可以将部分控制权给系统管理,某些功能已经自动进行,比如常见的自适应巡航(AAC)、应急刹车辅助(EBA)、车道保持(LKS),但只是单一功能,驾驶员无法做到手和脚同时不操控。

3) L2(部分自动化)

驾驶员和汽车分享控制权,驾驶员在某些环境中可以不操作汽车,即手脚同时脱离控制。但是驾驶员仍然需要随时待命,对驾驶负责,准备接管汽车。比如:ACC 和 LKS 组合跟车。重点是:驾驶员不再是主要操作者。

4) L3(有条件自动化)

在有限情况下实现自动控制,汽车自动驾驶系统负责整个车辆的控制,但是遇见紧急情况,驾驶员仍然需要接管汽车,但是有足够预警时间。在高速和人流量较少的城市路段,驾驶员对行车安全不再负责,不必监视道路状况。

5) L4(完全自动化)

行车时可以没有人乘坐,汽车负责安全,并完全不依赖驾驶员。

2. 国际汽车工程师协会对驾驶自动化的分级

国际汽车工程师协会将驾驶自动化级别划分为 6 个级别:L0～L5。

1) L0(有人驾驶)

该级别汽车完全由人驾驶,无自动驾驶。由人来完成"动态驾驶任务",尽管可能有相应的系统来辅助驾驶员,例如紧急制动系统,但从技术方面来讲,该辅助系统并未主动驱动车辆,所以算不上自动化驾驶。

2) L1(驾驶者辅助)

该级别汽车控制了一些车辆功能,汽车具有一个或多个特殊自动控制功能,例如电子稳定性控制(ESC)、自动紧急制动(AEB)等,车辆通过控制制动帮助驾驶员重新掌控车辆或是更快速地停车,此项的大部分功能都是由一个 ECU(电子控制器)来开发。大多数现代车都属于这个级别,这是自动化驾驶的最低级别。车辆具有单独的自动化驾驶员辅助系统,例如转向或加速系统。自适应巡航控制(ACC)系统可以让车辆与前车保持安全距离,驾驶员负责监控驾驶的其他方面,符合 L1 级标准。现有车辆主要功能体现为自适应巡航控制、自动紧急制动等。

3) L2(部分自动化)

该级别汽车具有将至少两个原始控制功能融合在一起的系统,即涉及至少两个主要控制功能的自动化系统,即高级驾驶员辅助系统(ADAS)。ADAS 需要进行融合,需要两个 ECU 进行配合,系统之间进行高度耦合。例如,一些高端车辆提供的主动巡航控制和车道保持共同工作,能够控制车辆转向以及加速或减速,完全不需要驾驶员对这些功能进行控制,但驾驶员需要一直对系统进行监视并准备在紧急情况时接管系统。因为有驾驶员坐在汽车座位上,并且能随时控制汽车,所以这一阶段的自动驾驶还算不上无人驾驶。

比较特别的是自动驾驶级别 L2.5,L2.5 级比 L2 级稍微高级但和 L3 级依然有质的差距。该级别的代表技术为特斯拉的 Autopilot 2.0。Autopilot 2.0 的核心内容由主动巡航控制(TACC)、自动转向(Autosteer)、自动变道构成,可同时与车道辅助、防撞辅助、车速辅助等功能搭配使用。其中,主动巡航控制可以自动对车辆进行纵向控制,简单来说就是开启该功能后系统接管了刹车,但驾驶员仍然需要手动控制方向盘。自动转向提供的自动横向控制,取代了手动控制方向盘的操作。

4)L3(有条件自动化)

该级别汽车可以在某些条件下进行自动驾驶,汽车能够在某个特定的驾驶交通环境下让驾驶员完全不用控制汽车,而且可以自动检测环境的变化以判断是否返回驾驶员驾驶模式,驾驶员无须一直对系统进行监视,但如果有需要的话,驾驶员可以接管汽车。该级别的自动驾驶汽车还是需要驾驶员,可称之为“半自动驾驶”。

从技术角度来看,从 L2 到 L3 级实现了重大飞跃,但从驾驶员的角度来看,差别不明显。L3 级无人驾驶汽车具有“环境检测”能力,可以自己根据信息做出决定,例如加速经过缓慢行驶的车辆。但是这个级别仍然需要人类操控,驾驶员必须保持警觉,并且在系统无法执行任务时进行操控。

5)L4(高度自动化)

在限定区域或限定环境(如固定园区、封闭、半封闭高速公路等)下,该级别汽车可以始终处于自己完全控制的状态,即使没有驾驶员也能操作。L4 级和 L3 级最主要的区别在于是否仍然需要人类干预,L4 级自动驾驶汽车能够在紧急情况下自行解决问题,而 L3 级自动驾驶汽车在此情况下则需要人类驾驶员介入。L3 级和 L4 级自动驾驶汽车的关键区别在于,如果发生意外或系统失效,L4 级自动驾驶汽车可自行干预。从这个意义上来说,这些汽车在大多数情况下不需要人为干预。但是,驾驶员仍然可以选择手动操控。L4 级自动驾驶汽车可以采用无人驾驶模式运行,但由于立法和基础设施发展欠缺,L4 级自动驾驶汽车只能在限定区域内无人驾驶。

6)L5(完全自动化)

该级别汽车是真正意义上的可以在每个驾驶场景中(不局限于特定场景)完全自主驾驶的汽车。

目前,大多数无人驾驶汽车处于 L2~L4 级阶段,即能够在特定的限制区域测试,并且需要车上的安全员随时介入。L5 级自动驾驶汽车不需要人为监视,从而免除了“动态驾驶任务”。L5 级自动驾驶汽车甚至都不需要方向盘或加速/制动踏板。它们将不受地理环境的限制,能够完成经验丰富的人类驾驶员可以完成的操控。

3. 我国对驾驶自动化的分级

2020 年 4 月 10 日,我国工业和信息化部科技司发布推荐性国家标准《汽车驾驶自动化分级》。该标准于 2021 年 1 月 1 日实施,是我国智能汽车标准体系的基础类标准之一,将为我国后续自动驾驶相关法律、法规、强制性标准的出台提供支撑。其中包括对驾驶自动化的定义、驾驶自动化分级原则、驾驶自动化等级划分要素、驾驶自动化各等级定义、驾驶自动化等级划分流程及判定方法、驾驶自动化各等级技术要求等。《汽车驾驶自动化分级》在制定过程中，参考了 SAE J3016 的 L0～L5 级的分级框架，二者对每个具体的驾驶自动化功能分级结果基本一致，只有少部分内容依照国情进行调整，如表1-2所示。

表 1-2 我国对汽车驾驶自动化的分级

驾驶自动化分级		名称	定义	驾驶操作	周边监控	接管	应用场景
人类控制	0	应急辅助 EA	可感知环境，并提供报警、辅助或短暂介入以辅助驾驶员操作	驾驶员	驾驶员	驾驶员	无
人监控驾驶环境	1	部分驾驶辅助 DA	通过驾驶环境对转向盘和加减速中的一项操作提供支持，其余由驾驶员操作	驾驶员和汽车	驾驶员	驾驶员	限定场景
	2	组合驾驶辅助 PA	通过驾驶环境对转向盘和加减速中的多项操作提供支持，其余由驾驶员操作	驾驶员和汽车	驾驶员	驾驶员	
自动驾驶系统监控驾驶环境	3	有条件自动驾驶 CA	由无人驾驶系统完成所有的驾驶操作，根据系统请求，驾驶员需要提供适当的干预	汽车	汽车	驾驶员	
	4	高度自动驾驶 HA	由无人驾驶系统完成所有的驾驶操作，特定环境下系统会向驾驶员提出响应请求，驾驶员可以对系统请求不进行响应	汽车	汽车	汽车	
	5	完全自动驾驶 FA	由无人驾驶系统完成所有的驾驶操作，不需要驾驶员介入	汽车	汽车	汽车	所有场景

以下为我国《汽车驾驶自动化分级》标准中的具体分级情况。

1）0级（应急辅助）

驾驶自动化系统不能持续执行动态驾驶任务中的车辆横向或纵向运动控制，但具备持续执行动态驾驶任务中的部分目标和事件探测与响应的能力。

需要指出的是，0级驾驶自动化不是无驾驶自动化，0级驾驶自动化可感知环境，并提供报警、辅助或短暂介入以辅助驾驶员（如车道偏离预警、前碰撞预警、自动紧急制动等应急辅助功能）。

此外，不具备目标和事件探测与响应的能力的功能（如：定速巡航、电子稳定性控制等）不在驾驶自动化考虑的范围内。

2）1级（部分驾驶辅助）

驾驶自动化系统在其设计运行条件内持续地执行动态驾驶任务中的车辆横向或纵向运动控制，且具备与所执行的车辆横向或纵向运动控制相适应的部分目标和事件探测与响应的能力。对于 1 级驾驶自动化,驾驶员和驾驶自动化系统共同执行动态驾驶任务,并监管驾驶自动化系统的行为和执行适当的响应或操作。

3) 2 级(组合驾驶辅助)

驾驶自动化系统在其设计运行条件内持续地执行动态驾驶任务中的车辆横向和纵向运动控制,且具备与所执行的车辆横向和纵向运动控制相适应的部分目标和事件探测与响应的能力。与 1 级驾驶自动化类似,2 级驾驶自动化中的驾驶员和驾驶自动化系统也是共同执行动态驾驶任务,并监管驾驶自动化系统的行为和执行适当的响应或操作。

4) 3 级(有条件自动驾驶)

驾驶自动化系统在其设计运行条件内持续地执行全部动态驾驶任务。

对于 3 级驾驶自动化,动态驾驶任务接管用户以适当的方式执行动态驾驶任务接管。

5) 4 级(高度自动驾驶)

驾驶自动化系统在其设计运行条件内持续地执行全部动态驾驶任务和执行动态驾驶任务接管。

对于 4 级驾驶自动化,系统发出接管请求时,若乘客无响应,系统具备自动达到最小风险状态的能力。

6) 5 级(完全自动驾驶)

驾驶自动化系统在任何可行驶条件下持续地执行全部动态驾驶任务和执行动态驾驶任务接管。对于 5 级驾驶自动化,系统发出接管请求时,乘客无须进行响应,系统具备自动达到最小风险状态的能力。此外,5 级驾驶自动化在车辆可行驶环境下没有设计运行条件的限制。

中国版和 SAE 版自动驾驶分级标准的不同点有三个:其一,SAE 标准下将 AEB 等安全辅助功能和非驾驶自动化功能都放在 0 级,称为无驾驶自动化,中国版标准则称之为应急辅助,驾驶员能够掌握驾驶权,系统可感知环境,并提供报警、辅助或短暂介入驾驶,作为一个安全的基础分支,和非驾驶自动化功能分开,更加便于理解;其二,中国版标准针对 0～2 级自动驾驶,规定的是"目标和事件探测与响应"由驾驶员及系统协作完成,而在 SAE 标准下,L0 级至 L2 级自动驾驶汽车的 OEDR(目标和事件检测,以及决策任务)全部由人类驾驶员完成;其三,中国版标准在 3 级自动驾驶中明确增加了对驾驶员接管能力监测和风险减缓策略的要求,明确最低安全要求,减少实际应用的安全风险。

总体而言,中国版和 SAE 版标准在思路上是一致的,例如 3 级/L3 级及以上都转为由自动驾驶系统控制汽车。但在 0 级～2 级(L0～L2 级)上,SAE J3016 标准要求完全由人类驾驶员进行操作;而中国标准则定义为由自动驾驶系统和人类驾驶员共同操作。

1.2　智能汽车发展历程

智能汽车并不是新鲜事物,早在 20 世纪初期,人类就开始了智能汽车研究的尝试。早期的智能汽车主要通过无线电技术实现,根据 *Unmanned Systems of World Wars* Ⅰ *and* Ⅱ 的作者埃弗里特的说法,第一辆无人地面车辆是西班牙发明家莱昂纳多·托雷斯·奎韦多于 1904 年制造的无线电遥控三轮车。在第一次世界大战期间,军队使用了各种小型、无线电控制的车辆来运送和引爆火药。

根据 1919 年《科学美国人》记录,大约在 1912 年,美国无线电控制设备专家小约翰·哈蒙德和本杰明·密斯纳利用一个电子回路和一对光感性硒光电管设计了一款简单的自动引导小车,并给它起了一个凶悍的名字——"战争狗",如图 1-7 所示。

图 1-7 "战争狗"

"战争狗"的设计原理很简单,左右光感电管感知环境的光强差异,电子回路构成的底层控制系统根据光强信号控制小车转向,如果两侧感光存在差异,小车将向光强一侧转向;如果两侧感光均衡,小车保持直行。"战争狗"的机械设计相对比较粗糙,但却给后续的无人驾驶提供了思路,我们现在在车上使用的定速巡航从本质上也和"战争狗"有相同的逻辑,在车速较低时,自动注入较多汽油提升车速,如果车速过快,控制器会减少汽油的注入,直到预定速度和实际速度之间的差异为零。

20 世纪 20 年代,无线电控制汽车得到了应用。无线电在长距离传输信号方面存在优势,这使得早期的工程师萌生了遥控汽车的想法,但同时无线电信号容易受到干扰,经常会被放送到其他的接收器上,所以无线电控制汽车都有一个操作员,操作员跟随汽车发送操纵指令,同时实时监控和处理汽车可能遇到的情况。

1921 年,美国军方的 Raymond E. Vaugha 在俄亥俄州代顿市的街道上展示了一辆无线电遥控的汽车。尽管该车只有三个轮子,外形酷似一个箱子,但还是吸引了不少当地市民的注意,一家名为《电气世界》(*Electrical World*)的出版物报道了当时的情景:成百上千的人看着无人驾驶的"汽车"跟着它的驾驶员走,惊叹不已,如图 1-8 所示。文章指出:"当汽车驶近街道十字路口时,观察交通信号,如果有行人或其他障碍物进入,喇叭就会吹响。"

图 1-8 无线电遥控汽车

1925 年,Houdina 无线电控制公司的创始人 Francis P. Houdina 发明了一种无线电操纵的汽车。这辆车由一辆 Chandler 改装而成,车辆的后座上安装了无线电接收天线,并配置了一系列小型电动机,用于执行对汽车的控制。Houdina 坐在后方的另一辆装有发射器的汽车上发射无线电信号,前方车辆接收信号并生成指令,电动机根据相应指令控制车辆启动、转向、刹车、加速、鸣笛等。Houdina 将他发明的汽车命名为"美国奇迹",如图 1-9 所示,他在纽约繁忙的街道上公开展示了他的无线遥控无人驾驶汽车,当天碰巧赶上一个示威游行,他操纵汽车穿越拥挤的街道,从百老汇开到了第五大道,引起了巨大的轰动。纽约时报对此事进行了报道,Houdina 和他的"美国奇迹"汽车一时间成了明星,经常受邀在不同的城市街道进行展示,参加商业活动和汽车公司的宣传活动。尽管 Houdina 的无线电遥控汽车并不是真正的自动驾驶汽车,但他的"美国奇迹"汽车给公众留下了深刻的印象,使无人驾驶汽车的魅力日益浓厚,一定程度上推动了无人驾驶汽车的发展。

图 1-9　"美国奇迹"汽车

20 世纪 50 年代,多数美国家庭都购买了汽车,但是人们在享受汽车带来的出行便利和私密旅行时,其实并不想承担驾驶任务。当时美国电气照明与动力公司的一个平面广告生动展现了人们对无人驾驶汽车的设想:一家人面对面坐在车后座上,围着一个桌子玩多米诺骨牌游戏,如图 1-10 所示。

通用汽车在世界博览会上成功展出的"未来世界"让人们神魂颠倒,虽然梦想还未成真,但通用汽车仍在为建造自动化的高速公路而努力。美国无线电公司是 20 世纪 50 年代电子工业创新的发源地,通用汽车公司与之合作研发高速公路。经过几年的努力,两组团队设计出来一个他们称之为电子化高速公路的创意解决方案,他们结合了无线电技术、电子电路以及基于电磁学理论而创建的逻辑门电路。1958 年,通用汽车公司和美国无线电公司的研究团队合作组装出一套车辆侦测与引导系统,在内布拉斯加州林肯市郊区一条长 400 ft(英尺,1 英尺约为 0.3 米)、专门改造过的高速公路上,用两辆 1958 年款的雪佛兰汽车进行了测试,如图 1-11 所示。测试车辆基于侦测与引导系统实现了前后车距保持以及自动转向的功能。

车辆侦测与引导系统是各种复杂电子设备的综合。这个系统必须实现基础设施之间的信息通信,这涉及晶体管、无线电发射器等元件的使用。为了创建这一侦测系统,美国无线电公司的工程师首先在道路中铺设了一系列矩形电线回路,这些矩形回路的长度比汽车车长略短,一个个矩形回路之间首尾相接,覆盖整条测试道路。

图 1-10 无人驾驶汽车设想

图 1-11 车辆侦测与引导系统测试

每当车辆行驶经过一个矩形回路,就会向埋在道路中的晶体管侦测设备发送一个特殊的信号。当车辆快速驶过这一系列矩形回路时,反馈信号就会流入由所有侦测器组成的一个网络里,这些信号就会以无线电的形式传播给附近的控制塔,然后由控制塔自动地以无线电指令的方式传递给附近的车辆,附近车辆就会自动执行刹车或加速来调整与这辆车之间的距离,这样就实现了道路上前后车距的保持功能。

测试车辆前端配备有两个等距分置的金属"传感线圈",与每个传感器线圈匹配的是一套测量设备,用于测量其中通过的电流强度。当汽车从道路上方驶过时,埋在地下的矩形回路会产生磁场,而这个磁场又会引发车载传感线圈产生电流。如果车辆正确地行驶在道路中央,两个传感线圈中产生的电流将会大致相当。然而当汽车危险地偏向了道路的一侧,这侧的传感线圈就会产生更强的电流,对应的传感器也会记录下相较于另一侧较高的电流数值,接收到较强信号的传感器就会向汽车的方向盘操控系统发送指令,要求车辆轻微转向,直到两侧的传感器测量数值再次平衡。这就是测试车辆实现自动调整方向的原理,其准确性和反应速度丝毫不逊于一个注意力集中的人类驾驶员。

1960 年,利用同样的方式,通用汽车又在新泽西州建立了另一条电子化高速公路的测试跑道,但这次是为通用汽车专门定制的,最终实现了车辆的自动启动、加速、转向与停止,全程没有人工直接参与。

1964 年,通用汽车公司在纽约世界博览会上再次向公众展示了无人驾驶汽车的梦想,通用汽车在广告中这样宣传他们的概念车"火鸟":"某一天,一家人驾车行驶在超级公路上时,可以将车辆交给一套自动程序化的引导系统,人们随后就能尽情地享受旅程的舒适和绝对的安全,并以今天高速公路上汽车两倍速度前往目的地。"尽管"火鸟"有着吸引人的柔美线条和单峰垂直尾翼,但它还是成为通用汽车在自动化高速公路领域投入几十年后的绝唱。

纵观二十世纪六七十年代,利用通用汽车和美国无线电公司的基础系统——电缆、金属传感器和磁场感应器的组合,其他研究者继续针对自动化高速公路做了些改进升级。20 世纪 60 年代,美国俄亥俄州成了汽车工程领域的前沿研发中心,在当时尤其以自动化车辆引导和控制的研究为人所熟知。同一时期,英国运输与道路研究实验室使用改装的 Citroen DS 采用相同的方法,以 130 km/h 的速度在各种天气状况下进行了试验,结果汽车的速度和方向都没有发生偏离。同时根据分析,采用这个系统后,道路的负载能力将提高 50%,而交通事故将减少 40%。

1966 年到 1972 年间,美国斯坦福国际研究所成功研制了世界上第一个真正可移动和感知的机器人 Shakey(见图 1-12)。研究人员为 Shakey 装备了电子摄像机、三角法测距仪、碰撞传感器、驱动电机以及编码器,并用无线通信系统控制 Shakey 内部的两台计算机。Shakey 具备一定的人工智能,能够自主进行感知、环境建模、行为规划和控制,这也成了后来机器人和无人驾驶的通用框架。

1969 年,人工智能的创始人之一约翰·麦卡锡在一篇名为"电脑控制汽车"的文章中描述了与现代自动驾驶汽车类似的想法。麦卡锡所提出的想法是关于一名"自动司机"可以通过"电子摄像机输入数据,并使用与人类司机相同的视觉输入"来帮助车辆进行导航。他在文章中写道,用户应该可以通过使用键盘输入目的地来驱使汽车立即自动前往目的地。同时也会存在额外的命令可以让用户改变目的地,例如在休息室或餐厅停留,可以放慢速度或者在紧急情况下加速。虽然当时没有这样的车辆,但麦卡锡的文章为其他研究人员的任务设计提供了帮助。麦卡锡讲述了该想法的两个好处:驾驶方便和驾驶安全。他的这篇前瞻性文章,启发了 20 世纪 80 年代的大部分研究。

1977 年,日本筑波工程研究实验室的 S. Tsugawa 和他的同事们开发出了第一个用摄像头检测导航信息的自动驾驶汽车,如图 1-13 所示。这辆车内配备了两个摄像头,并用模拟计算机技术进行信号处理,车速能达到 30 km/h,但需要高架轨道的辅助。这是所知最早的开始使用视觉设备进行无人驾驶的尝试,由此翻开了无人驾驶新的一页。

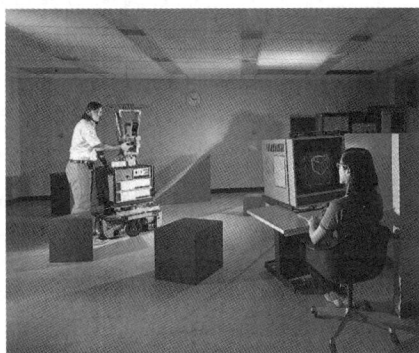

图 1-12　机器人 Shakey

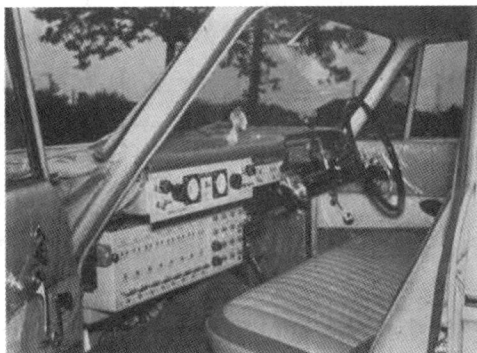

图 1-13　用摄像头检测导航信息的自动驾驶汽车

1961 年斯坦福大学的博士候选人詹姆斯·亚当斯制造了一辆原型车,这辆车后来被称为斯坦福推车,用于测试火星探测车的可行性。他的试验失败了,因为测试车的延时竟然达到了 2.5 s。后来的研究者在斯坦福推车的基础上不断进行了改进:1967 年,斯坦福推车能够跟随白线行驶;1977 年,还在斯坦福大学人工智能实验室读博士的汉斯·摩拉维克为斯坦福推车研制了一台配备立体视觉和电脑远程控制系统,电子摄像机安装在车顶栏杆上,从几个不同的角度拍摄照片,并将其传送到电脑,电脑计算小车和它周围的障碍物之间的距离,并操纵小车绕过障碍物;1979 年,斯坦福推车在没有人干预的情况下,耗时约 5 h 成功地穿过了一个放满椅子的房间。斯坦福推车是早期的无人驾驶汽车,如图 1-14 所示。

图 1-14 早期的无人驾驶汽车

车上装有防撞车架等大量安全设备。

1991 年,电影《霹雳游侠 2000》中可防御、可进攻的 Kitt 黑色智能汽车,以难以分清头和尾的独特外形、几乎与车长相等的轴距、极具肌肉线条感的流畅设计为人们展示了未来智能汽车的设想,如图 1-15 所示。以人工智能为题材的科幻电影《少数派报告》中的红色雷克萨斯智能汽车进一步将艺术润色和技术层面的设想结合起来,如图 1-16 所示。在这些电影中,智能汽车采用智能电动发动机,

图 1-15 Kitt 黑色智能汽车

图 1-16 红色雷克萨斯智能汽车

随着人工智能技术的应用和发展,现代意义上的"自动驾驶"的轮廓日渐明晰。虽然完全意义上的无人驾驶汽车还没有走进普通人的生活,但是综合自适应速度控制、自动紧急制动等多种辅助驾驶功能的汽车已经出现在市场上了。

美国研究机构 Navigant Reserch 预测:无人驾驶汽车数量占汽车总数的比率将从 2025 年的 4％增长到 2030 年的 41％和 2035 年的 75％。

2004 年,美国国防高级研究计划局(DARPA)率先对无人驾驶汽车进行了有史以来最重要的挑战。该团队成功地让无人驾驶汽车穿越了莫哈韦(Mojave)沙漠。随后,2005 年,斯坦福大学一辆改装的大众途锐也完美地参与了该项挑战。这辆车不仅携带了摄像头,同时还配备了激光测距仪、雷达远程视距仪、GPS 传感器以及英特尔奔腾 M 处理器,如图 1-17 所示。

在第一次挑战成功的三年后,2007 年 DARPA 将实验场地从沙漠换成了城市,并且在斯坦福拉力赛中获得了第二名、在 Tartan Racing 中获得了第一名的好成绩。随后,他们还获得了通用、大陆集团(Continental)和卡特彼勒等公司的支持。从那时起,无人驾驶汽车的功能就开始变得越来越复杂,它们需要学会稳妥地处理交通关系,包括路上的行人、其他车辆、信号、障碍,以及人类驾驶员等。

2009 年,谷歌在 DARPA 的支持下,开始了自己的无人驾驶汽车项目。谷歌改装了一辆丰田普锐斯汽车在太平洋沿岸行驶了 1.4 万英里(1 英里＝1.61 千米),历时一年多。许多在 2005 至 2007 年期间从事研究工作的 DARPA 工程师都加入了谷歌的团队,并且使用了视频系统、雷达和激光自动导航技术。

2010 年，VisLab 团队开启了自动驾驶汽车的洲际行驶。4 辆自动驾驶汽车从意大利帕尔马出发，穿越 9 个国家，最后成功到达了中国上海。整个洲际行驶期间，VisLab 团队面对了超过 1.3 万千米的日常驾驶环境挑战。

图 1-17　改装的大众途锐

2011 年 6 月，美国内华达州议会通过一项法律，授权使用自动驾驶汽车。内华达州从而成为世界上第一个允许自动化载具合法行驶于一般道路上的行政区域。依据该法，内华达州机动车辆管理局负责制定安全与性能标准，以及制定自动驾驶汽车能够进行测试的地区。该法由谷歌所提倡，以期能更进一步合法地测试该公司的无人驾驶汽车。内华达州法律定义自动化载具为"整合人工智能、感测器与全球定位系统等技术达成自动驾驶，而不需人类驾驶员主动控制的机动交通工具"。该法也表示，驾驶员在汽车自动行驶时不需专心驾驶。内华达州的法律要求有人坐在驾驶座上，并且在测试时要有人坐在乘客的位置上。2012 年 5 月，在内华达州允许无人驾驶汽车上路 3 个月后，机动车辆管理局为谷歌的无人驾驶汽车颁发了一张合法车牌。

2014 年，谷歌对外发布了"完全自主设计"的无人驾驶汽车。

2015 年，第一辆无人驾驶原型汽车正式亮相，并且可以正式上路测试。在这辆身形可爱的小车里，谷歌完全放弃了方向盘的设计，乘客只要坐在车中就可以享受到无人驾驶的乐趣，如图 1-18 所示。

2017 年，梅赛德斯奔驰的超现实 F015 概念无人驾驶汽车上线。这辆汽车不仅外形豪华大气，设计感十足，车内也布满了多功能显示屏以及可旋转的座椅，彻底将无人驾驶汽车变成了一个可以移动的娱乐中心，如图 1-19 所示。

图 1-18　谷歌无人驾驶汽车

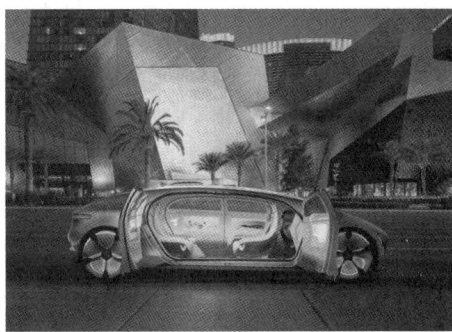

图 1-19　梅赛德斯无人驾驶汽车

在智能汽车领域，我国虽然起步较晚，但是发展迅速，已经出现很多具有代表性的研究成果。

20 世纪 80 年代，我国立项了"遥控驾驶的防核化侦察车"项目，国防科技大学、哈尔滨工业大学和沈阳自动化研究所三家单位参与了该项目的研究制造。在"八五"期间我国第一辆能够自主行驶的测试样车 ATB-1 就已正式诞生。这是我国第一辆能够自主行驶的测试样车,其行驶速度可以达到 21 km/h。ATB-1 的诞生标志着中国无人驾驶行业正式起步并进入探索期,无人驾驶的技术研发正式启动。

2011 年 7 月 14 日,红旗 HQ3(见图 1-20)首次完成了从长沙到武汉 286 km 的高速全程无人驾驶试验,实测全程自主驾驶的平均速度为 87 km/h,创造了我国自主研制的无人车在复杂交通状况下自主驾驶的新纪录。这标志着我国无人车在复杂环境识别、智能行为决策和控制等方面实现了新的技术突破。

2012 年 11 月 24 日,"军交猛狮Ⅲ号"完成了 114 km 的京津高速行驶,这是一辆由黑色现代途胜越野车改装的无人驾驶智能车,由中国军事交通学院研制,如图 1-21 所示。车顶安装了复杂的视听感知系统,车内装有由两台计算机和一台备用计算机组成的执行系统来处理视听感知系统获得的信息,让无人车可以自主进行刹车、油门、制动、换挡等动作,实现了无人工干预的自动行驶。

图 1-20　红旗 HQ3 汽车

图 1-21　"军交猛狮Ⅲ号"汽车

2015 年 8 月 29 日,宇通大型客车从河南省连接郑州市与开封市的城际快速路——郑开大道城铁贾鲁河站出发,在完全开放的道路环境下完成自动驾驶试验,共行驶 32.6 km,最高时速 68 km,全程无人工干预,不过为了保障安全,客车上还是配备了司机,如图 1-22 所示。国内首辆无人驾驶客车路测完成,这也是国内首次客车自动驾驶试验。

2015 年 12 月,百度对外宣布其无人驾驶汽车已在国内首次实现城市、环路及高速道路混合路况下的全自动驾驶,如图 1-23 所示。百度公布的路测路线显示,百度无人驾驶车从位于北京中关村软件园的百度大厦附近出发,驶入 G7 京新高速公路,经五环路,抵达奥林匹克森林公园,并随后按原路线返回。百度无人驾驶车往返全程均实现了自动驾驶,并实现了多次跟车减速、变道、超车、上下匝道、调头等复杂驾驶动作以及不同道路场景的切换。测试时最高速度达到 100 km/h。

2016 年 4 月 17 日,长安汽车宣布完成 2000 km 超级无人驾驶测试项目,如图 1-24 所示。长安汽车此次长距离无人驾驶测试总里程超过 2000 km,在历时近 6 天,途经四川、陕西、河南、河北等全国多个省市及地区后,最终抵达北京。据长安汽车智能汽车技术发展规划,复杂城市路况的完全自动驾驶汽车计划于 2025 年实现量产。

2016 年 6 月 7 日,由工信部批准的国内首个"国家智能网联汽车(上海)试点示范区封闭测试区"(见图 1-25)正式开园运营。这意味着中国的智能联网和无人驾驶汽车从国家战略高度正式进入实际操作阶段。而在同年,中国智能汽车大赛举办,如图 1-26 所示。

图 1-22　宇通智能驾驶电动客车

图 1-23　百度无人驾驶汽车完成高速路测试

图 1-24　长安汽车完成 2000 km 无人驾驶测试

图 1-25　国家智能网联汽车(上海)试点示范区

2017 年 4 月 17 日,百度展示了与博世合作开发的高速公路辅助功能增强版演示车,如图 1-27 所示。该车由百度与博世联合打造,集成了百度高精地图和博世道路特征服务,并在上百万量产车辆上配备博世摄像头、毫米波雷达以实现数据众包,使高精地图数据做到实时更新。据悉,百度为展示车辆提供了高精地图、自定位、AR HMI(增强现实车规级交互产品)等核心技术。这辆车已经实现高速公路的部分自动驾驶,包括车道保持和驾驶员监控下的车道自动切换。得益于定位技术,该演示车可以在进出弯道时自动控制车辆速度;同时在增强现实人机界面技术的帮助下,驾驶员能获得更舒适安全的驾驶体验。

图 1-26　中国智能汽车大赛

图 1-27　高速公路辅助功能增强版演示车

2018 年 7 月 4 日,百度与厦门金龙合作生产的全球首款 L4 级量产自驾巴士量产下线,

图 1-28 全球首款 L4 级量产"阿波龙"巴士

如图 1-28 所示。"阿波龙"搭载了百度最新 Apollo 系统,拥有高精定位、智能感知、智能控制等功能。达到自动驾驶 L4 级的"阿波龙"巴士,既没有方向盘和驾驶位,也没有油门和刹车,是一辆完全意义上的无人自动驾驶汽车。

2020 年 9 月 3 日,中国国际服务贸易交易会(服贸会)在北京国家会议中心及周边场地盛大开幕。本次服贸会以"全球服务,互惠共享"为主题,涉及 5G、人工智能、区块链等众多服务贸易领域。其中,最引人注目的当属无人驾驶体验项目。在人工智能板块中,清华大学展出了 6 辆无人驾驶汽车。这 6 辆无人驾驶汽车(3 辆为无人驾驶微循环巴士、3 辆为无人驾驶共享轿车)同时应用了无人驾驶往复循环行驶技术,在无方向盘、无油门踏板、无驾驶员的情况下,能够完全实现人工智能驾驶功能,能够满足"点到点"的无人驾驶短途接驳需求,为与会者提供高效、安全、舒适的无人驾驶出行体验服务。

2021 年 6 月 24 日,清华大学携手百度公司共同发布了《面向自动驾驶的车路协同关键技术与展望》白皮书。这是全球首份车路协同技术创新白皮书,向世界提出了针对自动驾驶技术落地的一整套中国方案,向世界展示出自动驾驶领域的"中国智慧"。

2022 年,在自动驾驶、高精度定位、可信决策等技术的支撑下,清华大学自动驾驶研究团队采用多传感器融合的方式,结合 GPS/IMU、激光雷达、相机与高精度地图等定位信息进行系统性算法研究与整合,通过完成自动驾驶车辆自主避障、路径规划和智能调度任务,成功让清华大学研发的自动驾驶"汽车总动员"亮相于北京冬奥会,给前来参赛的国内外选手留下了深刻的印象。

2024 年,自动驾驶开始由创造型行业转向工程型行业。感知模块技术路径已趋于收敛。在特斯拉的引领下,国内主机厂纷纷跟随特斯拉相继提出"重感知、轻地图"技术方案,全球自动驾驶行业感知模块技术路径从百花齐放开始走向收敛。安信证券认为主机厂智能驾驶水平=算法构建能力×数据训练效率。由于技术趋于收敛,目前国内智能驾驶厂商中并不存在哪一家具备绝对的算法能力优势;相反,当前各个主机厂数据闭环搭建的成熟度、迭代效率等方面仍差异较大,因此,当前阶段数据闭环能力将直接决定主机厂的智能驾驶水平。进一步而言,主机厂数据闭环的效率将由其工程化能力决定,智能驾驶从创造型行业走向工程型行业。国内以小鹏和华为为代表的头部智能驾驶厂商数据闭环体系逐步完善,城市 NOA(自动辅助导航驾驶)落地目标已开始集中兑现。

在政策、技术发展、社会需求等多维度因素的推动下,中国未来有望成为全球最大的智能汽车市场。

1.3 智能汽车体系结构

通过车载传感系统,智能汽车本身具备主动的环境感知能力,此外,它也是智能交通系统的核心组成部分,是车联网体系的一个节点,通过车载信息终端实现与人、车、路、互联网等之间的无线通信和信息交换。因此,智能汽车集中运用了计算机、现代传感、信息融合、模式识别、通信及自动控制等技术,是一个集环境感知、规划决策、多等级驾驶辅助等功能于一体的高新技术综合体,拥有相互依存的价值链、技术链和产业链。

1.3.1　智能汽车的价值链

如果说车联网在汽车安全、节能、环保方面的价值是间接、基础的,那么智能汽车在提高行车安全、减轻驾驶员负担方面的核心价值则是直接、显而易见的,并有助于节能和环保。研究表明,在智能汽车的初级阶段,通过先进智能驾驶辅助技术有助于减少 $50\%\sim80\%$ 的道路交通安全事故。在智能汽车的终极阶段,即无人驾驶阶段,甚至可以完全避免交通事故,把人从驾驶过程中解放出来,这也是智能汽车最吸引人的价值魅力所在。

1.3.2　智能汽车的技术链

智能汽车系统一般由传感器、控制器、执行器三大关键技术组成,主要包括:① 先进传感技术,包括利用机器视觉技术的检测,如激光测距系统、红外摄像技术,以及利用雷达(激光、厘米波、毫米波、超声波)检测前行车辆的技术。② 通信技术(GPS、DSRC、4G/5G),包括数台智能汽车之间协调行驶必须具有的技术、车路协调通信技术,以及相应的车联网通信技术。③ 横向控制,包括利用引导电缆、机器视觉技术、具有雷达反射性标识带的横向控制。④ 纵向控制,包括利用激光雷达、毫米波雷达、机器视觉技术测车间距离的纵向控制,以及利用车间通信及车间距离雷达进行的车队列行驶纵向控制。

随着智能汽车的智能化发展,自动驾驶适用范围逐渐扩大。驾驶员的手脚以及视觉可放松程度增加,交通责任方的认证也发生了变化,如 L4/L5 级汽车发生交通事故责任归属于车厂。目前主流造车势力的主打车型大部分均处于 L2 级阶段,一小部分厂商推出了 L3 级车型,如奥迪 A8 等。根据 IHS 数据,目前自动驾驶渗透率为 52%,L1/L2 级的渗透率大概为 45%,L3 级的渗透率为 7%。未来的重点为 L2、L3 级商用渗透率的提升。2025 年,L3 级渗透率会有明显提升,L4、L5 级逐步进入商用阶段。

智能汽车系统主要由感知层、决策层、执行层组成。

(1)感知层　主要分为激光雷达和视觉主导两派,未来走向融合。智能驾驶传感解决方案存在两条路径:一种以摄像头＋毫米波雷达等为主,使用先进的计算机视觉算法实现全自动驾驶,典型代表有 Mobileye 和特斯拉;另一种以激光雷达为主,同时搭载毫米波雷达、超声波传感器和摄像头,远距离全方位探测能力强,但成本相对较高。随着自动驾驶算法的改进和级别的提高,激光雷达将成为不可或缺的部件,多传感器呈现高度融合、深化体积缩小、控制集成、成本降低、多元感知等趋势。

(2)决策层　现阶段计算平台算力领先整车自动驾驶等级,客户需求为主导因素。主流计算平台算力发展迅猛,算力所能适配的自动驾驶等级大多处于 L3＋的水平,而目前市场上的主流车型大多处于 L2 级水平,只有小部分达到 L3 级。实现 L2 级自动驾驶需要的计算力在 10 TOPS 左右,L3 级自动驾驶需要的计算力为 $30\sim60$ TOPS,L4 级自动驾驶需要的计算力大于 100 TOPS,L5 级自动驾驶需要的计算力至少为 1000 TOPS。不考虑自研的大部分车企在选择计算平台供应商的时候要考虑成本的问题。如今,研发出高算力计算平台的厂商的市场优势不明显,但随着汽车自动驾驶等级的提升,优势会逐渐展现。

（3）执行层　线控技术可提升自动驾驶安全性,未来渗透率也将逐渐提升。随着自动驾驶级别的提高,汽车将逐渐完全脱离驾驶员的控制,对执行层转向系统及制动系统的可靠性要求更高、更明确,将成为未来行业的突破口。执行层的核心任务是通过纵向控制（驱动与制动）和横向控制（转向）的配合使汽车能够按照决策层的规划安全行驶。为了保证自动驾驶的安全性,转向系统及制动系统以机械-电子-线控形式不断演变,线控技术能够使工作指令通过更迅速的线束形式传递给转向或制动系统,从而有效提高自动驾驶的安全性。随着自动驾驶等级的提升,线控技术的渗透率将逐渐提高。

智能汽车的技术架构为"三横两纵式"技术架构,如图 1-29 所示。"三横"是指车辆/设施关键技术、信息交互关键技术、基础支撑技术;"两纵"是指车载平台和基础设施。

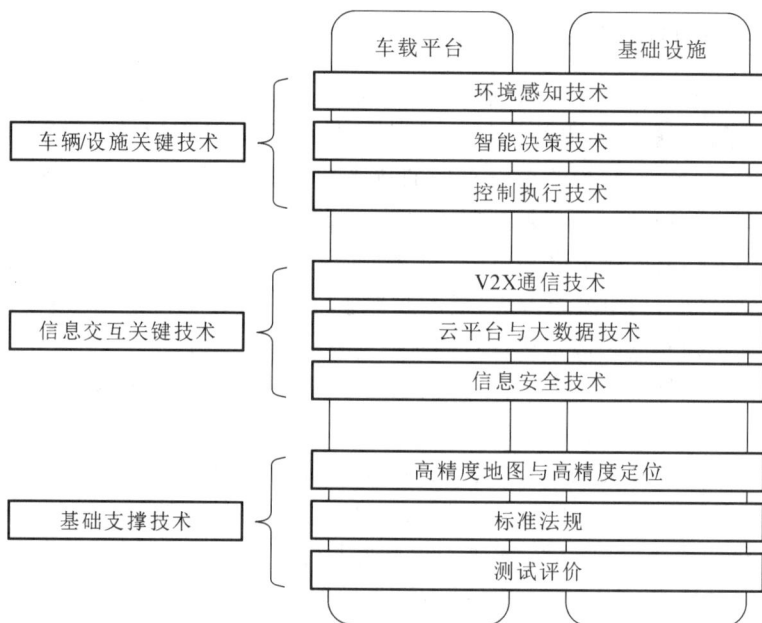

图 1-29　智能汽车的技术架构

1.3.3　智能汽车的产业链

智能汽车的产业链是传统汽车产业链的升级。智能汽车产业链的上游主要分为:包含传感器、高精地图和定位的感知板块;包含算法、芯片和操作系统的决策系统板块;包含云平台和电子电气架构的通信板块;包含 ADAS 执行、智能中控和语音交互的执行板块。中游则主要为以传统车企和新兴车企为代表的汽车装配厂商。下游则是智能汽车的经销商、各类服务商等,智能汽车产业链详见表 1-3 所示。车联网、智能交通系统为智能汽车提供了智能化的基础设施、道路及网络环境,汽车智能化层次的提高反过来也要求车联网、智能交通系统同步发展。

表 1-3　智能汽车产业链

产业链		主要供应商
上游	芯片/计算平台	飞思卡尔半导体、英特尔、英伟达、TI、AMD、高通、安森美半导体公司等
	雷达/视觉传感器	德尔福、Velodyne、Quanergy、TriLumina 等
	地图与定位	谷歌、苹果、微软、TeleNav、Swift Navigation 等
	车载操作系统	谷歌、苹果、微软等
	V2X 通信	高通、Savari 等
	ADAS/自动驾驶系统	德尔福、谷歌、苹果、Uber、Drive、Embark、Zoox
	汽车电子系统	德尔福、Lear、NASN、博世
	车载信息系统	伟世通、江森自控、安吉星、哈曼
中游	传统车企	通用、福特、克莱斯勒、大众、上汽、一汽、北汽、广汽、吉利、东风
	新兴车企	特斯拉汽车、小鹏汽车、理想汽车、奇点汽车等
下游	出行服务	Uber、谷歌、Lyft、Zipear
	信息服务	AT、Verizon Wireless

1.4　智能汽车线控技术

1.4.1　线控技术概述

"线控技术(X-by-wire)"一词来源于 NASA 的飞机控制系统——"线传飞控(fly-by-wire)",它将飞机驾驶员的操纵、操作命令转换成电信号,利用计算机控制飞机飞行。图 1-30 为波音 777 的驾驶舱,驾驶舱内所有的操控单元都采用线控技术设计。X-by-wire 中的"X"代表传统汽车上由机械或者液压控制的各个功能部件。

图 1-30　波音 777 驾驶舱

简单来说,"线控技术"就是"电控技术",用精确的电子传感器和电子执行元件代替传统的机械系统。由于线控系统取消了传统的气动、液压及机械连接,取而代之的是传感器、控制单元及执行机构,所以具有安全、响应快、维护费用低、安装测试简单快捷的优点。线控技术的基本原理图如图 1-31 所示。这种控制方式应用于汽车驾驶就称为汽车线控技术。

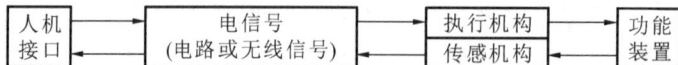

图 1-31 线控技术基本原理图

1.4.2 智能汽车线控技术的定义和特点

1. 智能汽车线控技术的定义

随着科技的飞速发展,智能汽车正逐渐成为汽车行业的新趋势。作为智能汽车中至关重要的一环,线控技术在实现远程操控、数据传输和通信等功能方面起着关键作用。线控技术是指通过电缆、光纤或无线网络等方式,将车辆的操作指令传输到目标设备进行远程操控的技术。它实现了人与汽车之间的无线连接和互动。线控技术通过高速数据传输和实时通信,将驾驶员的指令传递给汽车系统,并将车辆状态和环境信息反馈给驾驶员。这种双向通信使得驾驶员能够实时了解车辆状况,做出准确决策。通过线控技术,驾驶员可以实现远程开启/关闭车门、启动/关闭发动机、调节空调和音响等功能。这大大提高了汽车的便捷性和舒适性。线控技术在自动驾驶和智能交通领域中也发挥着重要作用。它能够实现远程监控和操控车辆,进行自动驾驶模式切换、路径规划和障碍物避让等操作,为智能交通系统提供更高级别的自动化功能。

智能汽车线控技术就是将驾驶员的操纵意图、动作经过特定传感器变成电信号,再通过电缆直接传输到执行机构的一种系统。将原来通过机械、液压、气压连接传递驾驶员操纵动作的复杂系统通过电线来传递。智能汽车线控技术的核心是智能控制技术:用传感器检测驾驶员的操纵动作相关数据,然后通过数据总线将信号传递给车上的电子控制单元(ECU),ECU 再经过分析、处理、校正并按驾驶员意图通过数据总路线向动作执行机构发送指令,并将执行机构的动作情况反馈给 ECU;ECU 实时监控整个系统中各元件的工作情况,从而指挥整个系统的协调工作。CPU 对采集的信号进行分析处理,从而判别汽车的运动状态。

智能汽车线控技术中还有故障的自动检测和自动处理功能,有一系列监控能自动预防故障,对不同的故障形式按照不同的安全等级做出相应处理,以求最大限度地保证汽车的安全行驶。

2. 智能汽车线控技术的特点

智能汽车线控技术与其他传统的机械、液压、气压系统相比,有十分明显的优势和不足。

1) 智能汽车线控技术的优点

驾驶员可以不用直接操作机械装置,操作轻便、省力,更加人性化。线控技术消除了机械连接冲击的传递,可以降低噪声和振动,提高驾驶的舒适性。采用线控技术省去了大量机械和管路系统及部件,电线更容易布置,使汽车的结构更加合理;同时还可减轻汽车的整车重量,也减少了机械在事故碰撞中对人员的潜在危险。线控技术通过电脑控制,使动作响应时间缩短,并能对驾驶员的动作和执行元件的动作进行适时监控,并进行修正,使操控更加精确,提高了系统性能。线控技术整个系统的制造、装配、测试简单快捷,同时采用模块化结构,维护简单,适应性好,系统耐久性能良好。汽车线控技术的应用便于实现个性化设计。在线控技术中,驾驶员的驾驶特性,如制动、转向、加速等过程,都是设计师根据用户选择设计的不同程序。这些程序易于改进,略加变化即可增设各种电控功能,使得汽车导航和自动驾驶成为可能,也可以将汽车的车内娱乐装置集成到网络之中;使用线控制动不需要制动液,可令汽车更为环保,无须另加维护;同时取消了机械和液压连接,减少了车身质量,简化了维护工作,减少了维护用品的使用。

2) 智能汽车线控技术的缺点

线控系统中存在元器件失效、软件程序的设计问题。一旦遭遇电磁干扰、网络攻击,元器件会失效,从而影响使用的可靠性。如果没有机械连接就会导致灾难性的后果,如油门失控、转向失灵和不能制动等严重的不安全因素。目前车辆的 12 V 电源系统无法提供较大的能量。由于线控系统的技术难度大,科技含量高,因此研制成本高。而且为了确保汽车安全,除了主系统外,还增加了一个备用系统,也增加了成本。在车辆运行过程中会有各种各样的干扰信号,如电磁干扰、网络攻击,对电子系统及其元件造成干扰,影响系统的可靠运行。目前这一问题还未得到完全解决。

1.4.3　智能汽车线控技术的应用

智能汽车线控技术可以通过处理传感器接收到的信号来控制汽车的运动,从而实现驾驶的自动化。线控技术是实现自动驾驶的执行机构,智能网联汽车通过车身电器进行环境感知和路径规划,采用线控技术执行控制完成具体智能化动作。目前,线控技术已经广泛应用于某些高档轿车、超级轿跑和概念车,另外在一些工业用车上,比如在矿用防爆运输车辆上也应用较多。智能汽车线控技术的应用主要有:线控制动系统、线控转向系统、线控换挡系统、线控油门系统、线控悬架系统。

1. 线控制动系统

传统的制动系统采用真空助力器和制动缸来放大驾驶员所产生的制动力,制动能源主要来源于发动机进气歧管和大气压形成的压差,新能源汽车取消了发动机,用电子真空泵产生负压实现助力。传统的制动系统只能依靠人的操作,不能根据行驶路况实现主动制动,也不能在四个车轮分别行驶在摩擦系数不同的路面上时主动调控四个车轮的制动压力,制动响应速度较慢,精确度不高。

汽车制动系统关系到汽车驾驶的安全性,所以线控制动技术是底盘线控技术中最关键和难度最高的。传统的制动系统采用液压制动,制动管路多且长,制动响应速度慢,有延迟现象,这样大大影响了行车安全性。而线控制动系统用电线取代液压管路,用电信号传输,又快又准确。

线控制动技术就是 braking-by-wire。线控制动系统主要由传感器组、电子控制单元、电机制动模块和电子通信网络等组成。传感器将驾驶员踩制动踏板的动作转换为电信号,输入 ECU,ECU 根据输入的电信号分析虚拟踏板力的大小,进而决定最佳制动力的大小并将其以电信号的形式输出至电机制动模块。电机制动模块根据输入电信号的大小动作,对车轮进行制动。

线控制动系统分为电子液压制动(electronic hydraulic brake,简称 EHB)系统和电子机械制动(electro mechanical brake,简称 EMB)系统。无论哪种线控制动系统都是在传统制动系统上发展起来的。线控制动系统用电线和数据线将制动踏板和制动器连接起来,驾驶员对制动踏板的操作行程由踏板传感器形成的位移信号转化成电信号传送给电子控制单元,电子控制单元结合车速信号通过计算判断出制动意图,对液压泵或执行电机发出指令进行制动,同时制动力的实施也会通过制动踏板反馈给驾驶员。线控制动系统的工作原理如图 1-32 所示。

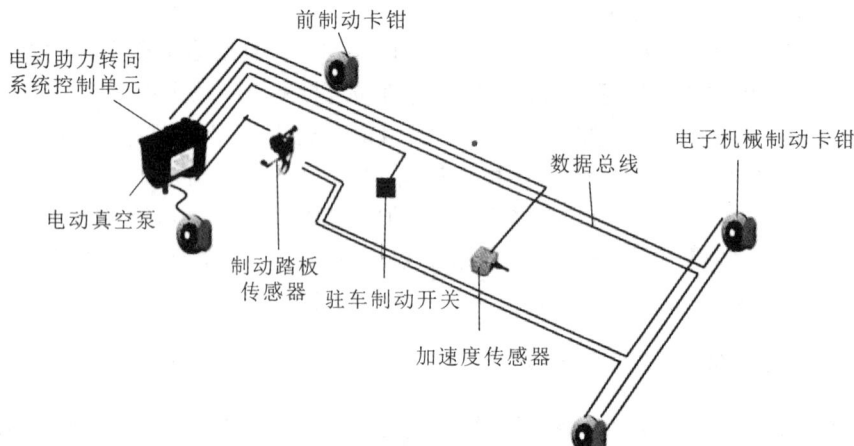

图 1-32　线控制动系统工作原理图

线控制动技术应用车型:保时捷 918、蔚来、荣威 Ei5、小鹏 P7 、阿尔法罗密欧、宝马 X7 等。

2.线控转向系统

传统的助力转向系统主要分为液压助力转向系统和电动助力转向系统。液压助力转向系统主要是借助发动机来实现助力的,虽然能帮助驾驶员减轻转向阻力,但它的缺点是不能根据汽车的转向需求提供相应大小的助力,即在低速时发动机转速低,提供的助力小;高速时发动机转速大,提供的助力大,造成助力的迟滞和能源的浪费。电动助力转向系统由电机实现助力转向,由于受电机功率的限制,只能在转向负荷较小的小型车辆上使用。

线控转向系统将驾驶员对方向盘的操纵信号转换成电信号传送给电子控制单元,然后对数据进行处理后用电机驱动齿轮齿条转向器实现车轮转向。线控转向系统去除了从方向盘到转向器之间的机械操纵杆件和液压系统,增加了一套主动控制系统。线控转向系统不仅从汽车零部件布局上节省了空间,可以获得更快的响应速度,而且也改善了行驶安全性和驾驶操纵性,推动了汽车集成化、网联化、模块化、智能化的快速发展。另外,通过主动控制可以实现车道保持功能、自动泊车甚至自动驾驶等辅助驾驶功能。线控转向系统主要由路感反馈系统、转向传感系统、电子控制系统、转向执行器组成。

当驾驶员转动方向盘时,传感器会将转向意图转化成电信号传送给电子控制单元,电子控制单元会根据行驶车速信号和梯形臂上的转角传感器信号控制反馈电机,以达到增强驾驶员手感和方向盘回正的目的。同时,电子控制单元根据转向反馈电机生成的反馈力矩、模拟方向盘力给转向电机发送信号,并结合驾驶员的转向意图对转向器进行操作,实现对转向轮的控制,如图 1-33 所示。

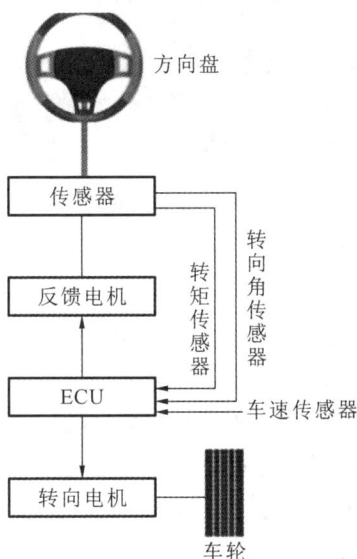

图 1-33　线控转向系统工作原理图

线控转向技术应用车型:雪铁龙概念车、英菲尼迪 Q50、DaimlerChrysler 概念车、奔驰 F200 Imagination 的概念车等。

3.线控换挡系统

传统的变速器换挡机构采用杆式或绳索式机构,换挡杆与变速器齿轮机构之间有复杂的部件。传统换挡杆体积大,布置位置死板,影响美观性。线控换挡系统的换挡装置取代了这种老式的杆式换挡装置,采用拨片式、旋钮式或按钮式等电子换挡装置,布置更为灵活。线控换挡系统没有了换挡杆和拉线的操控,而是通过电控来实现,使得整个变速器换挡系统变得小巧、轻便和智能。线控换挡系统主要由传感器、换挡按钮、电子控制单元组成,因此换挡更准确,发动机转速和车速可以完美匹配,提高了燃油利用率,减少了废气排放。当驾驶员操纵换挡按钮时,传感器将这一操作变成电信号传送给电子控制单元,电子控制单元会结合其他传感器传送过来的信号(如车速传感器、节气门开度传感器、发动机转速信号等)进行计算分析,判断驾驶员的操作请求是否恰当,分析是不是驾驶员的误操作。如果判断操作无误,电子控制单元会控制变速器的电磁阀实现挡位的变换,同时挡位信息也会通过子数据线传送到仪表显示盘上。如果判断为驾驶员误操作,电子控制单元会终止发出指令,比如:在快速行驶过程中突然挂入倒挡,电子控制单元会结合车速传感器信号做出误操作的判断。

宝马汽车公司最早引入了线控换挡系统与其 MDKG 七前速双离合变速器相搭配,使得驾驶员换挡的动作变得简单、轻松,而且不会出现驻车挡(P 挡)的卡滞问题。线控换挡系统被广泛应用于宝马集团的全系列车型,其变速杆形式如图 1-34 所示。

图 1-34 宝马变速杆

线控换挡技术应用车型:林肯 MKC、宝马 7 系、克莱斯勒 300C 等。

4.线控油门系统

传统的油门控制是将油门踏板和节气门用拉线连接,驾驶员通过油门踏板带动拉线直接控制节气门开度的大小,油门成了唯一一个决定喷油量多少的因素,虽然响应速度快,但往往会因为操作不当造成发动机的损坏、燃油的浪费和环境的污染。线控油门系统是在油门踏板处安装了油门踏板位置传感器,将驾驶员对油门踏板的操作转化成电信号并发送给电子控制单元,电子控制单元控制安装在节气门位置处的电动机,从而控制节气门的开度。线控油门系统不仅接收油门踏板位置传感器的信号,还综合车速信号、发动机转速信号等传感器信号进行计算,准确判断出驾驶员对油门踏板做出的操作意图,从而提高燃油经济性和行驶稳定性。

线控油门技术应用车型:本田雅阁、长安 EV460、宝马 i3、Tesla Model X 等。

5.线控悬架系统

传统的悬架分为独立悬架和非独立悬架,主要由螺旋弹簧/钢板弹簧、减震器和不同导向机构组成。传统的悬架系统不能根据路况改变弹簧的弹性系数和减震器的阻尼系数,不仅影响了乘坐的舒适性,也影响了汽车的横向稳定性和操控性。

悬架系统关乎汽车的舒适性和操控性,而随着技术的发展,人们对汽车的舒适性要求越来越高,线控悬架正好能满足这一点。线控悬架是一种主动悬架,可以改变空气弹簧的弹性系数、减震器的阻尼系数和车身高度,从而适应不同的工作状况。当汽车正常行驶时,车身高度传感器能感受到路面的颠簸并将其转化成电信号传送给悬架控制单元,同时还有车速传感器、加速传感器、转向角传感器、刹车信号传感器等将信号传送给悬架控制单元,悬架控制单元将这些信号进行处理后,输出信号以改变空气弹簧的软硬度(弹性系数)和减震器的刚度(阻尼系数),从而提高行车舒适性和操纵稳定性,防止车辆在急转弯时车身发生倾斜或造成急加速急减速时的头点地和后仰问题。另外,当碰到障碍物或汽车载荷发生变化时,线控悬架还可以通过车身高度传感器检测离地距离,改变车身的高度,提高汽车的通过性能。

线控悬架技术应用车型:奔驰 S600、凯迪拉克 MRC、宝马 7 系等。

1.4.4 智能汽车线控技术的局限

1.车用 42 V 电源系统的开发

线控系统的执行器主要是大功率的电动机以及伺服电动机。线控系统的执行器相对于传统的执行器而言功率消耗极高,例如一个转向电动机功率为 $550\sim800$ W,而电机盘式制动器的功率大约为 1000 W。现有的车载 12 V 电源系统无法满足线控系统的高功率要求,因此,必须对现有的车用电源系统进行升级。研究表明,42 V 电源系统能较好地满足线控系统的要求,有利于电动执行器的优化布置。但与此同时,电压升高后会带来电弧放电、电磁噪声、绝缘和耐蚀性等一系列的技术问题。

2. 传感器开发应用

车用传感器随汽车工业的发展而成熟。传感器技术的应用极大地促进了汽车的智能化发展,而线控技术对传感器的依赖程度更高。线控技术必须以车速传感器、转向盘转角和转矩传感器、横摆角速度传感器、车身位移传感器等一系列传感器为基础才能实现。传感器的数据采集及转换的准确度极大地制约了线控技术控制的精确度。

因此,开发精度高、尺寸小、结构简单、工作可靠的传感器也是 X-by-wire 的关键技术之一。

3. 高可靠性的冗余技术

线控系统结构的复杂程度越高,其可靠性就越低,任何一个电子元器件的失效都将给行车安全带来严重威胁。在线控系统的设计中,引入了"冗余技术"的理念,即容错。传感器冗余、执行器冗余等将在很大程度上提高线控系统的工作可靠性。

4. 总线技术

总线技术是实现线控技术的前提条件。国际众多知名汽车公司都致力于总线技术的研究和开发,随着线控技术的发展,产生了多种总线标准。其中,最具代表性的技术是 TTP、Byteflight 和 FlexRay,特点是具有高速和实时传输特性。其中,FlexRay 是最具潜力的技术之一,得到了众多汽车厂商的支持。汽车的控制系统应具有较高的通信速率,未来的总线技术首先必须满足下一代车用网络通信系统的要求;其次,由于在线控系统中引入了冗余技术,总线技术必须能够支持多种容错策略;此外,总线技术还要满足中断处理的要求。

5. 成本高昂

成本问题也极大地限制了线控系统的研发与推广。线控系统中增加了大量传感器及芯片的应用,而电子产品研发及应用增加了汽车生产的成本。调查显示,电子设备的成本已占整车生产成本的 30% 以上,而引入线控系统后电子设备成本所占比例将会更大。作为新兴的技术产业,新研发的电子产品通常都具有较高的价格。随着技术的成熟以及产品的更新换代,线控系统的成本将会有所降低。

1.4.5　智能汽车线控技术的发展前景

智能汽车线控技术的应用减轻了驾驶员的体力和脑力劳动,提高了整车主动安全性,使汽车驾驶性能更加满足非职业驾驶员的要求,从而对广大消费者产生了巨大的吸引力。智能汽车线控技术使汽车操作轻便、具有一定智能化的同时,获得了最佳的汽车转向性能、制动性能,提高了汽车的操纵性、稳定性和安全性,因此智能汽车线控技术必将具有广阔的应用前景。

1. 从现代汽车的发展趋势看

未来汽车的发展方向是低排放汽车、混合动力汽车、燃料电池汽车、电动汽车四大主体车型,这已经成为人们的共识,而这四种主体车型的开发都离不开集成化很高的智能线控技术。

2.从汽车智能化角度看

辅助驾驶系统和无人驾驶汽车是近年来新兴的热门研究领域,是为了实现汽车智能化,而汽车智能化的最佳方案就是采用汽车线控系统。

3.从外围技术条件看

预计 42 V 电源将会得到快速发展,传感器精度会不断提高,成本会不断降低,模拟路感的电机振动控制技术也会日趋成熟,这些都将为线控技术的推广使用创造条件。

4.从生产成本来看

随着电子元器件和电子芯片成本的降低,特别是其处理能力和可靠性的提高,可以使线控系统的成本不断下降,在不久的将来达到消费者的接受水平。

预计在未来,线控技术将成为智能汽车的主要发展方向,经过进一步的研发和推广,线控技术将更加成熟,线控技术在智能汽车领域将有更广泛的应用。

线控技术在汽车工业的产业化发展和应用,必将带来巨大的社会效益和经济效益,推进汽车工业跨上一个新台阶。

练习题

1.什么是智能汽车?

2.智能汽车有哪些特点?

3.NHTSA、SAE 对智能汽车驾驶自动化是如何分级的?

4.我国对智能汽车驾驶自动化是如何分级的?

5.简述智能汽车体系的结构。

6.什么是线控技术?

7.智能汽车线控技术的具体应用有哪些?

8.智能汽车线控技术发展的局限有哪些?

9.智能汽车线控技术的发展前景如何?

第2章　智能汽车线控制动技术

【学习目标】

通过对本章的学习,学生能够掌握智能汽车线控制动技术的分类、功能。掌握电子液压制动(EHB)系统和电子机械制动(EMB)系统的结构原理及关键技术,了解智能汽车线控制动技术在汽车上的实际应用等。

2.1　智能汽车线控制动技术概述

2.1.1　制动系统定义

制动系统是影响汽车行驶安全性的重要部分,其功能如下:

① 可以降低行驶汽车的车速,必要时可以在预定的短距离内停车,且维持行驶方向的稳定性。根据汽车行驶情况,如转弯、前面发现障碍物、遇到红灯等,汽车可以缓慢地降低车速,或者在规定的短距离内停车,并且保持行驶方向稳定性,即不跑偏、不甩尾等。

② 下长坡时能维持合理的车速。经常在山区行驶的汽车,下长坡时必须维持合理的车速,车速过快易发生事故。单靠行车制动系统来达到下长坡时稳定车速的目的,则可能导致行车制动系统的制动器过热而降低制动效能,甚至完全失效。故山区用汽车还应具备主要在下长坡时用以稳定车速的辅助制动系统。

③ 驻车制动功能,也就是对已停驶的汽车,特别是在坡道上停驶的汽车,应使其可靠地驻留在原地不动。汽车在上坡或下坡过程中停车时,必须稳定地驻留在原地不动。

汽车制动系统应具备以上功能。这些功能是通过设置在汽车上的一套专门的装置来实现的。制动系统是指对汽车的某些部分(主要是车轮)施加一定的力,从而对其进行一定程度的强制制动的专门装置。其作用主要是使行驶中的汽车强制减速甚至停车,或者使已停驶的汽车在各种道路条件下(包括在坡道上)稳定驻车,以及使下坡行驶的汽车速度保持稳定。

2.1.2　制动系统发展历程

最早的制动全都靠"吼",那就是"人工声控制动",通过"吁"和"驾"让马停和走,如图2-1所示。汽车的制动系统来源于马车,但从汽车诞生时起,制动系统在车辆的安全方面就起着至关重要的作用。制动技术的发展,按照力的传递方式不同,可以划分为以下三个阶段:

第一个阶段是机械制动,制动能量完全由人体来提供,经典制动方式如图2-2所示。这个阶段汽车的主要特点是质量小、结构简陋、动力不足、行驶缓慢,因此对制动力要求不高,依靠纯机械式制动系统便足以满足制动要求。因此,当时的制动系统和现在的自行车一样,就是单纯靠驾驶者通过简单的机械装置向制动器施加作用力来实现刹车。现在纯机械的制动系统在汽车上已经绝迹了,但一些低端的农用车、拖拉机基本还在使用机械制动系统。

图 2-1 "人工声控制动"

图 2-2 机械制动

第二个阶段是压力制动,包含液压制动和气压制动,这个阶段的主要特点是:汽车质量越来越大,车速越来越快,对制动系统要求越来越高,所以必须借助相关的助力器装置,通过制动液或者气体传递制动压力。在此阶段还出现了电子制动系统,如 ABS(防抱死刹车系统),如图 2-3 所示。

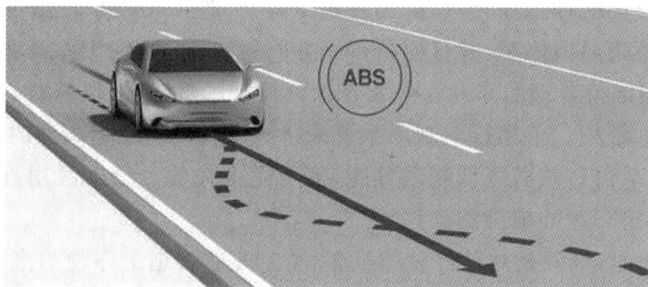

图 2-3 ABS

第三个阶段是线控制动,这个阶段的制动系统不仅仅为了满足制动性能要求,更多的是为了追求高效能、可靠性、集成化等特性。线控制动系统如图 2-4 所示。发展至今,线控制动技术在 F1 赛车上的应用已经非常成熟,但因其成本及技术问题,并未在乘用车上普及。

如果刹车踏板仅仅只连接一个刹车踏板位置传感器,踏板与制动系统之间没有任何刚性连接或液压连接的,都可以视为 BBW 线控制动。早期的宝马 M3 曾经采用过 BBW 这种制动方式,但是受制于十多年前电子系统的可靠性和耐用性以及成本,后来新款的宝马 M3 又换回了传统制动方式。

近来,自动驾驶时代的逼近推动了线控制动技术的进一步发展。线控制动是自动驾驶汽车"控制执行层"中最关键的,也是技术难度最高的部分。由于技术发展程度的局限,目前出现了两种形式的线控制动系统:电子液压制动(EHB)系统和电子机械制动(EMB)系统。

EHB 系统是由传统液压制动系统改进而来,在液压管路成熟可靠的基础上,利用电子器件替代机械部件的功能,将液压制动技术的动力源替换为电子控制系统。

EMB 系统最早应用于飞机上,如美国的 F-15 战斗机,后逐渐被研究运用到汽车上,并

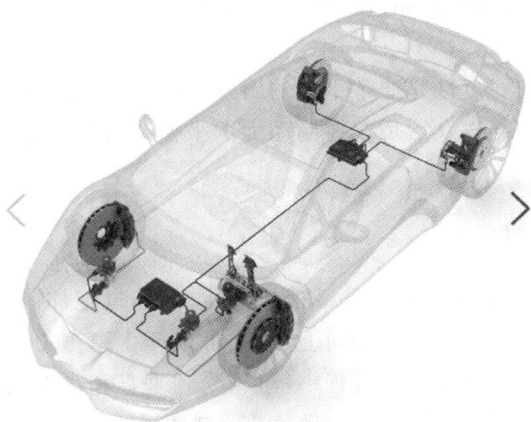

图 2-4　线控制动系统

在传统制动系统的基础上,去除了制动液及液压管路等部件,使用电子机械系统替代。

2.1.3　制动系统性能指标

制动系统的性能指标有:制动效率、制动性能的稳定性、制动时方向的稳定性等。

1. 制动效率

在汽车的正常行驶过程中,制动效率是一个非常重要的指标。制动效率受到多种因素的影响,其中制动距离、制动力度、减速时间等对制动效率影响较大。制动距离是指当车辆以 50 km/h 的速度行驶时,进行紧急制动并完成停车所需的距离。不同测试环境的条件会对制动距离产生影响,因此制动距离的数值也会因此而变化。制动时间和制动距离越短,说明制动效果越好。因此,要提高汽车的制动效率,就需要不断优化制动系统的设计和制动装置的性能。

2. 制动性能的稳定性

制动性能的稳定性是指制动器抵抗水阻尼和热衰退的能力。其中,水阻尼指制动器表面受水影响时,摩擦系数会减小,导致制动效率下降。在行车过程中,制动器摩擦会产生热量,使摩擦片容易变干。当制动器遇水后,车辆制动一定次数后,制动器可以恢复正常。然而,当车辆长距离行驶时,持续制动会导致制动器表面温度升高,制动性能会下降,制动距离也难以达到标准,这就是所谓的制动性能的热衰退。为了提高制动性能的稳定性,需要采用优质材料、合理设计制动器结构,以及优化制动器的制动面积和制动力分配,从而提高制动器的抗水抗热性能,保障汽车制动性能的稳定性和安全性。

3. 制动时方向的稳定性

在汽车制动时,需要注意方向稳定性问题,因为经常会出现偏离和转向控制丧失的情况。大量的交通事故调查发现,制动时方向偏离是引起交通事故的主要原因之一。因此,制动时方向的稳定性在制动性能测试中具有极其重要的意义。

经研究测试发现,左右制动力的差异超过轴载值的 5% 或者后桥左右制动力的差异超过轴重的 10% 时会导致车辆制动偏差。这是因为在制动时,车轮同时受到地面反作用力和侧向力的影响。若轮胎的抓地力超过反作用力和侧向力的综合值,车辆会失去稳定性,产生横向滑动。

因此,制动时的方向稳定性是非常重要的因素。在制动性能测试中,需要充分考虑车辆的轴载、左右制动力的差异以及后桥左右制动力的平衡,以确保汽车制动时方向的稳定性,减少交通事故。

2.1.4 汽车制动原理

车辆制动系统的作用是在车辆需要减速或停止时,通过施加制动力让路面对车轮产生反作用力,反作用力方向垂直于路面并向上,这样可以产生摩擦力,使车轮受到制动力的阻碍,从而减小车速或停车。在制动的过程中,车轮受到垂直和纵向两个方向的力的作用,其中包括车轮载重 W、地面反作用力 F_z、制动力 F_x、制动转矩 M 以及车轴反作用力 F_p 等,车轮受力情况如图 2-5 所示。通过控制这些力的作用,可以实现可靠有效的制动。需要注意的是,在考虑车辆滚动阻力和惯性力偶的情况下,车辆制动系统需要更加复杂的设计和控制。

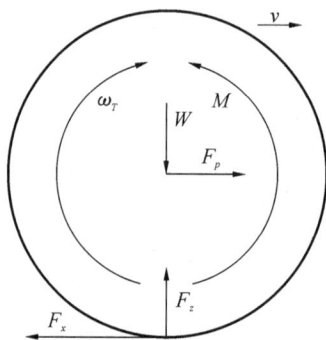

图 2-5 车轮受力图

制动器产生车轮的制动力矩,摩擦转矩由摩擦制动单元提供,即

$$M = M_\mu \tag{2-1}$$

式中:M_μ 为摩擦制动力矩。在地面作用力下车轮的制动方程为

$$M - r_T = J_T \omega_T \tag{2-2}$$

式中:r_T 为车轮滚动半径;J_T 为转动惯量;ω_T 为转速。

在车辆制动时,会产生许多外力作用在车上,包括地面制动力、侧向附着力、垂直作用力等。此外,还有滚动阻力和车辆迎风阻力对车辆产生作用。然而,只有与车辆行驶方向相反的力才能对车辆进行制动。因此,需要关注地面制动力、滚动阻力和车辆迎风阻力这三个因素。这些力的作用能够有效减小车辆的速度,并确保车辆安全地停下来,让驾驶员和乘客们得以安全下车。

汽车在制动时,车轮的运动会经历三个不同的阶段,分别是纯滚动、边滚边滑和纯滑动。其中,纯滚动阶段指的是车轮在制动时,只有滚动运动,没有任何的滑动运动;边滚边滑阶段则是指车轮在制动时,既有滚动也有滑动运动;而纯滑动阶段则是指车轮在制动时,只有滑动运动,没有任何的滚动运动。

采用滑移率来分析车轮制动过程中滑动运动所占比例是一种常见的方法。滑移率是指车轮速度差与车速之比,用 λ 表示,一般用百分数表示。具体来说,当滑移率较高时,说明车轮在制动过程中经历的滑动运动比例较高;反之,则说明滑动运动所占比例较小。因此,滑移率是评价车轮制动效果的一项重要指标。通过对不同滑移率下车轮的制动性能进行测试和分析,可以更加全面地了解车辆制动的特点和性能,并对车辆的制动系统进行优化和改进。在实际应用中,滑移率也经常被用于制动控制系统的设计和开发,以提高车辆的制动安全性和可靠性。滑移率的定义式为

$$\lambda = \frac{v - r\omega}{v} \times 100\% \tag{2-3}$$

式中:v 为车辆在地面上行驶的速度(m/s);r 为车轮滚动半径(m);ω 为车轮角速度(rad/s)。

在纯滚动阶段,车轮只有滚动运动,没有滑动运动,此时车轮速度可以表示为 $v = \omega r$,滑移率为 0%。而在纯滑动阶段,车轮只有滑动运动,没有滚动运动,此时车轮速度为 0,滑移率为 100%。在边滚边滑阶段,车轮既有滚动又有滑动运动,此时滑动运动所占比例不同,滑移率在 0% 到 100% 之间变化。当滑移率增大时,车轮的滑动运动越多,车轮越容易发生抱死现象。

汽车制动时,滑移率对车轮的纵向附着系数 μ_x 和横向附着系数 μ_y 的影响,如图 2-6 所示。研究结果显示,当车轮的滑移率约为 20% 时,车轮的纵向附着系数 μ_x 能够达到最大值,地面制动力也同时达到最大值,因此制动效果最佳。此时,滑动运动刚好占车轮运动的适当比例,能够最大化地利用轮胎和地面之间产生的摩擦力。当车轮的滑移率为 0% 时,车轮的横向附着力 μ_y 会达到最大值,这表明汽车的抗侧滑能力是最强的。此时,车辆制动的性能表现最佳,具有非常高的制动稳定性,可以有效地避免发生失控和侧滑等危险情况。车轮滑移率的增加会导致横向附着力逐渐降低。当车轮滑移率达到 100% 时,横向附着系数将最小,这表明汽车的制动稳定性已受影响,车辆很容易失控。此时,车辆的制动效果非常差,车轮会出现极大的滑动,对制动系统的磨损也会非常严重。因此,为了保证制动效果和车辆稳定性,汽车制动时应尽量控制车轮的滑移率在最佳值附近。

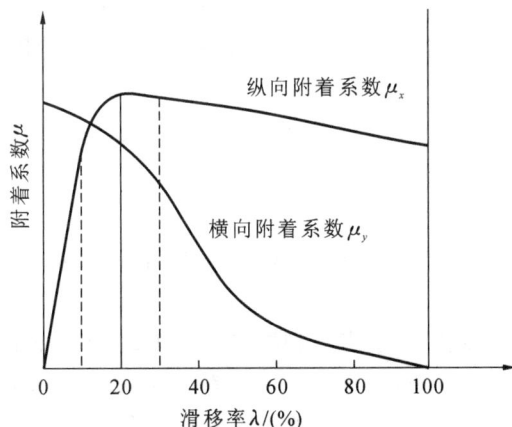

图 2-6　滑移率与附着系数关系曲线

2.1.5 制动系统分类

1.按制动系统的作用分类

汽车制动系统是指车辆制动所采用的一系列技术和装置。按制动系统的作用分类,汽车制动系统主要分为行车制动系统、驻车制动系统、应急制动系统和辅助制动系统。这些制动方式的设计和应用,使车辆具备了更加安全、稳定和可靠的性能。

(1)行车制动系统是指车辆在减速或停车时使用的制动系统。行车制动可以通过踩踏制动踏板或使用手刹产生的摩擦力或惯性来制动汽车。

(2)驻车制动系统是指车辆停放时,为了保障车辆不滑动或移动而采用的制动系统。驻车制动常常通过手刹或脚刹来实现制动,保证车辆的位置固定。

(3)应急制动系统是指在行车制动失效时,为了保证车辆行驶安全而采用的制动系统。应急制动可以通过紧急制动按钮或转动紧急制动开关来实现,利用多种技术手段来使车辆减速或停车。

(4)辅助制动系统是指在行车制动操作中,通过降低车速或保持车速稳定的技术手段来辅助驾驶员进行制动操作。辅助制动可以通过自动制动或人工操作等不同方式来实现,满足驾驶员对行车速度或路况变化的控制需求,但在紧急情况下无法让车辆完全停止。

2.按制动操作能源分类

按制动操作能源分类,汽车制动系统主要可以分为三种类型:人力制动系统、动力制动系统和伺服制动系统。每种制动方式都有其独特的特点和应用场合。

人力制动系统是指驾驶员通过自己的肌体力量来实现汽车制动的一种方式。这种制动方式可以使驾驶员更加自主地控制汽车的速度和行驶方向。人力制动常常用于低速行驶、停车或特殊情况下的制动操作。

发动机的动力能帮助动力制动系统实现动力转换并完成制动,使用气压或液压势能来减慢和停止汽车的运动。动力制动系统通常用于高速行驶的情况,例如高速公路和赛车场。

伺服制动系统是一种将人力和发动机动力相结合的制动方式,也称为助力制动系统。伺服制动可以通过人力借助发动机的动力,使制动迅速、平稳,同时也可以减少驾驶员在制动过程中所需要的力量。这种制动方式广泛应用于普通汽车和商用车的制动系统中。

3.按信号传输方式分类

按信号传输方式分类,汽车制动系统可分为气压制动系统、液压制动系统、线控制动系统。

1)气压制动系统

现今,4吨及以上的货车和客车几乎全部使用气压制动系统。这是由于气压制动系统具有多种优越性,例如制动力矩高、踏板行程短、操纵轻松、使用可靠。此外,气压制动还能够实现异步分配制动,因此在长轴距、多轴和拖带半挂车、挂车等方面拥有独特的优越性。

气压制动系统也存在一些缺点:第一,它会消耗发动机的动力;第二,由于它的结构比较复杂,制动不如液压式系统柔和,且制动反应也不如液压式系统快;第三,由于它的非簧载质量较大,行驶舒适性不如液压式系统。因此,气压制动系统一般只在中、重型汽车上使用。

2）液压制动系统

液压制动系统使用制动油液作为传力介质。工作原理是将驾驶员的踏板力通过放大机构转换成油压,然后将油压传递至车轮制动器,通过制动器推力将车轮制动。相比其他制动系统,液压制动具有结构简单、制动柔和灵敏、制动稳定性好等优点。此外,液压制动还适用于使用多种制动器的车辆。因此,在中、小型汽车上普遍采用液压制动。

液压制动系统主要由以下部件组成:制动踏板、真空助力泵、制动主缸、制动液、制动油管、ABS 泵总成、制动轮缸以及车轮制动器。这些部件之间协同工作以实现汽车的制动。在液压制动系统中,制动踏板传递驾驶员的制动指令,真空助力泵为制动提供动力,制动主缸(总泵)调节刹车油的压力,制动液作为传力介质传递力量,制动油管连接各部件,ABS 泵总成起到防抱死的作用,制动轮缸(分泵)将刹车油分发到各个车轮,车轮制动器则产生制动作用。

3）线控制动系统

在线控制动系统中,采用电线连接,取代了以前的一部分机械,使制动踏板和制动器之间的动力传递分离,并用模拟器以及传感器代替通过制动踏板位置传感器监测驾驶员的制动意图,将制动信号传递给控制系统和执行机构,以电控模块来实现制动力的发生,并根据一定算法,模拟出踩刹车的感觉并反馈给驾驶员。因为能量靠电线传输,信号则由数据线传输,所以这种制动被称为线控制动。只要制动踏板与制动系统之间仅仅只连接一个制动踏板位置传感器,无其他任何连接,这种制动系统就可以视为线控制动系统。

大多数小型汽车通常采用传统的液压制动系统,这种系统是通过制动踏板提供能量来实现的。与传统制动系统不同,线控制动系统有　种特殊的能量供给方式,通常是通过车轮周围的电机直接驱动来完成制动工作。线控制动系统不需要液压或气压管路,这是它与其他制动系统最大的区别。

而线控制动系统又可以细分为电子液压制动系统和电子机械制动系统。

电子液压制动系统仅通过一个伺服电动机和一套控制器为动力来源,取消了传统制动系统中的真空供给部件和真空助力部件。制动踏板也不再与制动轮缸有任何机械连接,采用电子刹车踏板,即刹车踏板与制动系统并无刚性连接,也无液压连接,仅连接一个制动踏板传感器,用于给电脑输入一个踏板位置信号。整个系统布置比较集中,使用制动液作为制动力传递的媒介,称之为集中式的制动系统,也称为电子液压制动系统。

电子机械制动系统作为纯机械系统,其能量源只需要电能,因此执行和控制机构需要完全的重新设计。它没有制动液,也没有液压管路,使用电机驱动产生制动力,每个车轮上安装一个可以独立工作的电子机械制动器,采用电子控制,使用控制模块控制伺服电动机进行制动。

采用电子机械制动系统的车辆,每个车轮上都需要安装一个独立的电子机械制动器来产生制动力。电子机械制动系统使用伺服电动机直接作用于轮缸,直接给刹车盘施加制动力。这使得它类似于电子手刹,但与电子手刹最大的不同是电子机械制动系统要能产生足够大的制动力并且制动线性要高度可调,响应要非常迅速。因此,电子机械制动系统需要具有非常高的制动效能和精准的制动控制能力。电子机械制动系统通常直接安装在各个轮边,电机集成在制动钳上,踏板产生制动信号直接输入到制动钳,输入与终端执行之间的部件全部简化,因此具有很小的体积和重量。此外,电子机械制动系统还具有集成度高、响应速度快、制动效率高等优点。

2.2 电子液压制动系统

当前车辆对制动性能的要求越来越高,传统制动系统由于结构和原理的限制在提高制动性能方面潜力有限,电子液压制动(EHB)系统作为一种新型的制动系统弥补了传统制动系统的不足,可以提高车辆的制动性能。

随着高等级公路的增多和汽车平均车速的提高,如何能让高速行驶的车辆在尽量短的制动时间和制动距离内,安全、稳定地进行减速以及停车,已成为急需解决的问题。制动系统作为汽车行驶安全的保证,经过了几十年的发展,已有不同种类并投入实车使用,取得了比较令人满意的效果。但传统制动系统由于结构及原理的限制,即使附加了 ABS 等防抱死制动控制系统,也无法实现最佳的制动力控制。

EHB 系统是一种线控制动(brake-by-wire)系统,它以电子元件替代了部分机械元件,制动踏板不再与制动轮缸直接相连,驾驶员操作由传感器采集作为控制意图,完全由液压执行器来完成制动操作,弥补了传统制动系统的不足,使制动控制得到最大的自由度,从而充分利用路面附着力,提高制动效率。

2.2.1 电子液压制动系统发展历程

1994 年,Analogy 公司用 Saber 仿真模拟的方法,开发出了一套 EHB 系统。1996 年,博世公司对其开发的 EHB 系统进行了实车试验,得到了令人满意的效果,该系统后来在实际应用中也取得了巨大的成功,在缩短制动距离以及保证车辆稳定性方面效果明显。2000年 12 月,德国大陆集团证明,一辆以 100 km/h 速度行驶的紧凑型轿车,在 30 m 的距离内停下来是可能的。而当时采用传统制动系统车辆最好的成绩是 37～42 m。2001 年秋,一辆概念车在接近现实驾驶情况下获得了成功,它应用了多种当时正处于研发阶段的技术,其中就有电子液压制动系统。天合、德尔福、大陆特威斯等公司也相继开发出了类似的 EHB系统,并于 2002 年前后获得了一系列的专利。

2001 年 9 月,装备了博世传感制动控制系统的奔驰 SL 新型跑车在法兰克福国际汽车展上首次展出。该系统 2002 年装备于新型的奔驰 E 级车上,2003 年装备于 Estate 车型上。同年,博世首次推出了加装在奔驰 E-Class 4matic 车型上的四轮驱动电子感应制动控制(SBC)系统,这也是 EHB 系统首次应用于系列化生产的汽车。2014 年,布雷博开发的Brembo BBW(线控制动系统)应用于多款 F1 赛车上。但由于这一时期的线控制动产品技术发展尚不成熟,多款产品均经过不断改版和完善,以适应汽车逐渐提升的安全性要求。目前全球主要的线控制动系统供应商为博世、大陆集团、采埃孚,其中博世率先自研布局线控制动,占据市场的领先地位,主要产品为 Two-Box 技术路线的 iBooster＋ESP(车身电子稳定)系统和 One-Box 技术路线的 IPB(智能集成制动)系统。其中 iBooster＋ESP 产品推出时间最早,目前应用最广;IPB 产品在国内率先配套比亚迪汉;大陆集团的 MK C1 线控制动产品制造工艺复杂,量产进度相对滞后,主要面向欧洲市场,2020 年底逐步开始面向中国市场,EHB 的发展前景较好。

　　根据集成度的高低,线控制动可以分为 Two-Box 和 One-Box 两种技术方案,二者的主要区别在于 ABS/ESC(电子稳定控制)系统是否和电子助力器集成在一起。

　　相较于 Two-Box 方案,One-Box 方案的体积和重量大大缩小,成本更低,但由于技术问题量产时间更晚。博世第一代、第二代 iBooster 均采用 Two-Box 方案,最新一代 IPB 则采用 One-Box 方案;采埃孚 EBB(电子制动增压器)采用 Two-Box 方案,大陆集团的 MK C1 和伯特利的 WCBS 均采用 One-Box 方案。One-Box 方案集成度高,在体积、重量上占优,其成本约为 2000 元,较 iBooster＋ESP 便宜约 40%。未来集成化的 One-Box 方案必然会取代 Two-Box 方案。

2.2.2　电子液压制动系统的优点

　　传统制动系统如图 2-7 所示,制动主缸与制动轮缸通过制动管路相连,制动压力直接由人力通过制动踏板输入,而真空助力器作为辅助动力源也受到发动机真空度的限制。这种结构特点限制了制动压力建立、各轮制动力的分配以及与其他系统的集成控制等,在进一步提高制动效果方面潜力有限。

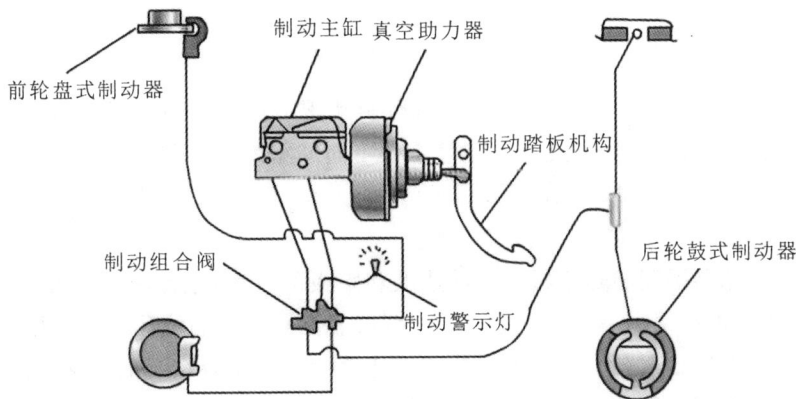

图 2-7　传统制动系统

　　EHB 系统的示意图如图 2-8 所示,由于改变了压力建立方式,在 EHB 系统中,踏板力不再影响制动力,弥补了传统制动系统的不足。

　　EHB 系统具有许多传统制动系统无法比拟的优越性。

　　在传统制动系统中,在紧急制动或长时间制动后,系统部件特性可能发生变化,进而影响制动性能。而采用 EHB 系统,部件机械特性的变化可由控制算法进行补偿,使制动压力等级和踏板行程始终保持一致。

　　由于蓄能器的压力等级很高,高压制动液通过高速开关阀的控制进入制动轮缸,制动过程平顺柔和。在紧急制动工况下,制动压力上升梯度大,能达到的制动压力也更高。制动蹄(钳)对制动鼓(盘)的制动压力通过轮缸压力传感器的反馈进行精确调节,可消除制动噪声。

　　传统制动系统的制动特性无法随意改变,而 EHB 系统能通过分析驾驶员的意图,判断不同的制动行为,并提供最合理的压力变化特性。

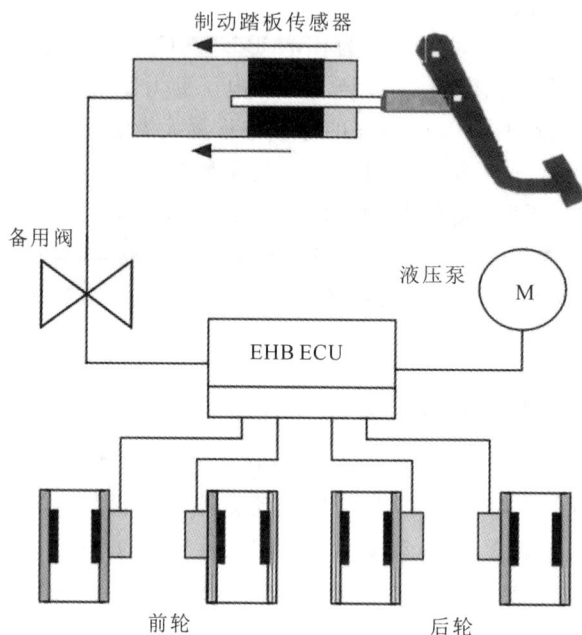

图 2-8　EHB 系统

传统制动系统只能在一定程度上实现前后制动压力的分配,而 EHB 系统在四轮压力分配方面有很大的自由度,因此在左右附着系数不同的路面上,EHB 系统的制动效果显著。

传统的采用真空助力器的制动系统的助力能力受发动机转速和负荷的影响,而 EHB 系统的制动能力不受发动机真空度的影响。

由于制动传感器探测的是踏板的运动速度和踏板的行程,电控单元据此进行制动压力调节,因此制造商可以根据不同的车型以及对驾驶者驾驶习惯的统计,仅仅通过更改控制算法和踏板感觉模拟器给驾驶者提供不同的踏板感觉,使得 EHB 系统的可移植性好。

传统制动系统在进行 ABS 工作时,制动管路内的压力波动使制动踏板出现振动现象,缺少经验的驾驶者往往会因此而不自觉地减少踏板力,从而影响制动效果。EHB 系统由于踏板与制动管路不直接相连而彻底解决了这一问题,不但可以保证各个车轮不会抱死,而且解除制动迅速,制动过程安全、高效,动力损失很小。

除了能够实现传统制动系统所能实现的基本制动、ABS 等基本功能外,EHB 系统还能实现其他更为优秀的辅助功能。

当车辆在雨天或湿滑路面上行驶时,根据风窗玻璃刮水器的动作,EHB 系统可以在固定间隔时间发出微弱的制动脉冲,清干制动摩擦片上的水膜,以消除制动器的水衰退现象,保证可靠的制动。

大部分驾驶者在遇到紧急情况时,在施加制动力时会犹豫、施加踏板力不足,导致危险情况。EHB 系统通过正确识别驾驶者意图,对制动力(由踏板行程以及踏板加速度来辨别计算)加以调整,以避免制动力不足。

在需要保持驻车状态时,EHB 系统可以对车轮施加一定的制动力,即使驾驶者松开制动踏板,车轮上依然会有一定的制动压力,减轻驾驶者的负担,提高驾驶舒适性,实现电子驻车控制(electric parking brake,EPB)。

在交通拥堵的情况下,EHB 系统与加速踏板单元传感器相互配合,通过电控单元的分析计算做出判断,驾驶者一旦把脚从油门踏板上挪开,EHB 系统会自动施加一定的制动力以减速停车。这样,驾驶者就不需要在油门踏板和制动踏板之间频繁转换来控制车速了。

2.2.3　电子液压制动系统的组成及工作原理

如图 2-8 所示,EHB 系统主要由制动踏板单元、液压控制单元、传感器系统等组成。

1. 制动踏板单元

制动踏板单元包括踏板感觉模拟器、踏板传感器以及制动踏板。踏板感觉模拟器是 EHB 系统的重要组成部分,为驾驶员提供与传统制动系统相似的踏板感觉(踏板反力和踏板行程),使其能够按照自己的习惯和经验进行制动操作。踏板传感器用于监测驾驶员的操纵意图,一般采用踏板行程传感器,采用踏板力传感器的较少,也有二者同时应用,以提供冗余传感器且可用于故障诊断。图 2-9 为大陆集团特威斯生产的电子制动踏板单元。

2. 液压控制单元

液压控制单元(hydraulic control unit,HCU)用于实现车轮增减压操作,图 2-10 为大陆集团特威斯带电子控制单元的液压控制单元。

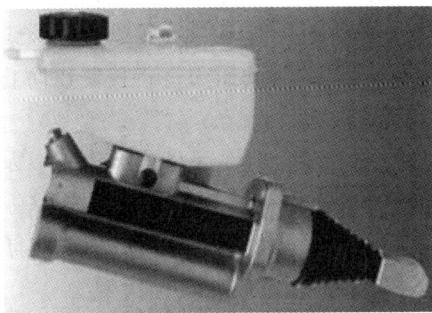

图 2-9　大陆集团特威斯生产的
电子制动踏板单元

图 2-10　大陆集团特威斯带电子控制单元的
液压控制单元

独立于制动踏板单元的液压控制单元带有由电机、泵和高压蓄能器组成的供能系统,经制动管路和方向控制阀与制动轮缸相连,可以控制制动液流入、流出制动轮缸,从而实现制动压力的控制。

3. 传感器系统

传感器系统是 EHB 系统的神经网络,其作用是实时采集车辆运行状态和环境参数。具体而言,EHB 系统中的传感器包括车速传感器、制动踏板传感器、轮胎传感器等。这些传感器通过高频率的数据采集,将车辆的各项参数传送至 ECU。通过这些实时数据,ECU 能够准确把握车辆的动态状况,为制动力的精确控制提供必要的信息。

车速传感器采集车速信号。车速是制动系统控制的一个重要参数。车速传感器通过监测车轮转速,提供车辆当前速度的准确数据。这使得 EHB 系统能够根据车速变化进行实时调整,确保制动过程平稳可控。

制动踏板传感器负责监测驾驶者的制动输入,即踩踏制动踏板的力度。这一数据反映了驾驶者的制动意图,ECU通过分析踩踏制动踏板的力度,决定释放或施加制动力的大小,实现对驾驶者意图的智能响应。

轮胎传感器用于监测轮胎的状态,包括胎压、胎温等。这些数据对于EHB系统来说至关重要,因为轮胎状态的变化会直接影响到制动效果。例如,在高温环境下,轮胎的制动性能可能下降,而轮胎传感器能够及时反馈这一信息,使得系统可以调整制动力来适应不同的工况。

4. EHB系统工作原理

EHB系统的基本工作原理如图2-8所示。该系统正常工作时,备用阀处于关闭状态,此时汽车制动踏板与制动器之间的液压管路是断开的。ECU接受并处理来自踏板感觉模拟器和电子传感器的传感器信号,用以判断驾驶者的制动意图,然后通过电机驱动液压泵进行制动。当电子制动系统发生故障时,备用阀开启,EHB系统变成传统的液压系统,从而也可以实现汽车安全制动。

EHB系统所要实现的制动动作分为基本制动和控制制动。基本制动,是指驾驶者根据自己的意图,施加或大或小的踏板力,控制车辆的减速度并保证他所期望的行驶方向,踏板力的值还达不到使车轮抱死的程度。而此时的EHB系统要充分反映驾驶者的意图,给予车轮驾驶者所期望的制动力。控制制动则指在必要的附加干预下施行的制动。即当驾驶者欲对车辆采取紧急的全力制动,而大力并快速地踩下制动踏板时,EHB系统就应该识别出这一需求,在给予车轮足够大的制动压力的同时,对车轮上的制动压力进行控制以防止车轮抱死、车辆的制动稳定性下降等。

EHB系统还可以融合多种车辆控制系统:当车辆在低附着路面起步或加速时以及车辆从高附着路面行驶到低附着路面时,系统集成驱动防滑功能;当车辆在转弯时,EHB系统通过车轮制动实现车辆稳定性控制;此外,前述的自动清水功能、电子辅助制动功能、电子驻车制动功能等均属于控制制动。

2.3 电子机械制动系统

线控制动系统是汽车线控技术的一种典型应用,它是将驾驶者的操纵信号经过变换器转化为电信号,通过电缆直接传输到控制执行器的一种系统。汽车线控制动系统实现了制动踏板与制动主缸间的物理解耦,通过制动力分配策略实现了再生制动与摩擦制动的集成控制,提高了电制动的参与比例,改善了整车经济性,优化了制动性能,是目前汽车行业,特别是电动汽车的一大发展方向。

线控制动系统可以分为电子液压制动系统和电子机械制动系统两种形式。在电子液压制动系统中,通过高压蓄能器与泵或者高性能电动机与减速机构产生压力源,电子控制单元再根据车辆状况把合适的液压制动力分配到四个车轮。而电子机械制动系统完全取消了传统制动系统中的液压管路,将电动机的转动平稳地转化为制动蹄的平动,直接控制每个车轮的制动力矩。

2.3.1　电子机械制动系统发展历程

面对汽车电动化和智能化的发展趋势,制动系统的终极解决方案就是采用电能作为唯一能源的电子机械制动系统。EMB 系统完全放弃使用气动或液压载能体,彻底摆脱制动液泄漏所带来的安全隐患。这不仅简化了系统结构,提高了系统的可靠性,而且便于与未来智能交通系统联网。全电气化制动系统改变了以往"装入式和拆卸式"的安装方式,随之而来的是"即插即用"的安装方式,这一点是汽车生产厂家非常欢迎的。

EMB 技术的研究兴起于 20 世纪 90 年代,这一研究最初是由世界上的一些知名的汽车公司发起的。瑞典 SKF 集团 2001 年展出的第一款 Bertone-SKFFILO 概念车使用了 SKF 集团的线控技术。线控技术采用导线柔性连接取代了机械或液压连接,这一技术的使用解决了方向盘、加速和制动踏板等机械操控方式的问题。2002 年,装有 EMB 系统和燃料电池的跑车由通用汽车公司推出。德尔福公司于 2004 年研发了一种通过电动制动钳来操控后轮制动的混合线控动系统。

EMB 系统首先应用在混合动力制动系统车辆上,采用液压制动和电制动两种制动系统。这种混合制动系统是全电制动系统的过渡方案。布雷博公司在 2012 年北京车展上展出的制动系统和奥迪 R8 e-tron 量产车都是采用前轮电子液压制动、后轮电子机械制动的方案。由于两套制动系统共存,因此结构较复杂,成本偏高。

EMB 系统是一个全新的系统,给制动控制系统带来了巨大的变革,为将来的车辆智能控制提供条件。但是,要想全面推广,还有不少问题需要解决。第一是驱动能源问题。采用全电路制动控制系统,需要较多的电力能源,一个盘式制动器大约需要 1 kW 的驱动能量。目前车辆上的 12 V 电力系统提供不了这么大的能量。将来车辆动力系统如能采用高压电,加大能源供应,可以满足制动能量要求,但同时需要解决高电压带来的安全问题。第二是控制系统失效处理。EMB 系统面临的一个难题是制动失效的处理。因为不存在独立的主动备用制动系统,因此需要一个备用系统保证制动安全,不论是 ECU 元件失效、传感器失效还是制动器本身或线束失效,都必须保证制动的基本性能。第三是抗干扰处理。车辆在运行过程中会有各种干扰信号,如何消除这些干扰信号造成的影响,也是 EMB 系统走向市场化必须要解决的问题。

EMB 系统在全球范围内得到了广泛的应用,这一技术领域的主要国际供应商包括博世、大陆集团、采埃孚等。这些公司凭借其在制动技术领域的长期积累,占据了市场的主导地位。

在中国市场,随着技术的发展和成本的降低,EMB 技术也逐渐得到应用。中国的一些本土企业,如炯熠电子、菲格,还有同驭汽车、伯特利等,已经开始研发并推广自己的 EMB 系统。这些企业通过持续的技术创新和研发投入,逐步打破了外资企业在这一领域的垄断,为国产 EMB 技术的发展和应用创造了可能。

随着技术的进步,各种问题会逐步得到解决,届时 EMB 系统会真正代替传统的以气压、液压为主的制动控制系统。电子机械制动控制系统将与其他汽车电子系统(如汽车电子悬架系统、汽车主动式方向摆动稳定系统、电子导航系统、无人驾驶系统等)融合在一起,成为综合的汽车电子控制系统,未来的汽车中将不存在孤立的制动控制系统,各种控制单元集中在一个 ECU 中,并将逐渐代替常规的控制系统,实现车辆控制的智能化。

2.3.2 电子机械制动系统的优点

EMB 是一种先进的汽车制动技术,它结合了电子和机械技术,以提供更安全、更高效、更环保的制动解决方案。在现代汽车技术中,EMB 系统的重要性体现在以下几个方面。

(1) 更快的响应速度　EMB 系统使用电子传感器和执行器来控制制动,与传统的液压制动系统相比,可以提供更快的响应速度。这有助于减少制动距离,提高行车安全性。

(2) 更精确的制动力控制　通过电子控制,EMB 系统能够精确地调节每个车轮的制动力。这种精确控制有助于提高车辆的稳定性和操控性,尤其是在不同的路面条件和车辆负载下。

(3) 能量回收　在电动汽车和混合动力汽车中,EMB 系统可以在制动时回收能量,将其转换为电能存储起来,从而提高能源效率,延长续航里程。

(4) 减少维护需求　由于 EMB 系统减少了传统液压制动系统中的许多机械部件,如液压管路和密封件,因此其维护需求较低,降低了维护成本。

(5) 支持自动驾驶技术　随着自动驾驶技术的发展,EMB 系统更容易与自动驾驶系统集成,提供更精确的车辆控制,提高车辆整体的安全性能。

(6) 环境友好　EMB 系统减少了制动液的使用(见图 2-11),从而降低了环境污染的风险,这对于推动汽车行业的可持续发展具有重要意义。

(7) 提高车辆性能　通过更快的响应速度和更精确的制动力控制,EMB 系统有助于提高车辆的动态性能,为驾驶者提供更佳的驾驶体验。

总的来说,电子机械制动是现代汽车技术中的一个重要创新,它不仅提高了行车安全性,还支持了电动汽车和自动驾驶技术的发展,有助于在未来生产更环保、更高效的汽车。随着技术的进步和成本的降低,预计 EMB 系统将在未来的汽车行业中得到更广泛的应用。

电子机械制动系统在多个方面提供了显著的改进,特别是在安全性、响应速度、能源效率和操控性方面。图 2-12 所示为 HL Mando_EMB。HL Mando 是一家总部位于韩国的全球领先的汽车零部件供应商。该公司成立于 1962 年,专业提供电动汽车和自动驾驶解决方案。HL Mando 的主要产品包括先进的驾驶系统(如制动、转向、悬挂、驱动和动力解决方案)以及涉及车辆综合安全、自动驾驶和电动交通的软件解决方案。

EMB 系统通过 ECU 直接控制制动执行器,消除了传统液压制动系统的延迟,提供了更快的响应速度,这有助于减少制动距离,提高紧急情况下的安全性。EMB 系统可以独立控制每个车轮的制动力,在湿滑或复杂路面上,更有助于保持车辆在制动时的稳定性。EMB 系统可以轻松集成防抱死制动系统(ABS)、电子稳定控制(ESC)系统等,进一步提高车辆的安全性。

由于采用电子控制,EMB 系统的响应速度远快于传统液压制动系统。这为驾驶员提供了更直接、更线性的制动感觉。由于不需要液压油流动,EMB 系统消除了液压制动系统中的延迟和波动,提供了更即时的制动反应。

图 2-11　无制动液

图 2-12　HL Mando_EMB

在电动汽车和混合动力汽车中,EMB 系统可以在制动时回收能量,将其转换为电能存储起来,从而提高能源效率,延长续航里程。由于具有更精确的制动力控制,EMB 系统有助于减少不必要的能量消耗,提高整体能源效率。

EMB 系统可以根据车辆的动态和路面状况来调整每个车轮的制动力,有助于保持车辆在制动时的稳定性和操控性。更快的响应速度和更精确的制动力控制为驾驶员提供了更佳的驾驶体验。

电子机械制动(EMB)技术的重要性在于它为汽车行业带来了革命性的变化,尤其是在安全性、能效和自动化方面。EMB 技术对汽车行业的潜在影响如下:安全性的提升、能效的增强、自动化和自动驾驶的支持、创新和可持续发展、市场竞争力、法规和标准的变化、供应链和制造的变革、新的商业模式。

(1)安全性的提升　EMB 系统的快速响应和精确控制能力以及与高级安全系统的集成,显著提高了车辆的安全性能。

(2)能效的增强　EMB 系统支持高效的能量回收,特别是在电动汽车中,这有助于提高能源利用率和续航里程。

(3)自动化和自动驾驶的支持　EMB 系统的灵活性和控制能力,使其成为自动驾驶汽车的理想选择,为自动驾驶技术的发展提供了重要支持。

(4)创新和可持续发展　EMB 技术推动了汽车行业的技术创新,促进了更环保、更高效汽车的开发。

(5)市场竞争力　拥有 EMB 技术的汽车制造商将能够在市场上获得竞争优势,满足消费者对高性能和安全性的需求。

(6)法规和标准的变化　随着 EMB 技术的普及,可能需要更新现有的安全法规和标准,以适应新的技术要求。

(7)供应链和制造的变革　EMB 技术的应用可能促使汽车制造商和供应商重新考虑其供应链和制造流程。

(8)新的商业模式　EMB 技术的应用可能带来新的商业模式,如基于数据的维护和服务,以及新的售后服务市场。

2.3.3 电子机械制动系统的工作原理

EMB 系统的组成一般包括蓄电池、制动踏板、电子控制单元、车轮制动器、轮速传感器和线缆传输元件等,如图 2-13 所示。

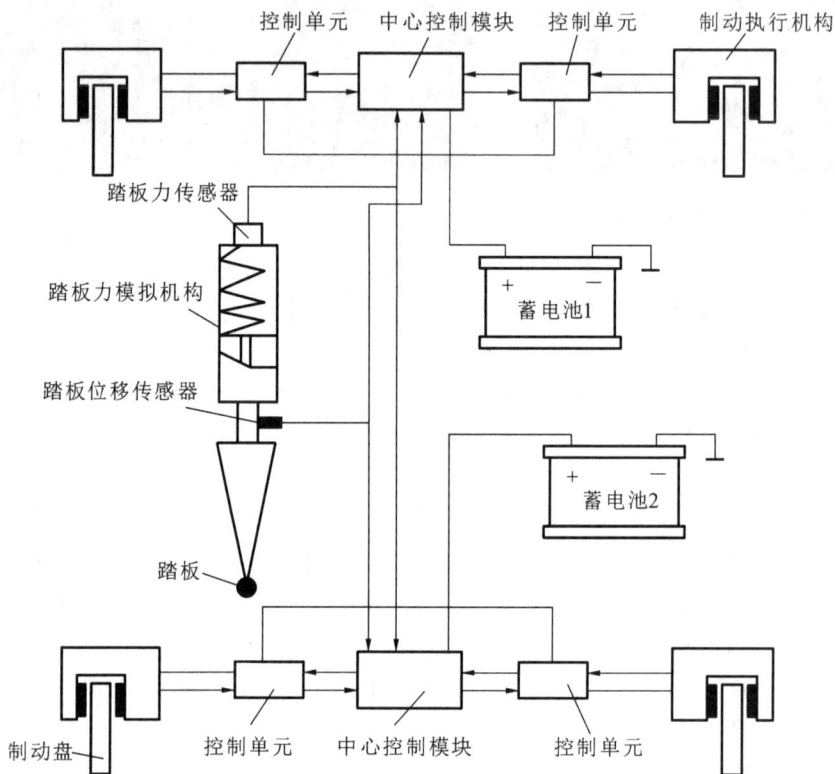

图 2-13 EMB 系统的组成

本小节从制动系统的工作原理出发,将制动系统一般性地分为供能装置、制动指令与通信系统、制动控制系统和制动执行机构四大主要部分。根据需要,供能装置可独立或集中布置,也可集成于其他功能装置内部。EMB 系统的基本工作原理图如图 2-14 所示。

1. 供能装置

供能装置在 EMB 系统工作时提供其必需的电能,其组成包括电池和电源管理电路等,需具备充放电管理、状态监测、过载保护等功能。在上游供电失效的情况下,供能装置的电池需要保证 EMB 系统能够施加一定次数或时间的制动。

2. 制动指令与通信系统

将产生和传输制动指令信号的电子设备,以及制动系统内部数据交换、制动系统与驱动系统等其他子系统或其上层系统进行数据通信的一系列电子设备和电气线路,统称为制动指令与通信系统。

对于汽车而言,驾驶员通过制动踏板、驻车制动手柄或按钮发出制动指令。近年来,随着自动控制技术的发展,汽车的自动驾驶程度越来越高,也可以由自动驾驶系统发出制动

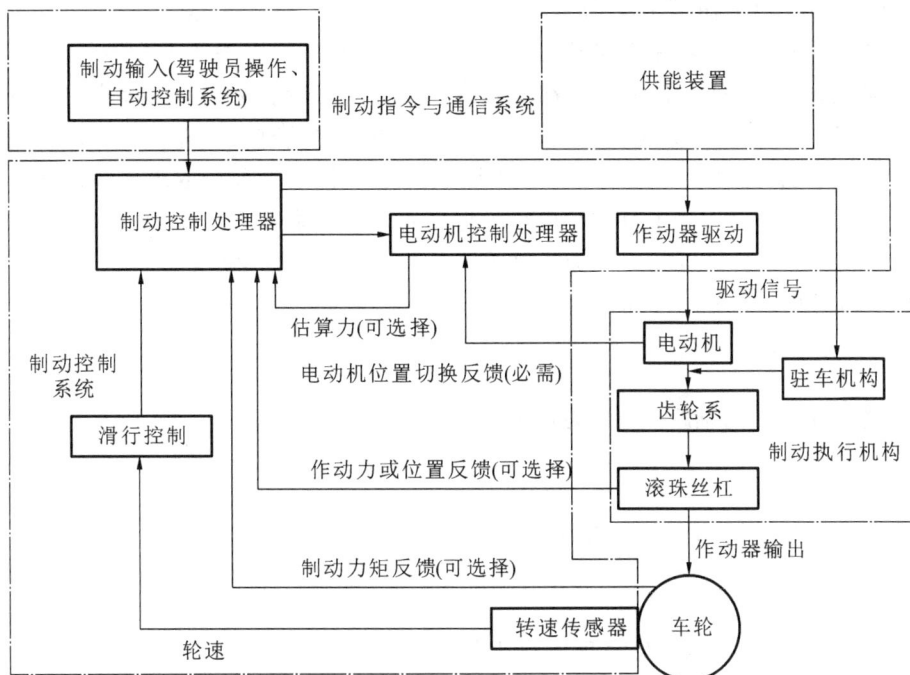

图 2-14　EMB 系统基本工作原理图

指令。

　　电子机械制动系统是一种全电化的制动系统,其制动指令在传输过程中全部以电信号的形式传递。常用的传输手段有 WTB(绞线式列车总线)、MVB(多功能车辆总线)、CAN(控制器局域网总线)、以太网等总线(网络)形式,和以电压、电流来传递模拟量、数字量或 PWM(脉冲宽度调制)信号等的硬线形式。

　　3. 制动控制系统

　　制动控制系统主要承担制动控制和防滑控制功能,具体包括制动指令的接收和处理、传感器信号的采集和处理、与其他系统间的通信,制动力的计算与可能的多种制动方式间的配合、多个制动器间的管理分配、制动力的调节(包括制动及防滑控制),以及状态监测、诊断,故障处理,数据存储等功能。

　　电子制动控制单元接收制动指令时,根据制动指令和车辆载荷施加制动力,除紧急制动外,制动力按照一定的制动力分配模式施加。制动过程中,电子制动控制单元根据对轴速信号的处理、运算和判断,基于速度差、减速度和滑移率等判据进行滑行检测和控制。防滑时采取轴控方式,制动控制装置判定滑行状态出现后按照设定的模式执行"减力""保持""增力"程序,使电子机械制动单元输出力减小、保持和恢复。

　　电子制动控制单元可对系统功能和关键部件状态进行自检,包括电机械制动单元、电子制动控制单元、辅助缓解模块、速度传感器、压力传感器等。如电子机械制动系统通过对各个电机械制动单元的电压、电流、电阻等电气参数的实时监控,可以判断电机械制动单元的工作状态是否正常,若某一电机械制动单元发生故障,系统可立即发现并上报,进行报警、诊断、隔离、排除等处理。电子制动控制单元具有数据存储功能,可对系统数据进行记录、存储或上传,实现对系统数据的集中存储和管理。

汽车制动力分配的目标是在平整的路面、部分制动状态下有一个平稳的行驶性能。理想的情况是在每次减速时,各个车轮都能同时和充分利用轮胎和路面间提供的附着系数。一般来说,在两轴整体式车架车辆上,前轮和后轮所承载的垂直载荷并不相等。在制动时,由于前轴载荷增加,同时后轴载荷减轻会出现动态载荷,该动态载荷取决于静态载荷、汽车重心高度和汽车减速度。为了有效利用轮胎与路面之间的附着力,汽车前后桥之间的制动力必须以可控的智能方式保持一定的比例关系。该比例关系计算如下。

记汽车减速度 b 与重力加速度 g 之比为 z,则

$$z = \frac{b}{g} \tag{2-4}$$

汽车纵向重心位置 l_v 与轴距 l 之比为 φ,则

$$\varphi = \frac{l_v}{l} \tag{2-5}$$

汽车垂向重心位置 h_s 与轴距 l 之比为 X,则

$$X = \frac{h_s}{l} \tag{2-6}$$

于是,与汽车重力 G 有关的前后桥理想制动力(F_{BV} 和 F_{BH})为

$$\frac{F_{BV}}{G} = (1 - \varphi + zX)z \tag{2-7}$$

$$\frac{F_{BH}}{G} = (\varphi - zX)z \tag{2-8}$$

因此,在制动时根据轴载的动态转移,可以推导出理想的制动力分配关系。理想的制动力分配是一个非线性函数,如图 2-15 所示。

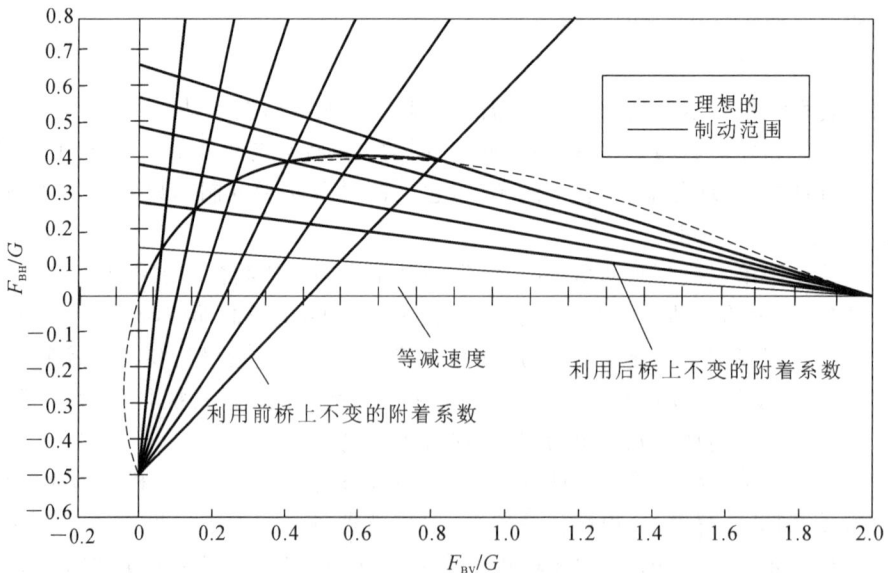

图 2-15 制动力分配

与此相对的,在车辆上通过确定的车轮制动器元件所实现的制动力分配是线性的,也就是说,在前后桥上输入的制动力之间的关系是线性的。然而,输入的制动力分配,不可能在所有的轴载情况下,在所有的附着系数和减速度区域内,使两车轮同时抱死。大部分情况下输入的制动力分配提前达到理想的制动力分配。按照法规规定,车辆减速度在 0.8g 以内,前轮必须先于后轮抱死,因为后轮抱死会导致车辆行驶不稳定。使用电子制动力分配(EBD)功能可以不考虑载重去限制后桥制动压力的升高,使其不超过理想的制动力分配状况,以限制后轮抱死。

在弯道行驶中,同一车桥上的两个车轮上所分配的制动力不同,这是因为横向加速度会导致轮载变化,正如制动会导致轴载变化一样。通过 ABS 与 EBD 共同作用,可按照行驶状况,在理想的制动力分配范围内,实现各车轮的独立制动力分配,以保证车辆的动态稳定。

4. 制动执行机构

EMB 系统的制动执行机构一般称为电子机械制动器或电子机械制动单元(electromechanical brake unit,EBU),用于产生与车辆运动趋势方向或运动方向相反的力,克服车辆的运动趋势或将车辆动能转化为热能并耗散掉。

EMB 系统的制动执行机构组成包括制动原力产生装置,运动转化机构,力的放大、传输和保持机构以及摩擦副等,功能上需涵盖正常情况下的行车制动和驻车制动,以及故障情况下的应急或备份制动。上述机构或功能可能集成于一套装置中也可能独立配置。

在实际运用中,一般根据具体需求配置执行机构的结构形式、功能、性能和数量,以及机械、电气等外部接口。

2.4　实例分析

本节介绍电子液压制动系统中具有代表性的产品——集成化制动控制(IBC)系统和本田雅阁插电混动版汽车采用的伺服电液制动(ESB)系统,以及电子机械制动系统的典型应用——奥迪 e-tron 汽车采用的干湿组合制动系统。

2.4.1　集成化制动控制系统

1. IBC 系统概述

天合汽车集团(现被采埃孚收购)是全球领先的汽车安全系统供应商,汽车安全系统的先驱和领导者,世界十大汽车零部件供应商之一。天合汽车集团的集成化制动控制系统推出的一体化制动系统外形如图 2-16 所示,其液压驱动控制模块采用超高速无刷电动机,通过控制电动机和 4 个电磁阀实现了 ABS/ESP 功能。一体化制动系统的整体质

图 2-16　一体化制动系统外形

量只有 3.8 kg,与传统制动系统相比,其体积减小了 70%,长度减小 70 mm,系统复杂程度较低,舒适性和 ABS/ESP 稳定性增强,辅助驾驶更顺畅,降低了由安全故障引起的系统风险。IBC 系统提供了优越的性能,例如,在与驾驶辅助系统(如雷达和摄像机)结合使用时,

可以启动包括自动紧急制动（AEB）在内的多种功能。IBC系统以一个集成单元取代了低真空或无真空系统所需的大量独立部件，包括电子稳定控制（ESC）系统、真空助力器和相关的电缆、传感器、开关、电子控制器、真空泵等。

IBC系统的核心是一个由超高速无刷电动机驱动的、受旋转编码器监测的机构，编码器向中央电子控制单元提供电动机的转数、转速和位置数据。同时集成于其中的还有一个独立的液压回路，它向系统传达了驾驶者的制动意图。无刷电动机为系统提供了高效的制动和电子稳定性功能，它能以超高的压力上升速率，在不到150 ms内转化为1g的车辆减速度。与现有ESC系统相比，IBC系统更小、更轻。传统组件重达7 kg，而IBC系统仅重约4 kg。

2.IBC系统的结构与工作原理

IBC系统采用了电动机驱动主缸助力的方案，原理如图2-17所示。为了防止电动机响应较慢，加装高压蓄能器作为辅助的压力源，由高压蓄能器和电动机驱动制动主缸共同进行压力的精确调节。每个轮缸配有一个电磁阀用于调节轮缸的压力，采用分时控制各电磁阀实现增/保/减压的操作。IBC系统由制动踏板、带有滚珠丝杠的集中电动机、储油杯、制动主缸、电动机-液压泵-高压蓄能器结构、高压蓄能器阀、两个快速减压阀、四个压力调节电磁阀以及四个制动轮缸组成。系统的工作模式分为常规制动模式、ESC模式和失效制动模式。

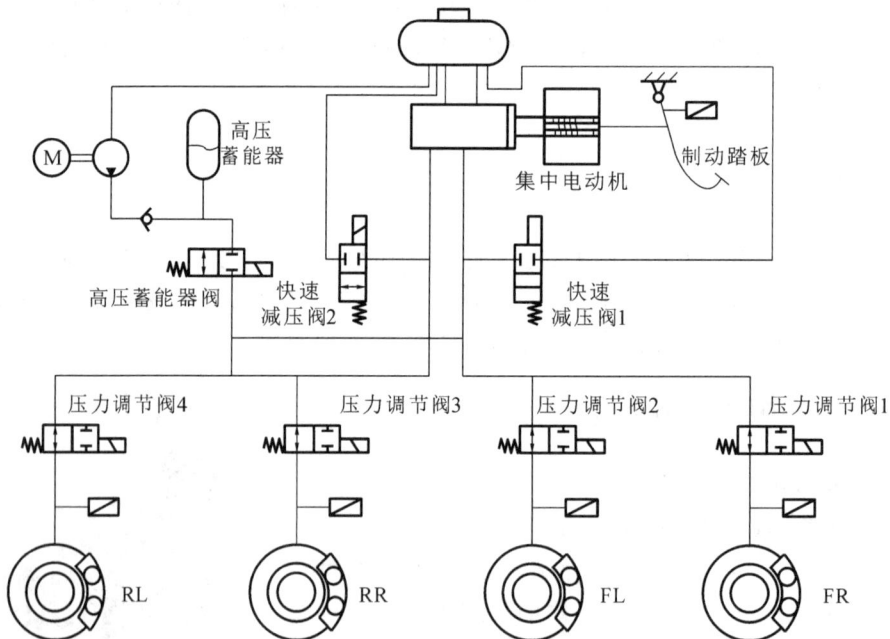

图2-17 IBC系统原理图

1）常规制动模式

在常规制动模式下，当驾驶员踩下制动踏板时，踏板位移传感器检测到踏板位移信号。电控单元通过传感器的信号确认驾驶员的制动意图后，发送信号控制高压蓄能器阀通电开启，高压蓄能器中的高压制动液流入各轮缸，对各个车轮进行制动。同时，电控单元发送信号给控制电动机,控制电动机正向运动。滚珠丝杠机构将电动机的旋转运动转化为直线运动,推动主缸活塞推杆前进,产生的高压制动液同样为液压单元提供制动液压力。当驾驶员松开制动踏板时,踏板位移传感器同样会检测到位移信号。电控单元通过传感器的信号确认此时驾驶员想要解除车辆的制动,发送信号控制高压蓄能器阀关闭,切断高压蓄能器与制动轮缸的连接,同时发送信号控制电动机反向旋转,主缸活塞在回位弹簧作用下回退,轮缸内的高压制动液流回制动主缸和储油杯。

2）ESC 模式

在 ESC 模式下,当系统通过轮速传感器、角速度传感器和加速度传感器,检测到车辆出现车轮抱死或者侧滑的趋势时,电控单元控制电动机带动滚珠丝杠机构推动主缸活塞推杆前进,同时控制各个电磁阀的开闭,以调节各个轮缸内的压力,从而保证车辆的稳定性。由于每一个轮缸仅有一个电磁阀用于调节压力,需要对电磁阀采用分时控制。当某一轮缸需要增压时,其余轮缸的压力调节阀关闭,轮缸处于保压状态。某一轮缸需要减压时亦然。

3）失效制动模式

在电动机出现故障或者系统失电的情况下,制动系统进入失效模式。当电动机出现故障无法正常工作时,电控单元控制高压蓄能器阀通电开启,仍旧可以通过高压蓄能器为液压单元提供制动所需的液压力。当系统失电时,电动机无法运转,所有电磁阀处于断电状态,高压蓄能器阀和减压阀关闭,四个压力调节阀开启,驾驶员可通过猛踩制动踏板,推动制动主缸推杆产生一定的制动液压力,保证系统在失电的情况下仍能进行一定的制动。

3. IBC 控制系统

IBC 控制系统包括电控单元、液压力控制单元、液压力传感器、踏板力传感器以及踏板位移传感器等。液压力控制单元用以精确调节制动轮缸液压力。液压力传感器作为反馈单元将液压力实时反馈到整车控制器里,用作控制算法的输入量。踏板力传感器和踏板位移传感器用来检测驾驶员的踏板信号,从而获得驾驶员意图。

液压力控制是电子液压制动系统的基本功能,也是车辆稳定性控制系统和再生制动系统等的关键技术。通常来说,液压力控制层是整车控制系统的最底层,所以整车控制效果的优劣与液压力控制密切相关。如果没有液压力控制模块或者液压力控制模块不能有效对液压力施加控制,那么整车控制系统的控制性能会受到很大影响。

液压力控制架构如图 2-18 所示,分为主缸液压力控制器和轮缸液压力控制器。轮缸液压力控制层面又分为轮缸液压力上层控制和电磁阀底层控制,前者用于计算得出电磁阀的控制指令,后者用于确定电磁阀的控制方法。

制动主缸与每个制动轮缸之间连接有一个常开的电磁阀。为使制动轮缸的压力能够良好地跟随制动主缸出口处的压力,需要对电磁阀的开度进行控制,以控制流经电磁阀的制动液的流量,从而达到控制制动轮缸压力的目的。

轮缸液压力控制的工作原理是接收由上层算法（制动防抱死控制算法、车辆稳定性控制算法等）计算得到的轮缸目标压力,根据当前车轮所处的实际工作位置,结合电磁阀的工作特性以及包含制动管路和制动轮缸在内的系统压力特性,得到电磁阀的实际控制指令;同时不断监测当前轮缸的实际压力和目标压力,以便及时调整电磁阀的控制指令和工作状态,使轮缸的实际压力尽快达到目标压力。

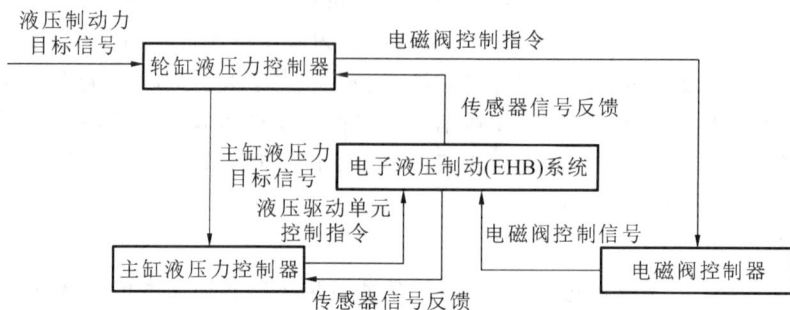

图 2-18　液压力控制架构

2.4.2　伺服电液制动系统

1. ESB 系统概述

本田雅阁插电混动版汽车采用的伺服电液制动(electric servo brake,ESB)系统是一种以伺服电动机产生压力源,通过电动机旋转实现制动主缸增减压控制的全解耦电液制动系统,用于多款本田混合动力车型。系统主要由带踏板行程传感器的制动踏板、踏板感觉模拟器、伺服电动机、从动液压缸、电子控制单元以及制动执行机构等组成。

2. ESB 系统结构及工作原理

ESB 系统的结构组成如图 2-19 所示。制动踏板后的制动主缸与伺服电动机、从动液压缸、踏板感觉模拟器间有电磁阀隔开。制动踏板后的制动主缸、踏板感觉模拟器、电磁阀以及必要的压力传感器构成了 ESB 系统的制动力操作系统。在伺服电动机、从动液压缸和制动执行机构之间还有车辆稳定性控制系统,以提高车辆的稳定性和行驶安全性。

制动力操作系统根据具体指令,给制动踏板提供反力。其实制动力操作系统也称制动力操作回馈模拟器,就是为了在制动过程中保证制动踏板可以给驾驶员提供一个真实的力的反馈。它与制动踏板机构相连,负责在制动过程中向驾驶员提供反馈力,这样,这套制动系统在驾驶员看来就与熟悉的传统车型相同了,使驾驶员无论是缓制动还是急制动,踏板给脚的感觉都是线性合理的,不会出现一脚踩空或踩不动的情况。

伺服电动机和从动液压缸根据 ECU 发出的指令动作,由电动机推动活塞为制动管路建立液压。该部分负责提供助力、建立液压和协调再生制动力分配,其角色就好比传统制动系统中的真空助力器和制动主缸。

车辆稳定性控制(VSA)系统是用于提高车辆稳定性和行驶安全性的控制系统。VSA系统具有制动防抱死、牵引力控制和防侧滑控制功能。

ESB 系统的工作原理是:制动踏板位移传感器和轮速传感器信号输入制动控制器,当检测到制动动作时,制动控制器计算出驾驶员的制动需求,同时向整车控制器请求电动机、车速等信号,再计算出当前条件下的再生制动力矩,然后用总制动力矩减去再生制动力矩,得到液压制动力矩的目标值,控制电动伺服制动系统中各个部件动作,产生所需的液压制动力。

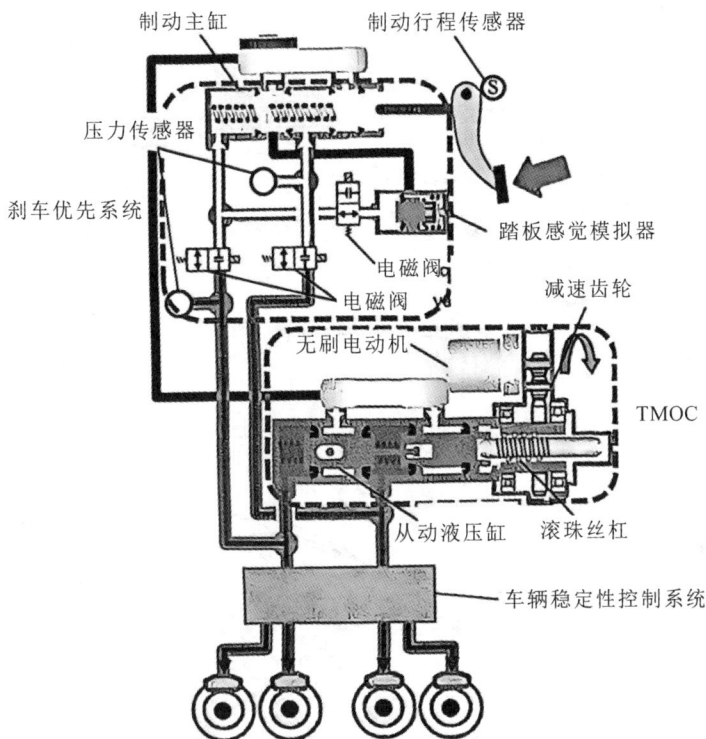

图 2-19　ESB 系统的结构组成

2.4.3　奥迪 e-tron 干湿组合制动系统

1.EHCB 系统概述

奥迪 e-tron 系列车型采用了前轴电子液压制动、后轴电子机械制动的独特布局,称为电动液压组合制动(electro-hydraulic-combi-brake,EHCB),即干湿组合制动系统。电子液压制动系统由于仍然存在液压管路,被称为湿式制动系统;而电子机械制动系统取消了所有液压部件,因而被称为干式制动系统。

EHCB 系统在奥迪 A1、Q5、R8 e-tron 等多款车型上都有应用,车辆后轴的两个制动钳采用了线控技术,传统的液压管路只出现在了前轮,如图 2-20 所示。当踩下制动踏板时,制动主缸直接作用于前轮,而电控信号用来控制后轮的制动,无须像前轮一样经过液压油传递来自制动踏板的制动力,后轮的电子机械制动钳可以迅速做出反应,更加有优势。由于后轴制动器采用干式制动系统,能够提供高安全性和出色的制动力控制,实现了高度灵活性和高舒适性的结合。同时,它可以最优地利用传动系统回收的制动能量。

2.EHCB 系统总体布置

奥迪 e-tron 系列车型采用的 EHCB(干湿组合制动)系统由电子真空泵、电子稳定系统单元(ESP)、制动踏板、前轴液压制动钳、电子驻车制动开关、传感器阵列、CAN 总线和电子机械制动钳组成,如图 2-21 所示。前轴仍然采用传统的液压制动钳,而后轴采用了电子机械制动钳,它将直流无刷电动机输出的旋转力矩通过齿轮箱转化成线性运动力矩。

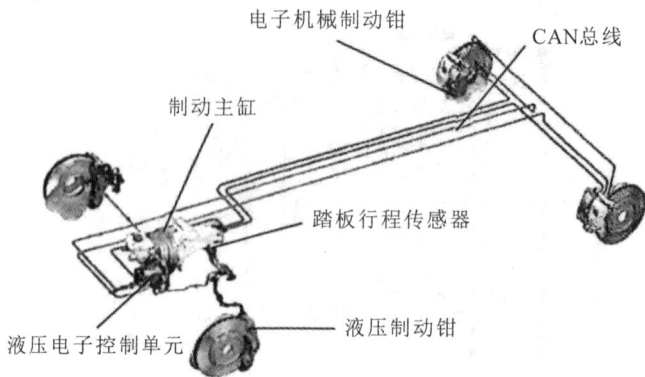

图 2-20　EHCB 系统布局

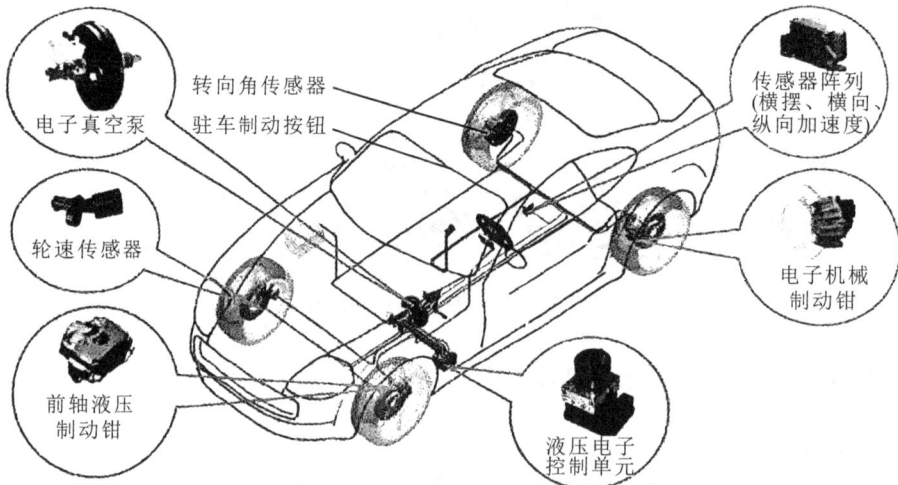

图 2-21　EHCB 系统组成

在前轮传统的液压制动系统中,应用了带有两个电子真空泵的铝质轻型制动助力器,为真空系统提供动力,确保了真空供应的冗余。并且在具有高容量要求的极端情况下,可获得足够的动力储备。而驻车制动器(EPB)则完全集成在后轮的电机械制动执行器中。

在前轮上,EHCB 系统包括作用于传统液压制动钳的液压单回路或双回路驱动系统。液压系统适用于单轴制动。驾驶员的意图可以通过踏板和中央液压电子控制单元的传感器来识别。防滑控制功能继续由液压电子控制单元处理,常规制动功能的管理、来自驾驶员辅助系统的任何制动请求(例如自适应巡航控制命令)也同样由液压电子控制单元负责。液压电子控制单元还负责识别驾驶员的意图,并通过总线连接(如 CAN)请求后轮制动器的最佳制动力,同时考虑驾驶和负载条件。为了确保必要的高水平的系统功能和常规制动的可用性,系统中内置了各种冗余结构,例如用于向后轮执行器进行完全可控的信号传输的环形结构。

前轴的液压制动系统不需要对车辆设备进行任何显著的更改,其基本构架保持不变。由于只有前制动器是液压驱动的,因此可以减小真空制动助力器的尺寸,从而显著优化踏板感觉特性。由于机电式后轮制动器独立于液压式前轮制动器单独驱动，因此有可能实现更好、适应性更强的整体制动响应特性，为汽车制造商提供了一系列优势。

　　EHCB 系统中的后轮制动器由无制动液的电子机械制动钳（EMB）构成，如图 2-22 所示。在电子机械制动钳中，制动活塞通过滚珠丝杠移动，滚珠丝杠由连接圆柱齿轮的电动机驱动。因此，后轴的制动器属于线控制动的技术范畴，并且与前轴的制动踏板的液压制动系统分离。由于消除了制动踏板与制动器的机械连接，奥迪 e-tron 的电动机能够将所有制动能量转化为电能并进行回收。

　　EMB 通过 EHCB 控制单元的两个专用 CAN 总线进行控制，EMB 之间的另一个专用 CAN 总线允许相互监控。左右车轮的制动力可按照电子系统的要求独立

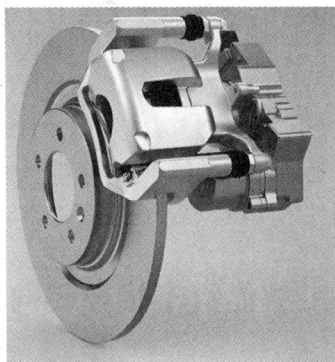

图 2-22　后轴电子机械制动钳（EMB）

调整，相比传统的液压制动系统而言，EHCB 系统的调整范围更广更灵活。由于不需要液压油传递来自制动踏板的制动力，后轮的电子机械制动钳可以迅速做出反应，并且可以非常精确地设定紧力，这对车身电子稳定系统的控制也会更有优势。

　　EMB 可以永久地保持制动力而不消耗能量，因此也可以代替驻车制动器。除了后制动器与制动踏板的分离之外，EMB 还具有许多优于液压车轮制动器的优点：电子机械制动装置结构简单，省去了大量管路及部件，系统制造、装配、测试简单快捷，采用模块化结构，维护简单。EHCB 系统目前设计用于 12 V/14 V 的车辆电气系统。

　　当踩下 EIICB 系统中的制动踏板时，踏板行程开始时不会产生液压制动压力。驾驶员的制动请求由 EHCB 控制单元通过踏板行程传感器记录。EHCB 控制单元中的制动能量回收控制器用于调节和监控制动能量的回收。因此，驾驶员可以在踏板的空行程内回收车辆的动能。

练习题

　　1. 简述制动系统的作用及发展历程。

　　2. 制动系统的性能指标有哪些？

　　3. 制动系统有哪些不同的分类方法？

　　4. 简述电子液压制动系统的优点。

　　5. 简述电子液压制动系统的组成及工作原理。

　　6. 简述电子机械制动系统的组成及工作原理。

　　7. 简述 IBC 集成化制动系统的组成及工作原理。

　　8. 简述 ESB 电液复合制动系统的特点。

　　9. 简述奥迪 e-tron 干湿组合制动系统的特点。

第3章 智能汽车线控转向技术

【学习目标】

通过对本章的学习,学生能够理解线控转向技术的原理、系统构成及发展趋势。掌握关键部件的功能,学会识别和检测线控转向系统,能分析常见故障并排除。

3.1 智能汽车线控转向技术定义

3.1.1 引言

智能汽车线控转向技术作为汽车领域的一项重要创新,正逐渐改变着人们对驾驶体验和车辆操控的认知。它不仅为智能驾驶提供了更精准的控制手段,还在提升车辆安全性和舒适性方面具有显著优势。本章将详细介绍智能汽车线控转向技术的原理、关键技术、系统组成、优势与挑战以及发展趋势。

3.1.2 汽车转向系统发展历程

汽车转向系统主要分为两类,即机械转向系统与动力转向系统。对于机械转向系统,它是完全由驾驶员凭借手部力量进行操纵,驾驶员施于转向盘上的力矩经机械零部件传递,并通过转向器将力矩放大,从而实现车轮转向,不过该系统存在转向较为沉重的缺点。而借助动力来操控的转向系统被称为动力转向系统,其又可细分为液压助力转向系统、电控液压(电液)助力转向系统以及电动助力转向系统。

汽车转向系统从纯机械转向系统到动力转向系统再到线控转向系统,经历了上百年的创新发展。自 1894 年乘用车装配首款具有现代意义且带有转向盘的转向系统起,汽车转向系统的构造便持续进行着创新发展。1954 年,凯迪拉克汽车公司率先将液压助力转向应用于汽车领域。历经数十年的技术变革后,电控液压助力转向系统应运而生。1988 年,日本铃木汽车公司在其小型轿车 Cervo 上配备了电动助力转向(EPS)系统,促使 EPS 在日本快速发展。欧美等国的汽车公司对 EPS 的开发相较于日本晚了 10 年,然而开发力度却较大。近些年来,市场上涌现出一些新技术,如四轮转向系统及线控转向系统等,这些主要应用于部分较为高端或新型的轿车上。由于技术和价格方面的因素,这两种转向系统当前尚未得到广泛应用。

转向系统的发展大致经历了以下 5 个阶段。

1.早期的纯机械转向系统

在早期的纯机械转向系统中,主体机械部分为转向器。历经多年发展,该技术已十分成熟,当前主要采用的转向系统类型有齿轮齿条式、循环球式以及蜗杆曲柄销式等。

2.机械控制液压助力转向系统

机械控制液压助力转向系统是在机械转向系统基础上添加一套液压动力辅助装置构成

的。转向油泵安装于发动机处,由曲轴经皮带驱动并向外输出液压油。转向油罐通过进、出油管接头及油管分别与转向油泵和转向控制阀相连,转向控制阀用于改变油路。机械转向器与油缸体形成左、右两个工作腔,它们分别经由油道与转向控制阀连接。当驾驶员转动转向盘进行转向时,转向控制阀促使转向油泵泵出的工作液向左或右推动活塞,通过作用于传动机构使左、右前轮向左或右偏转,进而实现汽车的转向行驶。

3. 电动助力转向系统

电动助力转向系统是一种直接由电动机提供助力转矩的动力转向系统。它能够依据不同的使用工况,控制电动机提供相应的助力,从而实现转向助力随车速的变化而改变。该系统仅在需要转向时提供转向动力,可降低燃油消耗率,并且使转向更加轻便。EPS 最先在日本得到实际应用。1988 年,日本铃木汽车公司将新研发的电动助力转向系统装配在 Cervo 小型轿车上,随后又配备在 Alto 微型轿车上。1990 年,日本 Honda 公司也在运动型轿车 NSX 上配备了自主研发的齿条助力式电动助力转向系统。此后,电动助力转向技术迅速发展,其应用范围从微型轿车、小型轿车逐步向大型轿车和客车发展。

4. 四轮转向系统

四轮转向系统的主要功能在于提升汽车在高速行驶状态或受侧向风力影响时的操纵稳定性,改善汽车低速行驶时的操纵轻便性,同时减小在停车场驻车时的转弯半径。本田 Prelude 轿车、马自达 602 轿车以及 GM Blazer XT-1 概念车都曾采用过四轮转向技术。四轮转向系统除了传统的前轮转向之外,后轮也可以进行一定角度的旋转,如图 3-1 所示。

图 3-1　四轮转向系统

5. 线控转向系统

线控转向系统由天合汽车集团在 20 世纪 50 年代提出,之后经历了漫长的技术研发和改进阶段,直到 2013 年,英菲尼迪 Q50 成为第一款应用线控转向技术的量产车型,但仍保留了机械连接装置作为备份,当转向器发生故障时,转向器和转向柱之间的离合器自动接合,以保证紧急情况下的机械转向功能。2017 年,耐世特发布了由静默转向盘系统和随需转向系统组成的线控转向系统。2022 年,搭载线控转向系统的丰田 bZ4X 上市,该车型取消了转向器和转向柱的机械连接,具有方向盘转动角度设定更灵活、可独立控制转向力矩与车轮转角、与驾驶模式联动、阻断不必要的振动、确保车辆安全以及提升驾驶位空间便利性等特征。随着相关技术不断发展和法规的逐步完善,线控转向系统未来有望在汽车行业得到更广泛的应用。

3.1.3 传统汽车转向技术结构原理

为了更好地理解智能汽车线控转向技术,首先需要了解传统汽车转向系统的结构原理。传统汽车转向结构主要包括转向操纵机构、转向器、转向传动机构,其中转向操纵机构主要由方向盘、转向轴和转向管柱等组成。方向盘是驾驶员操作的部件,其通过花键与转向轴相连。转向轴则安装在转向管柱内,转向管柱起到支撑和保护转向轴的作用,并且在一些车辆上,转向管柱还具备可溃缩功能,以在发生碰撞时保护驾驶员。转向传动机构主要包括转向摇臂、转向直拉杆、转向节臂、左右梯形臂和转向横拉杆等。转向摇臂一端与转向器的输出端相连,另一端与转向直拉杆连接,转向直拉杆将转向摇臂的运动传递给转向节臂,转向节臂与转向节相连,左右梯形臂分别安装在左右转向节上,通过转向横拉杆连接起来,形成梯形结构,以保证车辆转向时左右车轮按照正确的关系转动,如图 3-2 所示。

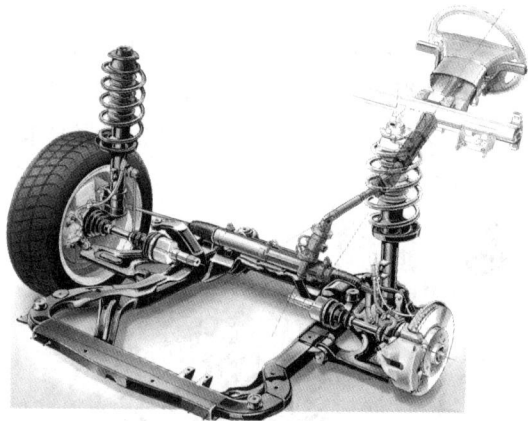

图 3-2　传统汽车转向系统结构

当驾驶员转动方向盘时,转向力通过转向轴传递到转向器。在齿轮齿条式转向器中,转向轴带动小齿轮转动,小齿轮与齿条的啮合作用使齿条产生轴向移动;在循环球式转向器中,转向轴带动螺杆旋转,螺母在螺杆上做轴向移动,螺母的运动通过齿扇转化为转向摇臂的摆动。转向摇臂的摆动通过转向直拉杆传递给转向节臂,转向节臂带动转向节转动。左右梯形臂和转向横拉杆组成的梯形机构可确保左右车轮按照一定的规律转动,例如在车辆转弯时,内侧车轮的转弯半径小于外侧车轮的转弯半径,梯形机构能实现这种合理的车轮转向关系,使车辆能够平稳转弯。

总体来说,传统汽车转向系统具有可靠性高、路感直接、成本较低、技术成熟度高等优点,传统汽车转向技术已经发展了很长时间,其设计、制造、安装和维修等方面都有一套成熟的标准和流程。汽车维修人员对传统转向系统的故障诊断和维修技术也掌握得比较熟练,这使得在车辆使用过程中,一旦出现转向系统故障,能够比较容易地进行维修和恢复正常使用。不过与现代线控转向技术相比,传统转向技术的响应速度相对较慢,机械部件之间的传动存在一定的间隙和惯性,在快速转向操作时,从方向盘转动到车轮转向的响应时间相对较长。特别是在一些需要快速、精确转向的场景下,如高速紧急避让或高性能驾驶时,传统转向技术的响应速度可能无法满足更高的要求。传统转向系统的转向特性(如转向比)相对固定,难以根据不同的驾驶场景(如低速停车和高速行驶)或驾驶需求(如舒适驾驶和运动驾驶)进行灵活调整。例如,在低速行驶时,可能需要较大的转向比来方便停车操作,但传统转向系统无法像线控转向系统那样方便地进行转向比的动态调整。

3.1.4 电动助力转向技术结构原理

电动助力转向系统的电子控制技术在汽车动力转向系统中的应用极大地提升了汽车的驾驶性能。EPS 系统在车辆低速行驶时,能够让转向变得更为轻便、灵活;而当汽车处于中、高速区域进行转向操作时,又可确保提供最为优化的动力放大倍率以及稳定的转向手感,进而提高了汽车在不同行驶状态下的操控性能。

1. 电动助力转向系统分类

依据动力源的差异,电动助力转向系统可划分为液压式电动助力转向(即液压式 EPS)系统与电动式电动助力转向(即电动式 EPS)系统。其中,液压式 EPS 系统是在传统的液压动力转向系统之上增设了用以控制液体流量的电磁阀、车速传感器以及 ECU 等部件而形成的。ECU 会依据检测到的车速信号对电磁阀进行控制,使得转向动力放大倍率能够实现连续调节,以此满足汽车在中、低速状态下的转向助力需求。电动式 EPS 系统则以直流电机作为动力源,ECU 按照转向参数以及车速等信号,对电机转矩的大小和方向加以控制。电机的转矩经由电磁离合器,通过减速机构进行减速以增大转矩后,施加于汽车的转向机构上,从而使之获得一个与实际工况相适应的转向作用力。

与传统汽车转向技术相比,电动助力转向技术拥有诸多的优点:具备良好的随动性,意味着方向盘与转向轮之间存在准确的一一对应关系,并且能够确保转向轮可稳定地维持在任意转向角位置;具有高度的转向灵敏度,即转向轮对方向盘能够作出灵敏响应;拥有良好的稳定性,具体表现为出色的直线行驶稳定性以及较强的转向自动回正能力;助力效果可随车速以及转向阻力的变化进行相应调整。在低速状态下,具有较大的助力效果,以便克服路面的转向阻力;而在中、高速时,应具备适当的路感,避免因转向过轻导致方向盘"发飘",从而引发事故。

本节重点介绍一下电动式电动助力转向系统。

2. 电动式电动助力转向系统的结构

电动式电动助力转向系统可以分为三类,即齿条助力式、小齿轮助力式、转向轴助力式,都直接依靠电动机提供辅助转矩,根据不同的使用工况控制电动机提供不同的辅助动力。电动式 EPS 系统整体结构包括转矩传感器、车速传感器、电子控制单元、电机、离合器、减速机构以及机械转向器等。电动式 EPS 系统结构示意图如图 3-3 所示。

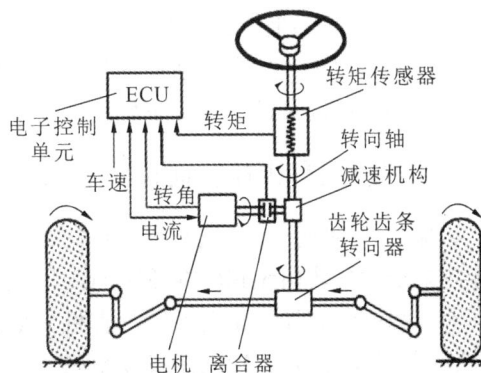

图 3-3 电动式 EPS 系统结构示意图

3.电动式电动助力转向系统的工作原理

电动式电动助力转向系统的基本原理为:依据汽车的行驶速度信号、转矩以及转向角信号,由 ECU 对电机及减速机构进行控制,使其产生助力转矩,从而使汽车在低、中、高不同速度下都能够获得最为理想的转向效果。电机与离合器以及减速齿轮共同通过一个橡胶底座安装在左车架之上。电机的输出转矩经减速齿轮增大后,借助万向节以及转向器中的助力小齿轮传送至齿条,进而向转向轮提供转矩。在操纵方向盘时,安装在方向盘轴上的转矩传感器持续检测出转向轴上的转矩信号,该信号与车速信号一同输入到 ECU。ECU 依据这些输入信号以及助力特性确定助力转矩的大小与方向,也就是确定一个目标电流以及电机转动的方向,并以 PWM 调制的方式经由 H 桥电路来驱动电机转动。同时,系统对电机的输出电流进行采样,将采样结果与目标电流进行比较,用以控制电机。电机的转矩首先传至电磁离合器,待电磁离合器闭合后,转矩被传输至减速机构,随后减速机构通过特定传动比降低转速,并实现转矩的大幅提升。最终转矩被施加在汽车的转向机构上,使之得到一个与汽车工况相适应的转向作用力。整个电动式 EPS 系统的工作原理如图 3-4 所示。

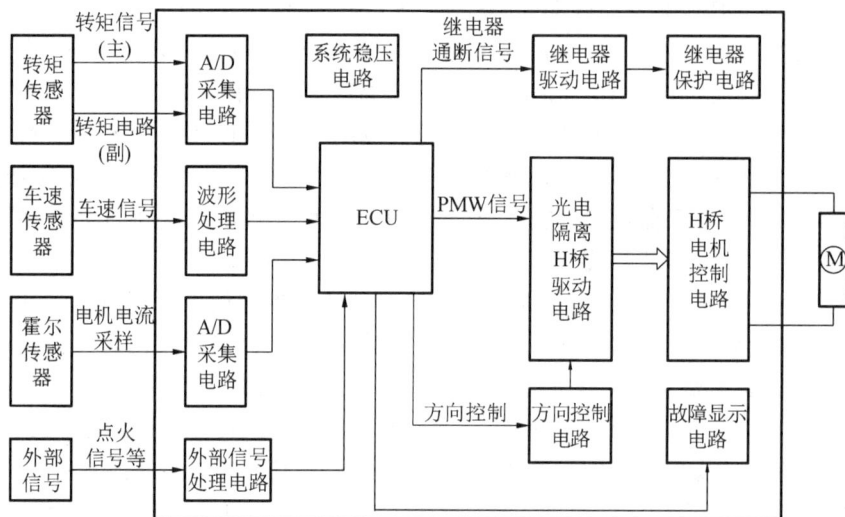

图 3-4 电动式 EPS 系统的工作原理

总体而言,电动助力转向系统已经十分接近线控转向系统了,主要的区别在于:电动助力转向系统相比于线控转向系统增加了转向盘与车轮之间的机械连接,它相比与线控转向系统的优势是可以帮助驾驶员更好地感受方向盘力反馈,使驾驶员有较好的路感。

3.1.5 智能汽车线控转向技术定义

起源于 20 世纪 50 年代的线控转向(steering-by-wire,SBW)技术是一种去除了传统机械转向系统中从转向盘到转向轮之间的机械连接装置,通过电子信号传输来实现转向控制的技术。智能汽车线控转向系统具有机械结构简化、模块化与集成化的结构特点,以及精确转向控制、可变转向比、独立于发动机动力等控制特点,如图 3-5 所示。线控转向系统去除了方向盘到转向轮间的机械连接部件,实现了系统的高度模块化,通过电子信号传输和先进算法能精确控制转向,根据车速等因素可改变转向比,且转向助力不依赖发动机,为汽车的操控性、舒适性、空间布局及与其他系统的集成等方面带来了诸多优势和变革。

图 3-5　线控转向系统

　　分析线控转向技术可以从连接方式和功能实现两个角度来进行。①从连接方式的角度来看,传统的汽车转向系统通过机械部件(如转向柱、转向节等)将方向盘与转向轮直接相连,实现转向操作的传递,而线控转向技术则摒弃了这种从方向盘到转向轮之间的直接机械连接装置。它依靠传感器检测方向盘的输入信号(如转角、转矩等),这些信号被转换为电子信号后,传输给电子控制单元。电子控制单元根据车辆的行驶状态(如车速、车身姿态等)对输入信号进行处理,然后向转向执行机构以电子信号的形式发送控制指令,使转向执行机构驱动转向轮实现转向动作。②从功能实现的角度来看,线控转向技术能够实现对转向的精确控制。通过电子控制单元中先进的控制算法,可以根据不同的驾驶需求和车辆行驶状况,精准地调整转向轮的转角、转向速度等参数。例如,在自动泊车功能中,可以按照预设的程序精确地控制车辆的转向,使车辆顺利驶入停车位。线控转向技术也是智能驾驶功能实现的关键部分,在智能汽车的自动驾驶模式下,它可以根据自动驾驶系统的决策指令,自动完成车辆的转向操作。同时,在辅助驾驶模式下,也能根据车辆其他传感器(如摄像头、雷达等)获取的信息,协同控制车辆的转向,提高驾驶的安全性和舒适性。

3.2　智能汽车线控转向系统结构及工作原理

3.2.1　智能汽车线控转向系统结构

　　线控转向系统是智能网联汽车达成路径跟踪以及避障避险所必需的关键技术,它为智能网联汽车实现自主转向提供了优良的硬件基础,其性能直接关乎车辆的主动安全以及驾乘体验。线控转向系统摒弃了传统的机械式转向装置,使得转向盘与转向轮之间不再有机械连接。这样一来,能够减轻车体质量,消除路面冲击,还具有减小噪声以及隔振等诸多优点。

　　由于线控转向和传统机械转向的区别在于转向盘与转向轮之间不再具有机械连接,故对于驾驶员而言,驾驶中的路感便会产生差异。而线控转向的优势在于可以改变转向特性,即当汽车低速行驶时减小转向传动比,提高转向灵敏性;高速行驶时增大转向传动比,使转向更加平稳,提高操纵性。故在线控转向系统的设计中,主要需要考虑路感的模拟控制和主动转向控制,而电控部分并不能做到万无一失,所以需要在设计中考虑故障容错控制。线控转向系统最显著的特征为去掉了传统转向系统中从转向盘到转向执行器间的机械连接,由路感反馈总成、转向执行总成、控制器以及相关传感器组成,如图 3-6 所示。

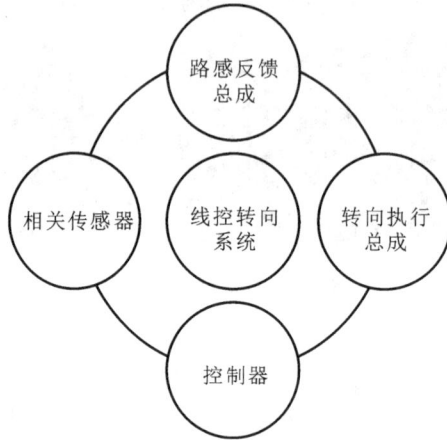

图 3-6　线控转向系统组成

线控转向系统的整体结构主要由转向盘模块、转向执行模块、电子控制单元共三大部分以及一些自动预防故障系统、电源系统等辅助模块组成,如图 3-7 所示。

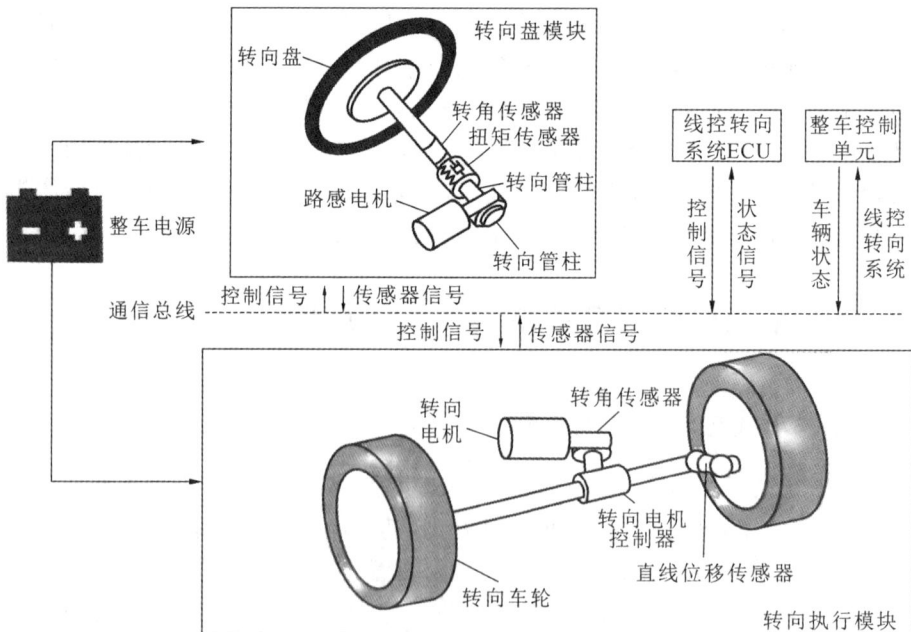

图 3-7　线控转向系统各模块

1. 转向盘模块

转向盘模块涵盖转向盘、转向盘扭矩传感器与转角传感器、路感电机及其转向管柱等组成部分。转向盘主要用于接收驾驶员的转向操控;转向盘扭矩传感器与转角传感器分别负责采集驾驶员通过转向盘输入的转矩、转角以及转速;路感电机及其减速器能够为驾驶员提供路感信息,同时输出转向盘的回正力矩。

2. 转向执行模块

转向执行模块由车轮转角传感器(或齿条位移传感器等)、转向电机、转向电机控制器、直线位移传感器以及齿轮齿条转向器等构成。直线位移传感器采集转向执行器的直线位移信号,并将其转化为前轮转角信号;车轮转角传感器则采集转向车轮的转角信息。转向电机及其减速机构的作用是克服转向阻力,带动转向系统转动相应角度。齿轮齿条转向器接收并放大转向电机输出的转矩,驱动转向车轮进行转向,从而实现驾驶员的转向意图。

3. 电子控制单元

电子控制单元对采集到的信号进行分析处理,判断汽车的运动状态,向路感电机和转向电机发送指令,控制这两个电机。其中,转向电机负责完成车辆转向角的控制,路感电机则模拟产生转向盘回正力矩,以确保驾驶员的驾驶感受良好。

4. 电源系统

电源系统承担着为控制器、转向电机以及其他车用电机供电的任务,以此保证车载电器设备能够稳定地工作。

5. 自动预防故障系统

自动预防故障系统能够在线控转向系统出现故障时提供冗余式安全保障。它涵盖一系列的监测控制和实施算法,针对不同的故障形式及等级进行相应处理,力求最大限度地维持汽车的正常行驶。当检测到 ECU、转向电机等关键零部件发生故障时,故障处理 ECU 首先自动发出指令使 ECU 和转向电机完全失去作用,其次紧急启动故障执行电机,以确保车辆转向的安全控制。

3.2.2　智能汽车线控转向系统布置方式

智能汽车线控转向系统布置方式按照转向电机的数量、布置位置与控制方式不同,可分为单电机前轮转向、双电机前轮转向、双电机独立前轮转向、主动式后轮转向和四轮独立转向五种,见表 3-1。

(1)在单电机前轮转向布置中,一个电机负责前轮转向控制,通常安装在车辆前部靠近转向机构处,结构相对简单、成本较低,但转向灵活性和精确性可能较弱。

(2)双电机前轮转向则采用两个电机控制前轮,可协同工作提供更大的转向力矩和更精确的控制,一般安装在车辆前部的不同位置,一个电机负责主要转向动作,另一个可用于微调或提供助力。

(3)双电机独立前轮转向中,两个电机完全独立,分别控制左右前轮,能实现更灵活精准的操控,如小半径转弯或特殊路况下单侧车轮独立转向。电机布置类似双电机前轮转向,但控制系统更复杂。

(4)主动式后轮转向是在车辆后部安装电机控制后轮转向,能在高速行驶时提高稳定性,低速时减小转弯半径,增强机动性,与前轮转向系统协同工作。

(5)四轮独立转向最为先进复杂,四个电机分别独立控制四个车轮转向,可实现车辆在任何方向上的精确移动,极大提高操控性和灵活性,如横向移动、原地旋转等,但成本高且控制系统复杂,需强大计算能力和高精度传感器确保四个电机准确协调工作,如图 3-8 所示。

表 3-1 智能汽车线控转向系统布置方式比较

布置方式	代表车型	优点	缺点
单电机前轮转向	ZF2001	结构简单,易于布置	单电机故障冗余性欠佳,电机功率较大
双电机前轮转向	雷诺江铃羿	冗余性好,对单个电机功率要求小	冗余算法复杂,零部件成本增加
双电机独立前轮转向	斯坦福大学研制的车型 X1	去掉转向器部件,提高了控制自由度与空间利用率	无冗余功能,转向协同控制算法较复杂
主动式后轮转向	小鹏 X9	控制自由度增加、转向能力增强	零部件数量增加,结构较复杂,控制算法较复杂
四轮独立转向	智己 LS6	控制自由度增加、转向能力增强	系统结构复杂,可靠性降低,控制算法复杂

图 3-8 智己 LS6 四轮独立转向

3.2.3 智能汽车线控转向系统工作原理

线控转向系统的工作过程可归纳如下:当驾驶员转动转向盘时,转向盘扭矩传感器与转向角传感器会把测得的驾驶员输入转矩以及转向盘转角转变为电信号,进而输入电子控制单元。电子控制单元依据车速传感器以及安装在转向传动机构上的角位移传感器的信号,对转矩反馈电机的旋转方向进行控制,同时根据转向力模拟生成反馈转矩,并控制转向电机的旋转方向、转矩大小和旋转角度。最终通过机械转向装置来控制转向轮的转向位置,让汽车能够沿着驾驶员期望的轨迹行驶。整个线控转向系统组成示意图如图 3-9 所示。

路感反馈总成主要涵盖转向盘、路感电机、减速器以及扭矩转角传感器等部分,其功能在于驱动路感电机,以实现控制器所给出的反馈力矩指令,从而向驾驶员施加适宜的路感。转向执行总成主要由转向电机、转向器以及转向拉杆等部件构成,其中转向电机通常为永磁同步直流电机,而转向器多为齿轮齿条结构或者循环球式结构。该部分的工作原理是驱动转向电机快速且准确地执行控制器给出的转向角指令,进而实现车辆的转向功能。线控转向控制器的功能包含路感反馈控制策略与线控转向执行控制策略。路感反馈控制策略会依据驾驶意图、车辆状况以及路况,对不必要的振动进行过滤,实时输出路感反馈力矩指令。

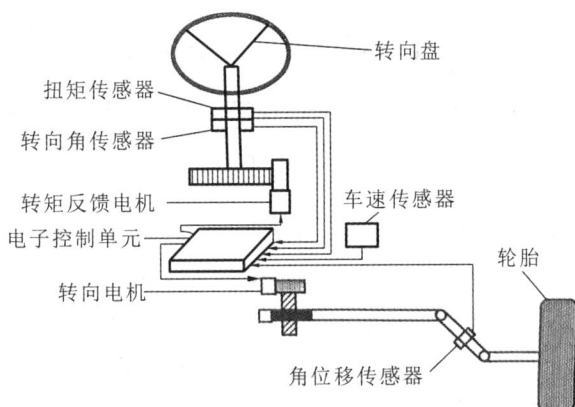

图 3-9 线控转向系统组成示意图

线控转向执行控制策略则按照车辆运动控制准则,提供良好的操纵稳定性,并实时输出车轮转向角指令。考虑到可靠性,确保车辆在任何工况下都不会失去转向能力,因此线控转向执行控制的冗余防错功能极为重要。

智能汽车线控转向系统工作原理简图如图 3-10 所示,线控转向工作原理可从以下三方面概述。

1. 转向输入

驾驶员转动转向盘时,转向盘转角位移传感器能够检测出驾驶员的转向意图,并将其转换为数字信号。与此同时,车速信号、横摆角速度信号、侧向加速度信号、道路附着条件以及其他与车辆行驶相关的信息,会通过数据总线传输给线控转向系统的电子控制单元。

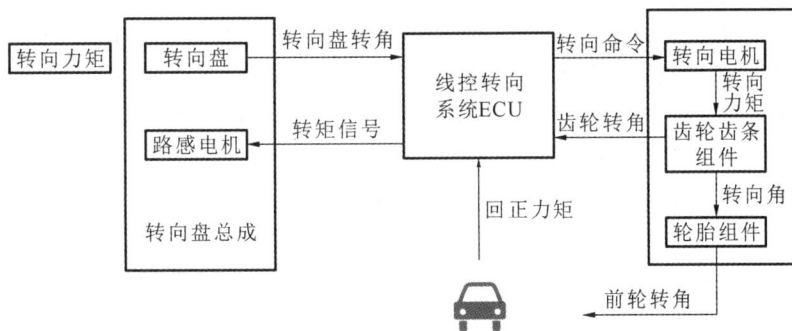

图 3-10 智能汽车线控转向系统工作原理简图

2. 实现转向

电子控制单元依据提前设定好的前轮转角控制算法,计算得出前轮转角控制信号,并将该信号传递给转向电机,从而控制转向车轮输出目标前轮转角。

3. 实现路感反馈

电子控制单元按照提前设定好的回正力矩计算方法,算出回正力矩的大小后将其传递给转向盘系统中的路感电机,让驾驶员获得能够反映路感信息的回正力矩。

3.2.4 智能汽车线控转向系统控制功能与策略要点

汽车转向系统的基本功能就是确保车辆在任何工况下,当转动转向盘时都能拥有较为理想的操纵稳定性与主动安全性。总体而言,线控转向的控制功能主要涵盖两个大的方面,即基本的转向控制和路感反馈控制。

转向控制功能主要依赖于安装在转向柱上的传感器,这些传感器能够检测转向盘的转角和转矩,从而识别驾驶员的转向意图。电子控制单元对这些参数进行处理,依据转向控制算法来控制转向执行机构,以实现特定的车轮转角。路感反馈功能的实现方式为:通过传感器检测作用在转向轮上的力,电子控制单元按照一定的路感控制算法进行处理,并通过控制力反馈装置为驾驶员提供特定的转向阻力矩。这种可调节的反馈增强了驾驶员对车辆状态的感知。与之相对应的电子控制单元算法主要包括转向控制算法和路感反馈控制算法。

合适的前轮转角控制策略包含前馈控制和反馈控制,能够实现汽车的理想转向。前馈控制策略是指为达成理想转向特性,依据车况以及驾驶员需求确定理想转向传动比,主动控制前轮转角,以期在不同车速下提升车辆的操纵性与安全性。反馈控制策略则是指利用横摆角速度、质心侧偏角等车辆状态参数,对前馈控制所得到的前轮转角进行补偿。其作用在于确保车辆在各种附着系数的路面以及不同车速下都能获得理想的瞬态响应,防止车辆侧滑和甩尾,削弱侧向风的干扰影响等,从而实现车辆的稳定转向。

线控转向执行控制会依据当前路况、车辆行驶状态以及性能要求,提出控制目标(例如目标路径、期望的车辆运动响应、驾乘舒适性等)和约束条件。同时,对难以直接测量的状态或参数进行状态观测和参数辨识,综合控制目标和约束条件等信息计算出期望的车轮转角指令,由转向电机执行该指令。

根据模块的功能,可以将线控转向控制策略分为两个层次:上层控制策略进行车辆运动状态控制,主要有变传动比控制和车辆稳定性控制两种方法,以计算期望的车轮转角;下层控制策略进行转向电机控制,准确、快速地实现目标前轮转角。智能汽车线控转向系统的主要控制方法与特点详见表 3-2。

表 3-2 智能汽车线控转向系统的主要控制方法与特点

控制内容	控制算法	特点
上层:变传动比控制	随车速变化,横摆角速度增益不变,侧向加速度和横摆角速度增益不变,遗传算法、模糊控制	实现低速灵活、高速稳定的转向
上层:车辆稳定性控制	分数阶 PID、模糊 PID,LQR(线性二次型调节器)、LQG(线性二次高斯)最优控制算法,前馈控制、反馈控制、前馈-反馈控制,自适应滑模控制,自适应全局快速滑模控制,自适应终端滑模控制、快速终端滑模控制,自适应快速非奇异终端滑模控制,自适应神经网络滑模控制模型预测控制四轮转向和集成控制	基于车辆动力学模型,根据车辆运动控制目标,利用控制算法计算目标前轮转角
下层:转向电机控制	PID 控制、前馈控制、模糊 PID、无电流传感器控制、双向控制	使转向电机准确快速地跟踪目标前轮转角

3.2.5　智能汽车线控转向技术特点

从灵活性与可定制性的角度来看,线控转向系统能够轻松地实现可变转向比。它可以根据车速、驾驶模式(如运动模式、舒适模式)以及车辆行驶状态等因素,动态调整转向比。例如,在低速行驶时,如停车入库或在狭窄街道行驶,系统可设置较大的转向比,使方向盘转动较小的角度就能实现较大的车轮转向角度,大大提高了车辆的机动性和操控便利性;而在高速行驶时,可设置较小的转向比,使车辆转向更加沉稳,增强高速行驶的稳定性和安全性。并且,智能汽车线控转向系统可以根据驾驶员的个人喜好进行转向特性的定制。不同的驾驶员对路感、转向灵敏度等有不同的需求,线控转向技术允许通过车辆的设置界面调整转向助力的大小、路感反馈的强度等参数,提供个性化的驾驶体验。

从精确控制与响应速度的角度来看,智能汽车线控转向系统能够依靠精确的传感器检测方向盘的转角、转矩等输入信号,再通过电子控制单元的复杂算法处理,能够实现非常精确的转向控制。在自动泊车、自适应巡航等智能驾驶功能中,精确的转向控制至关重要。例如,在自动泊车过程中,系统可以按照预设的轨迹精确地控制车辆的转向角度,使车辆准确地停入车位。由于采用电子信号传输,线控转向系统的响应速度极快,从传感器检测到驾驶员的操作信号再到转向电机做出反应的时间很短,相比传统机械转向系统,能够更快地实现转向动作。这在紧急避让、快速变道等情况下,可以提高车辆的操控性能和安全性。

从与智能驾驶技术融合性的角度来看,线控转向技术是实现智能汽车自动驾驶功能的重要组成部分。在自动驾驶模式下,车辆的转向完全由线控转向系统根据自动驾驶算法的指令进行控制。它可以与其他传感器(如摄像头、雷达等)和智能驾驶系统协同工作,实现车辆的自动转向、车道保持、自动换道等功能。在辅助驾驶模式下,具有车道偏离预警与辅助修正功能的线控转向系统可以根据车辆的行驶状态和传感器信息,对驾驶员的转向操作进行辅助。当系统检测到车辆即将偏离车道时,系统可以轻微地调整转向,提醒驾驶员或者在驾驶员没有及时反应时自动修正车辆的行驶方向,提高驾驶的安全性。

从结构与安全性的角度来看,线控转向系统去除了从方向盘到转向轮之间的大部分机械连接部件,如传统的转向柱等。这种简化的机械结构不仅减轻了车辆的重量,还减少了车内空间的占用,为车辆的轻量化设计和内部空间布局优化提供了可能。为确保车辆的安全性,线控转向系统通常采用容错和冗余设计。例如,采用多个传感器进行数据采集,当一个传感器出现故障时,其他传感器可以继续提供准确的信号。在转向执行机构方面,也可设置冗余电机或备份系统,一旦主电机出现故障,备份系统能够立即接管工作,保证车辆的转向功能正常,降低因转向系统故障导致的安全风险。

从车辆驾驶舒适性与路感的角度来看,线控转向系统可以用电子控制单元根据车辆的行驶状态、转向轮的受力情况以及预设的路感模拟算法来实现路感反馈。与传统机械转向系统直接传递的路感不同,线控转向系统可以对路感进行优化处理。例如,在舒适驾驶模式下,可以过滤掉一些过于强烈的路面振动,提供更加柔和的路感反馈;而在运动驾驶模式下,可以增强路感,使驾驶员感受到更多的车辆操控细节。由于去除了部分机械连接,因此线控转向系统减少了路面振动和噪声通过转向系统传递到方向盘的可能性,这有助于提高驾驶的舒适性,使驾驶员在驾驶过程中不会受到不必要的干扰。

总而言之,智能汽车线控转向系统具有以下三点优势。

1. 改善汽车的操纵稳定性

线控转向系统能有效实现转向轮与转向盘的同步,让驾驶员对汽车的控制更灵敏,有助于提升汽车的操纵稳定性。

2. 提高舒适性和被动安全性

线控转向系统可避免将汽车行驶时因地面不平整、转向轮不平衡等因素产生的抖动传递至转向盘。当车辆发生碰撞时,从前围传递至转向管柱的碰撞能量几乎为零,增强了整车碰撞时对驾驶员的保护性能。

3. 节能环保、有利于整车轻量化

线控转向系统仅在转向时工作,这不仅提高了传动效率,还更经济环保。同时,取消转向盘与转向轮之间的机械结构可使转向系统整体质量减轻约 5 kg。

智能汽车线控转向系统的劣势如下:硬件方面需要高功率的路感电机和转向电机,软件方面需要复杂的力反馈电机与转向电机算法来实现相关功能;线控转向系统的安全性和可靠性有待提升,这是各汽车企业关注的核心问题;冗余设备带来的额外成本和整车质量增加是阻碍其发展的因素。

3.3 智能汽车线控转向系统关键技术

3.3.1 线控转向系统容错技术

容错技术,也称为容错控制技术。为提高汽车的可靠性与安全性,汽车线控转向系统需采用容错控制技术,即当部分部件发生故障或失效时,其功能可由系统内其他部件部分或完全替代,使系统维持规定性能或不丧失基本功能,甚至实现故障系统性能最优。当前,符合上路行驶要求的线控转向系统很少,在保障可靠性、安全性的同时将成本控制在合理范围仍是主要挑战。具备容错功能的线控转向系统若要满足上路要求,需要复杂结构的硬件冗余,成本较高。电子部件可能毫无预警地出现某些故障,这就产生了对其进行容错控制等实际问题的需求,且容错设备不仅要能检测传感器故障,还要能同时检测多个故障。容错与故障诊断技术的提升是线控转向技术得以正式应用、满足上路行驶条件的关键。

1. 汽车线控转向系统的故障分析

线控转向系统除了要为驾驶者提供良好的操控性能外,还必须确保其安全可靠性。在该系统中,转向盘与转向轮之间不再有机械连接,完全依靠电子和电气元件工作,所以需要采取容错措施。容错技术主要通过冗余来实现,即所设计的系统在功能或数量上有一定的冗余,这样当某个零部件发生故障时,其冗余部分可以承担相应的工作。

表 3-3 至表 3-5 展示了线控转向系统可能的故障类型及发生概率。电机中开关管断路、旋变信号异常、温度传感器异常等故障发生概率高,对系统影响大;传感器的短路、开路和机械故障等虽发生概率不高,但对系统影响大;通信总线接头接触不良对系统影响大且发生概率高。

表 3-3　电机故障

故障类型	发生概率	对系统影响程度
电机绕组断相	低	高
电机绕组短路	低	高
开关管断路	高	高
开关管短路	低	高
位置传感器失效	中	低
控制芯片失效	低	低
上述故障混合出现	低	高
电流传感器信号异常（电机、母线）	低	低
旋变信号异常	高	高
母线电压采集异常	低	低
温度传感器异常（IGBT/电机）	高	高

表 3-4　传感器故障

故障类型	发生概率	对系统影响程度
短路	低	高
开路	低	高
电压过高或过低	低	低
信号混入	高	低
机械故障	低	高

表 3-5　通信总线故障

故障类型	发生概率	对系统影响程度
接头接触不良	高	高
开路	低	高
外部屏蔽受损	低	低
信号混入	高	中
总线初始化故障	低	高
总线发送超时故障	低	高
接收超时故障	低	高

1) 电机故障

在电机故障中对系统影响较大的是电机绕组断相、短路,开关管短路、断路,旋变信号异常,温度传感器异常或者不同故障混合出现等情况。其中,开关管断路、旋变信号异常、温度传感器异常等故障发生概率较高。

2) 传感器故障

对系统影响较大的传感器故障包括短路、开路和机械故障,信号混入故障虽出现概率较高,但对系统影响程度较低。

3) 通信总线故障

对系统影响较大的通信总线故障有接头接触不良、开路、总线初始化故障、总线发送超时故障、总线接收超时故障等,其中接头接触不良故障出现概率较高。另外,虽然信号混入故障的出现概率较高,但其对系统的影响程度较低。

2. 汽车线控转向系统的容错方案

前文提到,线控转向系统要满足汽车的可靠性与安全性要求,就必须运用容错控制技术。而冗余是容错控制的根基。基于该技术的线控转向系统,在不影响自身控制功能的同时,提高了转向系统的可靠性,保障了车辆的正常行驶和安全。

当前从技术层面来看,容错方法可分为两大类:一类是基于硬件备份的冗余技术,另一类是基于软件的容错算法技术。硬件冗余方法主要针对重要部件和易故障部件设置备份,以此增强系统的容错性能;软件冗余方法则主要依靠控制器的容错算法来提高整个系统的冗余度,进而改善系统的容错性能。

1) 硬件冗余方案

针对线控转向系统中容易出现故障的硬件部分,如电机、传感器、ECU、电源、通信网络等进行备份设计。备份装置具备与原装置相同的功能,其工作模式有两种:① 与原装置同时工作;② 处于待命状态。

2) 软件冗余的方案

软件容错算法可在不改变转向系统结构、不过多增加设备的情况下,对故障发生后剩余的正常工作的转向系统装置进行控制。当部分装置出现故障时,可通过实时数据采样来确定故障类型与位置,然后整合剩余正常工作的装置,使其协同工作,进而恢复到正常工作状态。

表 3-6 展示了线控转向系统中两种容错方法的对比情况。硬件备份技术与软件容错技术具有很强的互补性,硬件备份技术能从硬件层面提高容错控制技术的可靠性,而软件容错技术可以减少因硬件冗余给转向系统在空间体积等方面带来的需求。未来的线控转向系统将是一个同时具备硬件备份和软件容错算法的高度智能化系统。

表 3-6 容错方法的对比

技术类型	控制算法	系统体积和质量	系统成本	可靠性	成熟度
硬件备份技术	简单	体积大,质量大	高	高	高
软件容错技术	复杂	体积小,质量小	低	低	低

目前主要使用的容错措施除了对系统进行故障分析、划分故障等级以及针对不同等级

故障进行处理等微观手段之外,在线控转向系统的容错设计、硬件设计方面主要有三种形式:一是采用液压转向系统作为应急转向系统;二是设置双套互相监控的线控转向系统;三是将机械转向系统作为后备转向系统。

3.3.2　线控转向系统路感模拟控制

1.路感的机理

传统转向系统在转向时,是通过机械连接来转动方向盘的,经转向系统的力传递控制,能让转向车轮转动,从而实现汽车转向。与此同时,该系统能实时将驾驶员所需的转向力矩从路面传递给驾驶员,这种转向力矩反映了整车运动状态以及轮胎受力状态的信息,通常把这种信息反馈称作路感。路感属于触觉信息,良好的路感可以降低驾驶员的驾驶难度,提升驾驶安全性,所以它也是评价汽车操纵稳定性好坏的主要指标之一。

线控转向系统由于取消了方向盘和转向车轮之间的机械连接,改为通过转向角信号和转向电机来控制车轮转向,这就使得路感无法直接反馈给驾驶员,从驾驶安全性的角度看,这是绝对不行的。针对这一问题,线控转向系统的方向盘总成中配备了路感模拟电机,用于产生作用于方向盘的阻力矩,以此来模拟路感。一般而言,"路感清晰"意味着能够及时反馈信息、有良好的回正能力,并且在汽车低速行驶时,转向要较为灵敏,驾驶员无须提供太大的转矩就能轻松转向,也就是低速转向轻便;而在高速行驶时,方向盘转动力矩较大,不易受路面状态影响,车辆行驶平稳,即高速行驶沉稳。

2.线控转向系统实现路感模拟的结构

线控转向系统因取消了转向盘与转向轮之间的机械连接,所以必须在转向柱上安装电机(即力反馈电机),以此为驾驶员提供转向阻力矩,让驾驶员能够感知路面和车辆状况,同时防止路面不平带来的冲击传递到驾驶员手上。不同车型、行驶环境和驾驶风格对路感的需求各异。比如,经常穿梭于狭窄拥挤城市街道及驻车的车辆,需要反应灵敏,转向越轻便越好,这种情况下对路感的要求并不高;而在高速公路直线行驶或在盘山公路行驶时,需要驾驶员精确操纵,这就要求车辆有高强度的路感,此时驾驶员需要从转向盘中获取更多的汽车响应信息,从而精确控制汽车转向。受道路客观情况影响,汽车大部分时间是直线行驶或在小转角范围内行驶,此时汽车的侧向加速度较小,轮胎侧偏力变化也不大。为了让驾驶员感知到原本不明显的路面状况变化,应该加强小转角区域内的路感。

3.线控转向系统中的路感反馈控制策略

路感反馈力矩估计一般有三种方法。第一种方法是传感器测量方法,在汽车的转向系统中,齿条处的力矩是一个复杂的物理量,其中包含轮胎与地面相互作用产生的轮胎力以及转向系统自身的回正力矩等多种信息。由于这些信息混杂在一起,原始的测量数据往往存在很多干扰因素,因此必须要经过专门的滤波处理,将那些无关的或者会对结果产生误导的信息去除,这样处理之后的数据才能够作为路感反馈力矩来使用。

第二种方法是参数拟合方法,这种方法是从数学建模的角度出发的。在实际情况中,反馈力矩会受到多个因素的影响,比如车辆的行驶速度、转向角度、轮胎的磨损情况、路面的摩擦系数,等等。我们可以通过大量的实验数据和理论分析,将反馈力矩设计成与这些相关因素存在特定函数关系的形式,通过这种函数关系来准确地确定不同工况下的反馈力矩。

第三种方法是基于动力学模型的方法,这是一种更为复杂和精确的方法。在车辆行驶过程中,车辆的动态响应是时刻变化的,包括车辆的横摆角速度、侧向加速度等,同时驾驶员对转向盘的输入也是多种多样的,包括转向的速度、转向的角度大小等。基于这些丰富的状态信息,利用专业的车辆动力学模型,可以对轮胎回正力矩进行精确的估算,同时也能够计算出为了达到良好路感需要补偿的反馈力矩,进而可以计算出期望的反馈力矩指令。这种方法的优势在于它对车辆当前的状态以及驾驶员的驾驶风格具有很强的自适应能力,无论车辆是在平稳行驶、急加速、急转弯等各种不同的行驶状态下,还是驾驶员有着不同的驾驶习惯,比如激进驾驶或者平稳驾驶,它都能够很好地适应,所以这种方法是目前在路感反馈力矩估计研究领域中的主流方法,也是典型的基于动力学模型的路感反馈控制思路的体现。

基于动力学模型的方法依据车辆动态响应、驾驶员方向盘输入等状态,利用车辆动力学模型估算轮胎回正力矩与需补偿的反馈力矩,进而计算期望的反馈力矩指令。基于动力学模型的路感反馈控制思路如图 3-11 所示。

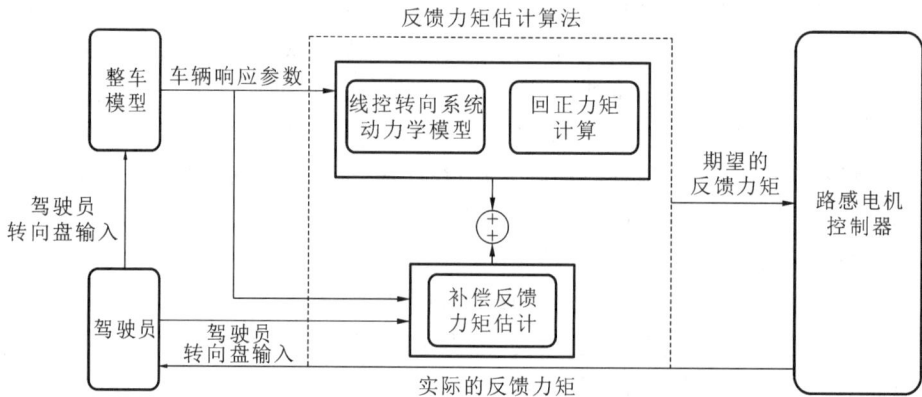

图 3-11 基于动力学模型的路感反馈控制思路

(1)创建线控转向系统动力学模型。

该模型有转向盘转角、路感电机转角、转向电机转角、左前轮绕主销转动、右前轮绕主销转动这 5 个自由度,可分为 6 部分,即转向盘组件、路感模拟组件、转向执行组件、齿轮齿条组件、左转向前轮组件、右转向前轮组件。其中,左转向前轮组件、右转向前轮组件和前轮绕主销回正力矩模型与传统转向系统相同。

(2)回正力计算。

转向器齿条受力含回正力矩和摩擦力矩,回正力矩包括轮胎侧向力与轮胎拖距产生的回正力矩及主销内倾导致的回正力矩。齿条力可通过加装传感器获取,但会增加成本且安装不便,而且传感器测量信号含噪声需处理,会增加工作量和控制策略复杂度,因此可利用卡尔曼滤波技术估计转向器齿条力。

线控转向系统转向盘力感设计常忽略系统干摩擦,常基于经验建立汽车转向系统回正力矩算法模型,可通过驾驶员主观评价确定参数。该设计简单实用,多数线控转向系统常采用,如戴克和博世联合开发的原型车,其转向盘反力矩由模拟回正力矩和测量转向轮实际力矩计算得出。在实际应用中,路感和转向轻便性会相互矛盾,因此合理模拟路感特性仍是重要研究课题。

3.4　智能汽车线控转向系统应用实例

3.4.1　线控转向系统实车应用

英菲尼迪线控转向系统,又称为 DAS(direct adaptive steering,线控主动转向系统),与传统的机械式转向机构不同,DAS 的转向盘与前轮并没有机械结构的硬连接,而是通过电信号来控制汽车的转向动作。目前,该系统已搭载于英菲尼迪旗下 Q50、Q50L、Q60 和 QX50 四款车型,图 3-12 所示为 DAS 系统示意图。这项全球首创的技术将机械传递开创性地转换为电子信号,依据行驶路况和方向盘状态数据综合计算,智能控制车轮转向角度与反应速度,且在操作上不改变驾驶者习惯。

图 3-12　英菲尼迪 DAS 系统示意图

1. DAS 线控转向系统的结构特点与工作原理

DAS 线控转向系统的整体结构如图 3-13 所示。这套线控转向系统的构成和传统转向系统的结构相似,包括转向盘、转向柱、转向机。不同的是它增加了 3 组电子控制单元、转向盘后的转向动作回馈器、离合器以及自动预防故障系统、电源等辅助系统。在结构上 DAS 线控转向系统虽保留了传统的转向盘与转向柱,但正常情况下两者的机械连接通过离合器分离,不存在机械力传递,因此路面给车轮的力不会直接传到转向盘。

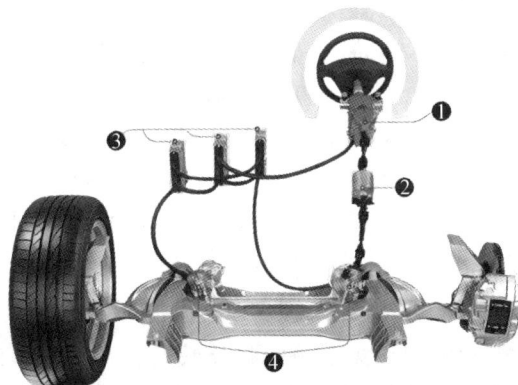

图 3-13　英菲尼迪 DAS 系统结构示意图
1—转向动作回馈器;2—离合器;3—电子控制单元;4—转向机

1）前轮转向模块

前轮转向模块包括前轮转角传感器、转向执行电机、电机控制器和前轮转向组件等,其功能是将测得的前轮转角信号反馈给主控制器,并按主控制器命令完成转向盘要求的前轮转角,实现驾驶员的转向意图。

2）主控制器

主控制器对采集的信号进行分析处理,判别汽车运动状态,向转向盘回正电机和转向电机发送指命,控制二者协调工作,还能识别驾驶员的操作指令,判定当前状态下的操作是否合理。当汽车不稳定或驾驶员指令错误时,前轮线控转向系统自动稳定控制或屏蔽错误操作,以合理的方式自动驾驶车辆,使汽车恢复稳定。

3）转向盘模块

转向盘模块包括转向盘组件、转向盘转角传感器、力矩传感器、转向盘回正力矩电机。其主要功能是将驾驶员的转向意图(通过测量转向盘转角)转换成数字信号并传递给主控制器,同时主控制器向转向盘回正电机发送控制信号,产生转向盘回正力矩。

4）自动预防故障系统

自动预防故障系统是线控转向系统的重要模块,它包括一系列的监控和实施算法用来给驾驶员提供相应的路感信息,并针对不同的故障形式和故障等级作出相应的处理,最大限度地保证汽车的正常行驶。作为应用最广泛的交通工具之一,汽车的安全性是必须首先考虑的因素,是所有研究的基础,故障的自动检测和自动处理是线控转向系统最重要的功能之一。它采用严密的故障检测和处理逻辑,最大限度地提高汽车的安全性能。

DAS 的工作原理:车辆转向时不再依赖传统机械连接,其车轮转向角度和反应速度由 3 组 ECU 控制,这些 ECU 依据行驶路况、方向盘转动力度和速度综合计算,进而控制转向电机及传动机构实现转向。3 个 ECU 呈并联关系,负责的内容不同(从左至右分别负责左前轮、方向盘、右前轮)且相互监测工作情况。当任意一个 ECU 出现问题,备用模式会立即通过离合器激活,恢复传统机械传动转向模式以确保安全。正常情况下,方向盘通过备用离合器与转向齿条和前轮分离,转向回正电机为方向盘(驾驶员)提供适当的转向力反馈。

2. 英菲尼迪 Q50L 驾驶体验

在 Q50L(见图 3-14)试驾体验中,DAS 线控转向没有传统机械转向的细碎振动,这得益于其自动屏蔽多余路面反馈功能。该功能可大幅减少路面不平导致的方向盘抖动,消除了多余路面反馈对驾驶的干扰。经分析统计,全新 Q50L 高速行驶时,驾驶者转向校正次数仅为同级车型平均水平的 40%,能有效缓解驾驶疲劳,让驾驶更轻松。DAS 线控转向还能和主动车道控制(ALC)系统共同作用,依据路面情况和方向盘转向对车轮角度适时微调,使车辆偏移车道的风险降低约 30%,显著提高行车安全性。

驾驶英菲尼迪 Q50L 容易产生"车随心动"的快感,转向指令能无迟滞地传至车轮。因采用电子信号控制,DAS 线控转向避免了传统机械转向存在的力损失和时间延迟问题,转向指令传输没有迟滞,反应灵敏,普通驾驶者在任何驾驶状态下都能从容控车,享受驾驶乐趣。此外,DAS 线控转向有三种定制转向模式,驾驶者可根据路面情况或个人喜好选择不同模式,轻松实现个性定制的驾驶体验,如图 3-15 所示。

图 3-14　英菲尼迪 Q50L

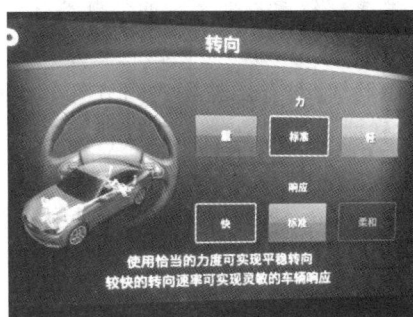

图 3-15　英菲尼迪 Q50L 线控转向模式选择界面

3.4.2　博世(BOSCH)汽车转向系统

对于汽车线控转向系统,博世线控转向系统和英菲尼迪 Q50L 的线控转向系统差异很大。博世开发的线控转向系统完全取消了转向柱,由上转向执行器构成的上转向系统和全冗余式下转向执行器构成的下转向系统组成,二者无刚性连接,是真正的线控转向。这既能隔绝轮胎与底盘振动,保障驾驶舒适性,又能实现转向比的数字参数化,让驾驶更舒适。如图 3-16 所示,博世的这套线控转向结构简单,一个转向电机连接转向机,主要控制转向执行;另一个力反馈电机与转向盘相连,用于模拟转向路感和调节转向系统阻尼力。

图 3-16　博世转向电机连接转向机示意图

1. 博世线控转向系统的优势

博世线控转向的先决条件是失效可操作的系统架构,其系统架构所有单元都采用全冗余方案,相当于两套系统实时并联工作,一套失效时另一套能继续保证转向指令执行,这意味着博世线控转向系统能在保证安全的同时实现高质量的手感模拟,且具备独特功能。在性能方面,线控技术把原来依靠齿轮、齿条实现的转向比变为软件参数,不同车型可通过调整软件参数获得不同的转向比,为驾驶者带来更便捷的驾驶感受。同时,博世线控技术能提供更多驾驶模式,其无机械连接可隔绝底盘干扰,模拟驾驶手感,提升舒适感,而且转向比参数化能实现舒适、运动等多种驾驶模式。在整车布置方面,博世线控技术取消了中间轴,可优化整车布置、简化转向系统,但传统车辆的空间布置则比较受限。

2.博世线控转向系统汽车的驾驶感受

2021年博世技术日,博世公司带来线控转向系统试驾车,它通过车载电脑控制能模拟或隔绝路面反馈,对有驾驶模式调节的车型而言,这是一项实用的技术。除了可以提升驾驶体验外,该转向系统对未来自动驾驶也有着关键作用。

1)低速时实用

比如在车库停车,调整转向比可使方向盘转半圈就达到"打到底"状态,无须来回打方向,轻松停车。

2)高灵敏度

试驾中,车速变化时,方向盘的齿比参数改变,其敏感度不断调整,既保证操控性又保证安全性。

除博世公司外,还有多家供应商投身线控转向技术研发。2023年,采埃孚集团在主流厂商车型上的线控转向系统(见图3-17)量产,其产品组合完善,提升了汽车的安全与舒适度,助力自动紧急避险和狭窄空间泊车等功能。2017年,耐世特推出相关技术,与大陆集团合资公司探索制动转向技术。2023年初,舍弗勒的Spacedrive线控转向技术在奥迪赛车上测试,2025年投产关键零部件并推出完整系统。2022年10月,捷太格特将线控转向系统用于丰田bZ4X,但市场反馈有提升空间。2022年9月,万都已完成乘用车相关产品开发和测试,具备量产能力。2024年4月,京西集团和蒂森克虏伯转向合作开发制造电子机械制动技术,共同探索线控转向,蒂森克虏伯转向在该领域已深耕多年,打下良好基础。尽管目前的线控转向技术面临成本高、成熟度需提升等挑战,但在自动驾驶和电动化趋势下,应用前景广阔。

图3-17　采埃孚线控转向系统

3.4.3　丰田电动助力转向系统

丰田卡罗拉汽车搭载的是电动助力转向(EPS)系统,该系统主要依靠转矩传感器检测作用在输入轴上的力矩,电子控制单元根据车速传感器和转矩传感器的信号来控制电动机的旋转方向和助力电流的大小。电动机的力矩通过减速机构作用到小齿轮上,最终实现助力转向。如图3-18所示,电动助力转向系统具有多方面的特点与优势。

1.丰田电动助力转向系统的优点

从燃油经济性角度来看,它在车辆不转向时不会消耗功率,这一特性使其与传统的液压

图 3-18　丰田电动助力转向系统

转向系统相比,能够有效降低燃油消耗,大约可节省 3% 至 5% 的燃油。这对于长期使用车辆的用户来说,可以在燃油费用上实现一定程度的节约,同时也与现代汽车行业追求节能环保的大趋势相契合。

在助力特性方面,该系统能够依据车速的变化灵活调整助力的大小。当车辆处于低速行驶状态时,例如在进行停车入库或者掉头操作时,系统会为驾驶员提供较大的助力,转动方向盘时变得轻松自如,极大地提升了驾驶操作的便捷性。而当车辆行驶速度提高到高速状态时,系统则会相应地减小助力,从而增加方向盘的路感和稳定性。这种根据车速自适应调整的助力特性,对于保障驾驶安全具有重要意义。

丰田电动助力转向系统的结构特点也具有明显优势。它的结构相对紧凑,省去了液压系统中的油泵、液压油、橡胶软管和油罐等复杂部件,这不仅使得整个转向系统在车辆中的占用空间更小,而且有效减轻了车辆的重量。这种轻量化和紧凑化的设计有利于车辆的整体空间布局优化,同时也有助于提升车辆的操控性能和燃油经济性。

从工作噪声的角度考量,由于该系统没有像液压泵那样的机械部件持续运转,所以在工作过程中产生的噪声极小。这种安静的工作环境能够为驾驶员营造更加舒适的驾驶氛围,减少外界噪声对驾驶员的干扰,进一步提升驾驶的舒适性。

在可靠性方面,电动助力转向系统表现出色。其机械结构相较于液压系统更为简单,不存在液压泵的密封件、皮带等容易损坏的部件,因此具有较高的可靠性和耐久性。这意味着车辆在使用过程中,转向系统出现故障的概率较低,相应地减少了维修成本和因故障导致的车辆停用时间,为用户提供了更加稳定可靠的驾驶体验。

此外,该系统在与现代先进驾驶辅助系统(ADAS)的融合方面具有天然的优势。它能够与车道保持辅助、自动泊车等功能实现良好的配合,为这些功能的实现提供了精准的自动转向控制支持。这种高度的兼容性使得车辆在智能化驾驶方面更具潜力,满足了现代消费者对于汽车高科技配置的需求。同时,从环保角度来看,由于没有使用液压油等可能对环境造成污染的物质,在进行车辆报废处理时,不会产生相关的污染问题,符合环保要求。

2. 丰田电动助力转向系统的缺点

丰田电动助力转向系统虽然有诸多优点,但也并非完美无缺。其中,路感反馈问题较为突出。与传统的液压助力转向系统相比,电动助力转向系统向驾驶员传递的路感相对较弱。在液压助力系统中,路面的颠簸、起伏等信息能够通过液压油更直接地反馈到方向盘上,驾驶员可以清晰地感知到路面状况。然而,电动助力转向系统的反馈机制相对间接和模糊,这可能导致驾驶员在驾驶过程中对路面状况的感知不够准确和清晰,在一定程度上影响了驾驶体验,特别是对于那些习惯了液压助力系统路感的驾驶员来说,这种差异可能需要一定时间来适应。

故障风险也是该系统的一个潜在问题。尽管电动助力转向系统在正常情况下的可靠性较高,但一旦关键部件出现故障,就可能对驾驶安全产生严重影响。例如,扭矩传感器作为获取驾驶员转向意图的关键部件,如果出现故障,可能会导致系统无法准确判断驾驶员的操作,进而影响助力的输出。电机作为助力的动力来源,若发生故障则可能直接导致方向盘失去助力,变得异常沉重,使驾驶员难以操控方向盘。此外,电子控制单元作为整个系统的核心控制部件,如果出现故障,整个电动助力转向系统将无法正常工作。这些关键部件的故障风险虽然发生概率相对较低,但一旦出现问题,后果可能十分严重。

成本问题也是丰田电动助力转向系统的一个不足之处。一方面,该系统的技术含量较高,其零部件的设计、制造和研发都需要先进的技术和工艺支持,这使得零部件的成本相对较高。这种高成本会在一定程度上反映在车辆的售价上,可能会使车辆价格有所增加,增加消费者的购车成本。另一方面,在车辆的维修过程中,由于电动助力转向系统的技术复杂性,维修人员需要具备更高的专业技能和知识,同时需要使用专门的诊断设备和工具,这些因素导致维修成本也相应提高。相比传统的液压转向系统,维修电动助力转向系统可能需要花费更多的费用,这给消费者带来了一定的经济压力。

3. 丰田电动助力转向系统控制的功能

丰田电动助力转向系统控制的功能如表 3-7 所示。

表 3-7　EPS 控制的功能

项目	功能
基本控制	根据转向力矩及车速大小计算所需输出电流,控制电动机运转
惯性补偿控制	当驾驶员开始操作转向盘时改善电动机的启动效果
转向复位控制	当转向盘从极限位置向回转动时,EPS 提供复位助力控制
衰减控制	当车辆高速过弯时调节助力输出,以防止车身出现较大摇摆
变压器增压控制	对 EPS ECU 的电压进行增压,当驾驶员未对转向盘进行任何操作时或车辆保持直线行驶时该电压保持在 0V。当驾驶员对转向盘进行操作时,根据负载大小以 27～34 V 的电压对输出助力进行可变控制
系统过热保护控制	根据电流大小及作用时间估计电动机温度。如果温度超过规定范围,系统将对输出电流进行限制,以防止电动机过热

3.5　智能汽车线控转向系统性能测试

线控转向系统性能测试是确保该系统安全、可靠运行的关键环节,通过测试可以验证整车的性能是否满足相应的国家标准要求,同时为消费者提供购车参考。

到目前为止,汽车转向系统性能要求、测试、试验相关的国家标准主要有《机动车运行安全技术条件》(GB 7258—2017)、《汽车转向系基本要求》(GB 17675—2021)、《汽车操纵稳定性试验方法》(GB/T 6323—2014)等。表 3-8 展示不同的汽车转向系统国家标准的适用范围。

表 3-8　不同的国家标准的适用范围

序号	标准号	适用范围
1	GB 7258—2017	该标准是除个别情况外所有道路行驶机动车的技术要求,对机动车整车、发动机、转向系、制动系、行驶系、传动系、照明装置、安全防护装置等均有明确规定,是注册登记检验、在用机动车检验、机动车查验等机动车运行安全管理和事故车检验的基本技术标准,也是我国机动车新车定型强制性检验、新车出厂检验和进口机动车检验的关键技术依据之一
2	GB 17675—2021	该标准规定了 GB/T 15089—2001 中 M 类、N 类车辆和 O 类挂车转向系统的技术要求与试验方法,是汽车制造商和零部件厂家设计、试验转向系统的参考依据
3	GB/T 6323—2014	该标准规定了 M 类、N 类、G 类车辆的汽车操纵稳定性相关试验方法,包括蛇行试验、转向瞬态响应试验(转向盘转角阶跃输入、转角脉冲输入)、转向回正性能试验、转向轻便性试验;还规定了适用于二轴 M 类、N 类、G 类车辆的稳态回转试验方法,以及 M 类、N 类车辆的转向盘中心区操纵稳定性试验方法

3.5.1　汽车操纵稳定性

1. 操纵稳定性定义

汽车操纵稳定性是指在驾驶者不紧张、不疲劳的状态下,汽车能按驾驶者意图,沿转向系统和转向车轮设定的方向行驶,且受外界干扰时能抵抗干扰、稳定行驶的能力。此概念有两方面含义:一是操纵性,即汽车能准确响应驾驶员的转向指令;二是稳定性,即汽车受外界干扰(如路面不平、阵风扰动等)后恢复原运动状态的能力。汽车操纵稳定性是汽车主动安全性的关键评价指标。

2. 转向系统与操纵稳定性

在对汽车操纵稳定性展开研究时,通常将汽车视为一个控制系统。控制系统在日常生活中随处可见,比如家用电冰箱的温度控制系统。用户在温控器上设定所需的冰箱温度,这相当于为控制系统提供给定值。安装在冰箱内的感温元件所测温度会和给定温度做比较,控制器依据两者的偏差,按照冰箱温控特性曲线,通过继电器来控制压缩机停止或运转,进而实现对冰箱温度的控制。这样的控制系统可用图 3-19 所示的框图来描述。

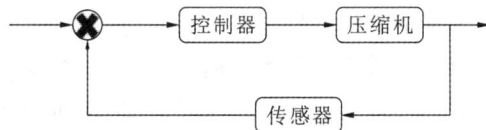

图 3-19　操纵稳定性控制系统示意图

当将汽车视作一个控制系统时,驾驶员对转向盘的操作即为此系统的输入。转向盘输入包括角位移输入和力矩输入,在实际驾车过程中,这两种输入是同时叠加的。这时研究内容就转变成了对控制系统的研究,即研究转向盘在不同输入情况下汽车行驶曲线的时域响应与频域响应,并以此来表征汽车的操纵稳定性。此外,操纵稳定性与悬架、传动系统等关系密切。

研究之前,首先要定义汽车的坐标系。如图 3-20 所示,当车辆在水平路面静止时,定义 x 轴平行于地面且指向车辆前方,z 轴通过汽车质心指向上方,y 轴指向驾驶员左侧,令坐标系的原点 O 与质心重合。与操纵稳定性相关的主要运动参量包括:车厢角速度在 z 轴上的分量——横摆角速度 ω_r,汽车质心速度在 y 轴上的分量——侧向速度 v,汽车质心加速度在 y 轴上的分量——侧向加速度 a_y。

图 3-20　汽车坐标系与汽车的主要运动形式

其次探讨稳态响应与瞬态响应。汽车的时域响应可分为稳态响应(不随时间变化)和瞬态响应(随时间变化)。比如,汽车等速直线行驶就是一种稳态。当汽车等速直线行驶时,快速将转向盘转到某一角度后停止转动并保持该角度不变(即给汽车转向角阶跃输入),一般汽车在短暂时间后会进入等速圆周行驶状态,这也是一种稳态,被称为转向角阶跃输入下的稳态响应。而在等速直线行驶和等速圆周行驶这两个稳态之间的过渡过程属于一种瞬态,相应的瞬态运动响应就是转向角阶跃输入下的瞬态响应。

汽车的稳态转向特性可分为三类:不足转向、中性转向和过度转向。这三种转向特性在汽车行驶中有如下特点:

在转向盘保持固定转角 δ 的情况下,缓慢加速或按不同车速等速行驶时:若汽车是不足转向特性,随着车速升高,其转弯半径 R 会不断增大;若汽车是中性转向特性,转弯半径 R 将保持不变;若汽车是过度转向特性,转弯半径 R 会越来越小。具有良好操纵稳定性的汽车应具备适度的不足转向特性。

瞬态特性是与汽车操纵稳定性密切相关的另一个特性,它体现的是驾驶员转动转向盘瞬间车辆的运动特性。一般而言,会通过转向盘阶跃输入下的瞬态响应来体现汽车的操纵稳定性。不管驾驶哪种车辆,在转动方向盘时,车辆不会立刻达到转向幅度,而是需要经历一个过程才能实现。这个过程所需的时间被称作"反应时间",而与之相应的车辆运动变化则用"横摆角速度"来衡量。

3.5.2　线控转向系统性能测试的环境条件与路试场地类型

1. 测试的环境条件与场地

1）环境条件

汽车操纵稳定性道路试验应在专用汽车试验场进行。试验路面需是干燥、清洁的水泥混凝土或沥青铺装路面，在任何方向上的坡度都不能大于 2%。对于转向盘中心区操纵稳定性试验，坡度应不大于 1%。风速要不大于 5 m/s，大气温度在 0～40 ℃之间。

2）汽车试验场

按照投资方划分，汽车试验场分为汽车厂自建的综合试验场、第三方专业公司建设的服务型试验场和零部件厂商建设的匹配类试验场。汽车厂自建试验场数量最多，一汽集团、东风汽车、长安汽车、长城汽车、比亚迪汽车、江淮汽车、一汽大众、上汽大众、上汽通用等厂商均建有汽车试验场，其中上汽大众、一汽大众和长安汽车的试验场规格较高。第三方专业公司建设的服务型试验场主要包括中汽中心盐城汽车试验场、中汽中心呼伦贝尔冬季汽车试验场、交通运输部北京通州试验场、重庆机动车强检试验场、天津摩托车技术中心试验场、长安大学汽车试验场、解放军定远试验场等。零部件厂商建设的匹配类试验场主要有玲珑轮胎集团中亚轮胎试验场、玛吉斯轮胎试验场、博世（呼伦贝尔）汽车测试技术中心、博世（东海）汽车测试技术中心等。

按照气候条件分类，汽车试验场主要有冬季试验场、夏季试验场和综合试验场这几种类型。冬季试验场包括中汽中心呼伦贝尔冬季汽车试验场、黑龙江红河谷汽车试验场、博世（呼伦贝尔）汽车测试技术中心，相关试验主要在 11 月至次年 3 月的冬季低温时段开展。夏季试验场有上汽大众吐鲁番试车场、中交火焰山检测中心，相应试验大多集中在 6～10 月的高温时期。除此之外的其他试验场都可归为综合试验场，全年都可以进行相关道路试验。

国内主要试验场多数具备高速环道试验道路，且长度多数均在 5 km 以上。其中，可进行车速 200 km/h 及以上试验的场地有襄阳汽车试验场、重庆垫江试验场、山东中亚轮胎试验场和中汽试验场。中汽试验场高速环道的最高车速可达 300 km/h。表 3-9 为国内主要试验场坡道对比。中汽试验场的坡道种类数量及低附坡道数量均处于国内主要试验场中的第一位，其次为山东中亚轮胎试验场和交通运输部汽车试验场。另外，有一半左右的试验场并不具备低附坡道的试验场地资源。

表 3-9　国内主要试验场坡道对比分析表

坡道	交通运输部汽车试验场	中国定远汽车试验场	襄阳汽车试验场	海南热带汽车试验场	重庆垫江试验场	重庆大足试验场	山东中亚轮胎试验场	重庆机动车强检试验场	河南焦作试验场	广德试验场	中汽试验场
坡道种类数量/种	8	4	7	5	7	8	9	4	3	3	10
低附坡道数量/坡	2	1	0	0	1	6	3	0	0	0	6

表 3-10 展示的是国内主要试验场低附制动路的对比情况。国内主要试验场低附制动路的加速段长度大概都为 1 km。其中,山东中亚轮胎试验场、重庆垫江试验场、中汽试验场、襄阳汽车试验场的低附路面不仅数量较多,而且类型也更丰富。

表 3-10 国内主要试验场低附制动路对比分析表

坡道	交通运输部汽车试验场	中国定远汽车试验场	襄阳汽车试验场	海南热带汽车试验场	重庆垫江试验场	重庆大足试验场	山东中亚轮胎试验场	重庆机动车强检试验场	河南焦作试验场	广德试验场	中汽试验场
低附路面数量/条	1	3	4	1	6	1	8	1	1	1	5
加速段长度/km	0.8	1	1	1	1	1.3	0.8	1.4	1.7	0.8	0.92

如图 3-21 所示为中汽试验场,该汽车试验场是亚洲地区测试功能齐全、技术指标先进、测试客户众多的第三方汽车试验场。其总投资约 35 亿元,占地面积约 9500 亩,试验道路里程总长超过 100 km。这里拥有多种试验项目,包括直线性能路试验,可开展动力性(加、减速等)、经济性(迎风阻力、滚动阻力、油耗、滑行等)试验和乘用车、商用车法规认证类试验;外部噪声路试验,可用于车外噪声法规认证试验,背景噪声控制佳,可同时容纳多车测试;直线制动路试验,能开展汽车制动系统、ABS、TCS(牵引力控制系统)及轮胎湿抓地性能开发、标定、评价、认证试验,还有模拟雨雾设施用于雨雾环境下的辅助驾驶功能测试;动态广场试验,可进行车辆极限工况下的操纵稳定性、ESC、底盘悬架系统调教、轮胎性能评价、车道保持辅助等试验及举办汽车发布活动;舒适性能路试验,是国内较早用于整车、轮胎舒适性能开发及 NVH(噪声、振动、声振粗糙度)类测试的专业道路,涵盖车内噪声、异响测试、振动频谱采集、舒适性主观评价等内容;干操控路试验,主要用于轮胎性能评价、车辆悬架和转向系统匹配等极限工况评价;高速环道试验,用于车辆(动力总成、传动、轮胎)的高速可靠性、高速行驶平顺性及舒适性评价,最高车速及油耗测试和辅助驾驶自动巡航测试;强化耐久路试验,用于汽车可靠性和耐久性、车身抗腐蚀、结构耐久性、动力总成及传动系统开发、城市工况模拟、异响诊断分析、底盘和悬架系统开发、气囊误作用等试验;标准坡道试验,可开展乘用车与商用车爬坡、驻坡等性能测试,通过不同坡道及低附着系数路面,还能进行 EPB(电子驻车制动)、TCS 等制动系统开发试验。

2.试验场路试场地类型

1) 高速环道

高速环道试验区是水泥混凝土路面,呈椭圆形,总长 3.34 km。其直线段长 780 m、路面宽 10 m,弯道半径 220 m,路面宽 12 m,纵向坡度小于 0.1%。该环道的最大设计轴荷 15 t,路面承载 120 t,最高时速可达 160 km/h。

2) 综合性能试验区

综合性能试验区由直线性能路、ABS 性能路和噪声测试路三部分构成。直线性能路是水泥混凝土路面,总长 2600 m,直线段长 1260 m,路面宽 10 m,其直线段纵坡不超过0.1%、拱度不大于 2%。西北调头环最小半径 35 m,路面宽 9 m,东南调头环最小半径也是 35 m,不过路面宽为 12 m。

ABS 性能路包括低附着系数路面和高附着系数路面这两种,总长 1260 m,路面宽 10 m。其中,低附着系数路面是用陶瓷材料铺装而成,全长 260 m,路面宽 6 m,附着系数不大于 0.3。整个 ABS 性能路段的纵坡不超过 0.1%、拱度不大于 2%。噪声测试路的路面则是采用特殊的噪声吸附材料(ISO-1 沥青混合料)来铺装的。

3) 可靠性试验路

可靠性试验路由多种不同类型的道路组成。其中连接路长 220 m、宽 6 m,路面材料是小碎石;碎石环道长 3015 m、宽 6.5 m,路面材料也是小碎石;越野环道长 2780 m、宽 5 m,路面材料为泥土;比利时石块路长 300 m、宽 6 m,路面材料是石块和混凝土;鹅卵石路长 150 m、宽 6 m,路面材料是鹅卵石和混凝土;鱼鳞坑路长 150 m、宽 6 m,路面材料为混凝土;扭曲路长 80 m、宽 5 m,路面材料为混凝土;搓板路长 150 m、宽 5 m,路面材料为混凝土。连接路、碎石环道、越野环道属于一期工程建设内容,而比利时石块路(见图 3-22)、鹅卵石路、鱼鳞坑路、扭曲路、搓板路等综合强化路是二期拓展项目建设内容。

图 3-21　中汽试验场

图 3-22　比利时石块路

4) 动态广场

动态广场是直径为 160 m 的试验广场,其路面为水泥混凝土材质,单向纵坡不超过 1%。

5) 标准坡道

标准坡道由坡度为 20%、30%、40%、60%的这四种坡道组成。其中 20%和 30%标准坡道路面用混凝土铺装,40%、60%标准坡道路面则采用毛石浆铺装。20%坡道长 39 m,30% 坡道长 58 m,40%坡道长 71 m,60%坡道长 26 m,所有坡道的宽度均为 6 m。

6) 涉水试验区

涉水试验区全长 100 m,水池底部直线段有效长度为 46 m,水池宽 5.5 m,最大涉水深度达 1.47 m,边缘高度为 2.2 m,过渡坡度为 4.9%,如图 3-23 所示。

图 3-23　涉水试验区

3.5.3 线控转向系统操纵稳定性测试仪器设备

台架试验的试验仪器一般有质心高度试验台、静态侧倾能力试验台、汽车转向器试验台、静态力学参数试验台。道路试验的试验仪器一般包括车速仪,可测量汽车横摆角速度、车身侧倾角、车辆纵倾角、纵向加速度和横向加速度的陀螺仪,转向盘力矩和转角测量仪,汽车操纵稳定性测试仪以及多通道数据采集系统。

1. 陀螺仪

陀螺仪可以分为角速度陀螺仪和垂直陀螺仪两种类型,主要用于测量整车姿态角、角速度等关键操控指标。其安装采用车辆的绝对坐标系,以车辆纵轴为纵向参考、大地重力方向为垂向参考(向前、向右、向下为正),且安装时应尽量置于车辆质心位置,GPS 天线要安装在陀螺仪正上方。如图 3-24 所示的耐欧电气生产的电子陀螺仪,使用 GPS 辅助的惯性导航系统,内部高度集成了带温度补偿的 MEMS 加速度计、陀螺仪、磁强计、气压计和 GNSS(全球导航卫星系统)接收机,可同时输出侧倾角等姿态角度、加速度、角速率和车速信号,用于操纵稳定性测试、横向稳定性测试等姿态测试。

2. 转向盘力矩和转角传感器

转向盘力矩和转角传感器(也称测力转向盘)是一种以高速微处理器为核心的智能化测量仪器,主要用于汽车操纵稳定性、横向稳定性试验以及汽车转向盘转动参数测量。其角度测量运用高精度光电编码器,无须调零且无转动圈数限制,转矩测量则采用应变式扭矩传感器。底部设计有轻量化通用铝合金转接适配器,可快捷安装在原车转向盘上。如图 3-25 所示为博世生产的转向盘力矩转角传感器。

图 3-24 耐欧电气电子陀螺仪

图 3-25 转向盘力矩转角传感器

3.5.4 试验车辆条件

试验汽车需按照厂方规定装备完整。在试验前,要测定车轮定位参数,同时对转向系统和悬架系统予以检查,并依据规定完成调整、紧固与润滑操作。只有当确定试验汽车已符合厂方规定的技术条件后,才可以开展试验,且要对所测定和检查的相关参数值做好记录。在试验时,如果使用的是新轮胎,那么轮胎至少要经过 200 km 正常行驶的磨合;如果使用的是旧轮胎,在试验结束时,其残留花纹的深度不能小于 1.6 mm。轮胎气压要满足汽车出厂的技术要求。

试验汽车依据试验项目可在厂定最大总质量和轻载这两种状态下开展试验。厂定最大总质量涵盖了驾驶人、试验员以及测试仪器的质量。轻载状态是指除驾驶人、试验员和仪器之外,没有其他加载物的情况。若轻载质量超过最大总质量的 70%,则无须进行轻载状态的试验。在试验过程中,N 类车辆的装载物要均匀分布在货箱内,M 类车辆的装载物应分布在座椅和地板上,其比例需符合《汽车道路试验方法通则》(GB/T 12534—2009)中的规定,并且轴载质量必须满足厂方规定。

3.5.5　汽车试验的两种评价方法

试验中的性能评价包含主观评价和客观评价两种方式,其中主观评价法是依靠试验人员在驾驶过程中的自身感觉来评价线控转向系统的性能。这种评价方法更侧重于驾驶员的实际驾驶体验,因为最终汽车是由人来驾驶的,驾驶员的主观感受对于评价系统的实用性和舒适性具有重要意义。试验人员在规定的试验项目和不同的行驶工况下驾驶车辆,根据对线控转向系统操作的直观感受,对多个方面进行评价,并按照既定的项目和评分办法打分。例如,评价转向的轻便性,即在低速行驶时,驾驶员转动方向盘是否轻松;在高速行驶时,转向是否沉稳且具有足够的反馈力,让驾驶员感觉安全。还包括评价转向的精准性,即方向盘转动角度与车辆实际转向角度的匹配程度,驾驶员是否能准确地控制车辆行驶方向。此外,对于转向过程中车辆的整体稳定性、响应速度等方面,试验人员都要根据自己的感觉进行评价和打分。这种评价方法能够综合考虑到驾驶员与线控转向系统交互过程中的各种实际体验,是对客观评价法的一种重要补充。

客观评价法主要是通过专业的测试仪器来获取能够反映汽车操纵稳定性等性能的物理量。这些物理量是基于线控转向系统在工作过程中汽车的实际运动状态和受力情况所产生的数据。主要测量参数有横摆角速度、侧向加速度、侧倾角、转向力。其中横摆角速度反映了车辆绕垂直轴转动的快慢程度。在车辆转向过程中,横摆角速度的大小和变化率对于评估车辆的转向响应特性至关重要。例如,在高速转向时,合适的横摆角速度能保证车辆稳定转向,而异常的横摆角速度可能预示着车辆有失控的风险。线控转向系统通过传感器精确测量这一参数,以评估其对车辆转向性能的影响。侧向加速度是指车辆行驶方向的垂直方向上的加速度。在转弯时,侧向加速度会随着车速和转向角度的变化而改变。较大的侧向加速度可能导致车辆侧滑,线控转向系统需要在不同工况下将侧向加速度控制在安全稳定的范围内。测试仪器可以实时测量侧向加速度,从而分析线控转向系统的性能,例如在极限工况下,系统是否能有效避免车辆因侧向加速度过大而失控的情况。侧倾角指车辆在转弯时车身相对于水平方向的倾斜角度。侧倾角过大不仅会影响驾乘舒适性,还可能导致车辆侧翻。线控转向系统应与车辆的悬架等系统协同工作,通过对转向角度和力度的精确控制,减小侧倾角。通过测量侧倾角,可以评价线控转向系统在保持车辆姿态稳定方面的能力。转向力是指驾驶员施加在方向盘上的力以及线控转向系统执行转向动作时的力。合适的转向力可以为驾驶员提供良好的“路感”,使驾驶员能够准确地感知路面情况和转向状态。测量转向力有助于评估线控转向系统的助力特性是否合理,例如在不同车速和转向角度下,转向力是否能够保持均匀、舒适的变化。

练习题

1. 什么是线控转向技术？
2. 线控转向系统主要由哪几个部分构成？
3. 线控转向系统有哪些特点？
4. 根据模块的功能，可以将线控转向控制执行分为几个层次？分别是什么？
5. 简述线控转向系统工作原理。
6. 线控转向系统有哪些关键技术？
7. 为什么要进行线控转向系统性能测试？
8. 试验场具备的路试条件主要包括哪几种类型？
9. 简要概括线控转向系统的优点与缺点。

第4章 智能汽车线控驱动技术

【学习目标】

通过对本章的学习,学生能够了解线控驱动技术的定义与特点;掌握智能汽车线控驱动系统的结构与工作原理;了解线控驱动技术在智能汽车上的使用及其优缺点;掌握线控驱动电机的分类及其控制器的结构与工作原理;了解线控驱动系统的控制方式,掌握线控驱动系统的通信原理。

4.1 智能汽车的线控驱动总成

4.1.1 汽车线控驱动系统的定义

在国家目前的环境保护及和发展新质生产力的建设背景下,如何聚合与优化调动海量的分布式资源,形成能源物联网,推动各种资源(包括光能、风能、电能、固定式储能及可调负荷等)的高效协同发电、储存与利用,将是智慧能源变革的重点,也将成为智能汽车转型升级的关键。

智能汽车线控驱动系统是通过传感器采集传送加速踏板深浅与快慢的信号,从而实现踏板功能的电子控制。这个信号会被控制单元接收和解读,然后再发出指令,控制行驶速度。线控驱动系统会根据驾驶员的动作和汽车的各种行驶信息,分析驾驶员意图,精确控制动力装置输出功率和车轮驱动力以提高汽车的动力性、经济性和操纵稳定性。

线控驱动取消了机械连接,从而实现了精准控制。线控驱动通过用导线来代替拉索或拉杆,把驱动踏板位置所产生的电信号传递给 ECU,控制动力输出;取消了踏板和节气门之间的机械连接,通过检测驱动脚踏板的位移,将该位移信号传递给 ECU,以此来计算处理得到最佳节气门开度,再驱动电子节气门控制动力输出。

从总体技术方面来看,线控驱动技术是电机、电池与线控等技术的综合应用。智能汽车线控驱动的发展带动的不仅是汽车行业,也会带动相关能源、化工、交通、装备、建筑及信息产业的全方位发展,是国家发展智能汽车技术的重要一环,也是新质生产力发展与应用非常重要的场景之一。

4.1.2 汽车线控驱动系统的结构与工作原理

线控驱动总成由高压分配单元(power distribution unit,PDU)、驱动电机、减速器、驱动电机控制器单元(motor controller unit,MCU)、DC(direct current,直流电)/DC 高低压直流转换器、车载充电器(on-board charger,OBC)和其他控制模块等组成,如图 4-1 所示。线控驱动系统根据行驶动力来源的不同可分为燃油汽车线控驱动系统和电动汽车线控驱动系统。

1. 传统内燃机汽车线控驱动系统

对于传统内燃机汽车,线控驱动系统在加速踏板与节气门之间使用电信号进行控制,取

图 4-1　汽车线控驱动系统工作原理

代原来的机械传动模式,这种形式又被称为线控节气门,线控节气门控制系统主要由加速踏板、踏板位移传感器、电子控制单元、数据总线、伺服电动机和节气门执行机构组成,如图 4-2所示。

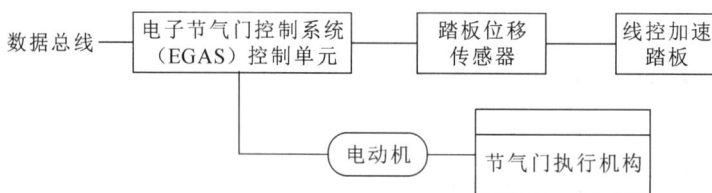

图 4-2　传统汽车线控节气门原理图

整车控制器根据驾驶员对车辆的操纵输入(加速踏板、制动踏板以及选挡开关等)、车辆行驶状态、道路状况及周边环境状况,经分析和处理,向电机控制器发出相应的指令,通过控制电机的驱动转矩来驱动车辆,以满足驾驶员对车辆驱动的动力性要求;同时根据车辆状态,向电机控制器发出相应指令,保证车辆行驶的安全性和舒适性。

电机控制器属于二级控制器,按整车控制器的指令和驱动电机的转速、位置信号,对驱动电机的驱动转矩和旋转方向进行控制,电机控制器与驱动电机必须配套使用。

目前,驱动电机主要采用调压、调频等方式进行调速,具体采用哪种方式,则取决于选用的驱动电机类型,动力蓄电池以直流方式供电:若选用直流电机,则通过 DC/DC 变换器进行调压调速控制;若选用交流电机,则通过 DC/AC(alternating current,交流电)变换器进行调频调压矢量控制;若选用开关磁阻电机,则通过控制其脉冲频率来进行调速控制。

驱动电机需要承担电动机和发电机的双重功能,在正常行驶时将电能转化为机械能发挥其电动机的功能;反之,在车辆减速制动时将车轮的惯性动能转换为电能。

根据汽车行驶时的特性分析,我们可以知道:汽车在起步和爬坡时要具备较大的转矩、相当的短时过载能力、较宽的调速范围和理想的调速特性,即在低速时为恒转矩输出,在高速时为恒功率输出。

机械传动装置将驱动电机的驱动转矩传输给汽车的驱动轴,从而带动车辆行驶。驱动电机本身具有良好的调速特性,故变速机构可被极大简化。

2.电动汽车线控驱动系统

电动汽车较多采用一种固定速比的减速装置来放大驱动电机的输出转矩。驱动电机可带负载直接启动,且利用驱动电机实现正反向旋转,故可省略传统汽车的离合器、倒挡机等结构。

对于电动汽车,驱动系统的能量由动力电池提供。这时线控加速踏板控制的是驱动电机的转矩和转速,它和计算平台、整车控制器(vehicle control unit,VCU)、微控制单元(micro control unit,MCU)等一同实现车辆的加减速。线控驱动系统一般由整车控制器、电机控制器、驱动电机、机械传动装置等组成,如图 4-3 所示。

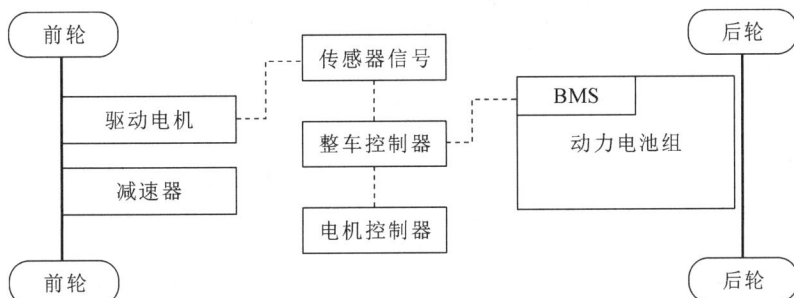

图 4-3 电动汽车线控驱动系统

当车辆行驶时,控制器首先根据加速踏板传感器和制动踏板传感器的输入信号,确定车辆的运行工况,然后输出相应信号控制混合电源和双向 DC/DC 变换器的工作模式,进而控制母线电压和电机电流。电机的输出转速和输出转矩会随母线电压及电流的变化而变化,最后电机的输出动力经主减速器和传动装置传递给车轮。同时,控制器还可以通过传感器实时监测混合电源和电机的电压、电流及转速等参数的变化情况,并将其显示在液晶显示屏(LCD)上。

电动汽车使用人工驾驶模式时,其 VCU(vehicle control unit,车辆控制单元)通过踏板位置传感器检测驾驶人的驾驶意图,同样 VCU 向 MCU(微控制单元)发送踏板踩下度等信息,由 MCU 控制驱动电机的转矩和转速。

使用自动驾驶模式时,计算平台通过周围环境信息融合计算出最佳行驶信息并发送给 VCU,由 VCU 向 MCU 发送踏板踩下度等信息,MCU 控制驱动电机的转矩和转速。

4.1.3 线控驱动系统的特点

线控驱动按技术发展趋势分为部件集成、机械集成、控制集成及功率集成等不同的发展阶段,目前还处于机械集成阶段,后续将进入控制集成与功率集成阶段,将电路部分与逆变器部分功率器件共享。随着电子电气架构的发展,朝更高功率密度、集成化程度及高效率、高安全性及智能化发展,如图 4-4 所示。

线控驱动系统包括传统内燃机汽车和电动汽车两大类。由于多轮独立驱动电动汽车各个驱动车轮的转矩独立可控,因此驱动控制系统通过横摆力矩控制和驱动力分配可以达到改善车辆稳定性和经济性的目的,其中四轮独立驱动尤其是轮毂电机电动汽车驱动控制已经成为各国研究的热点。

对于传统内燃机汽车而言,由于节气门角度由机械控制变成电子控制,因此减少了机械零件数量和机械结构的质量,也有助于减小质量及降低各种机械零件的维修概率。线控节气门系统使车辆对驾驶员发出的指令有更灵敏和更精确的响应,有助于提高各系统的沟通效率,还可以依据相关传感器采集的车况信息,对车辆动力输出进行调整,有助于节约能源、降低排放。

总的来说,线控驱动系统具有如下优点:舒适性高、成本可降低、经济性好、开发周期短、稳定性高。

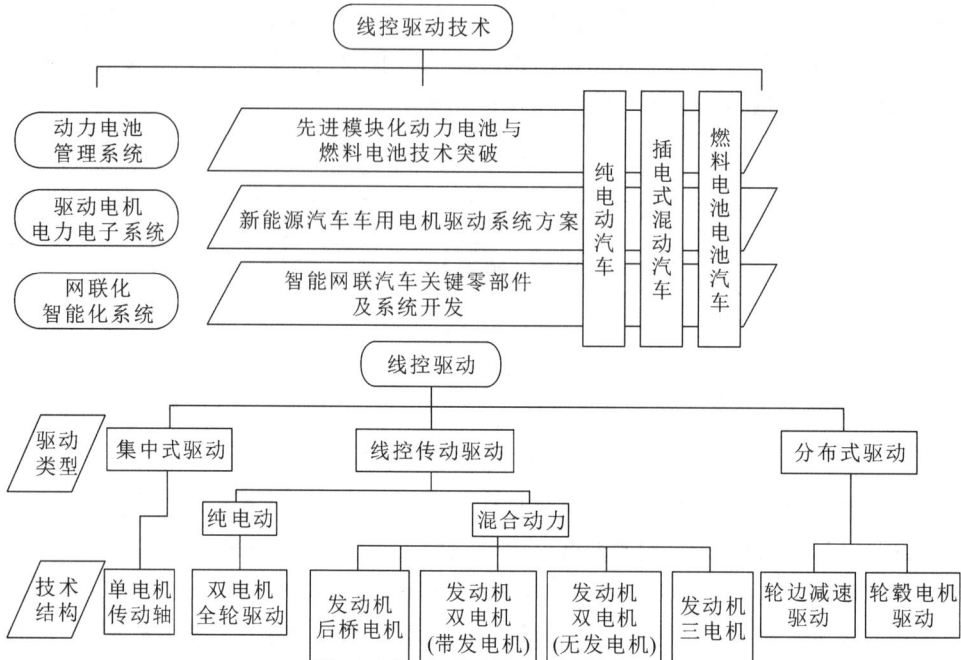

图 4-4　线控驱动技术的总体架构

电子加速踏板能根据踩踏板的动作幅度细节来判断驾驶者的意图,综合车况精确合理地控制执行器,提高动力总成系统功率密度,使经济性和驾驶舒适性同时达到最佳状态。线控油门系统在收到踏板信号后会进行分析判断,再给执行单元发送指令保证车辆稳定行驶。同时具有标准化和模块化能力,可同平台研发生产。

当然,任何一门技术的产生和发展都伴随着相应的问题与需要提升的部分,线控驱动系统也不例外,它在提升汽车性能的同时,还具有以下不足:

(1)工作原理较为复杂,成本较高。相比传统驱动技术,需要添加加速踏板位置位移传感器,并且需要增加 ECU 接线。

(2)硬件集成度高,功率器件较多,导致热损耗大,散热难。同时高低压耦合,考虑高压对继电器、熔断器、薄膜电容等器件的影响,易产生电磁干扰。

(3)开发维护成本较高。线控驱动系统的控制从软件上来说,需要实时分析位置传感器的信号,并且综合车辆状况与环境因素给出最优控制指令的算法。这些软件部分需要同时集成在车载 ECU 上,并且随着路况与车况的不同,需要定时更新与维护,增加了开发成本与维护成本。

(4)试验成本较高。由于线控驱动系统的数据传输通过电子控制,因此在突发事件处理方面,如车辆的突发断电、电池障碍、周围环境变化等所产生的问题,需要提前判断并快速做好预防措施及给出解决方案,这对线控驱动系统的试验范围、试验种类及实际应用性也提出了更多新的挑战。

4.1.4　智能电动汽车是线控驱动系统的主要载体

与传统的内燃机汽车相比,智能电动汽车的电机可实现指令的瞬时响应,更适合于线控驱动系统。

（1）智能电动汽车的电力平台可支撑更多的智能设备荷载，而传统燃油车则难以支撑大功率电子设备，传统驱动动力载体实验架构如图 4-5 所示。

（2）从技术需求看，智能电动汽车将大幅增加汽车动力。智能电动汽车的电机几乎从启动开始就可输出最大转矩，并且伴随转速逐渐升高，转矩反而呈衰减趋势，故电机在达到额定功率（额定转速和转矩）时，输出转矩也就不再改变。如果继续增大转速，电机的"逆电动势"会产生电流抵消它的输入电流，所以转矩会衰减。

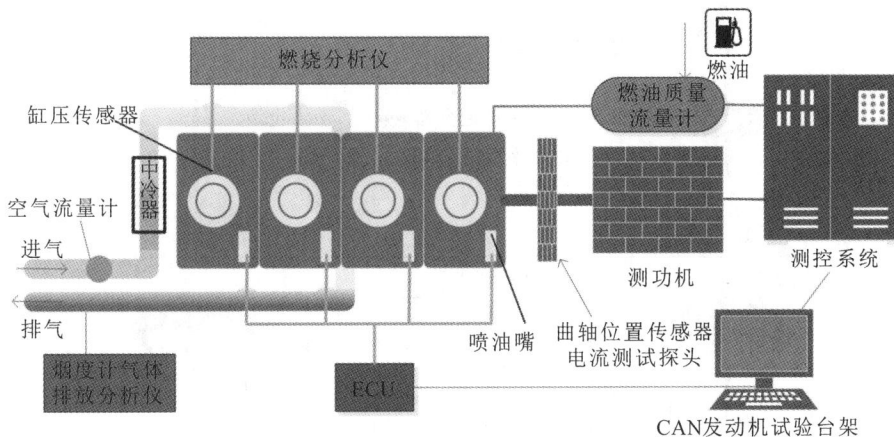

图 4-5　传统驱动动力载体实验架构

而传统内燃机汽车的驱动动力架构则不能够满足需求。因为传统内燃机在起步时只能输出较小转矩，并且随着转速上升，转矩逐渐增加，它们大致成正比关系。考虑涡轮增压技术，输出转矩上升至最大值时，在一定转速范围内保持恒定输出，只有转速继续升高，转矩才会出现衰减。智能电动汽车动力与传统内燃机汽车动力的结构与特性对比如图 4-6 所示。

除了传统内燃机汽车与纯电动汽车之外，增程式混动汽车也是目前汽车主要发展的模式之一。增程式混动模式可以通过发动机在高效区发电给电池充电，让车辆在纯电模式下行驶，也可直接通过燃料驱动车辆，为汽车行驶提供动力，但驱动执行结构均为电机，如图 4-7 所示。

增程式混动汽车驱动模式包含纯电优先、油电混动、燃油优先、弹射起步等。从使用上看，增程式混动技术与插电式混动技术

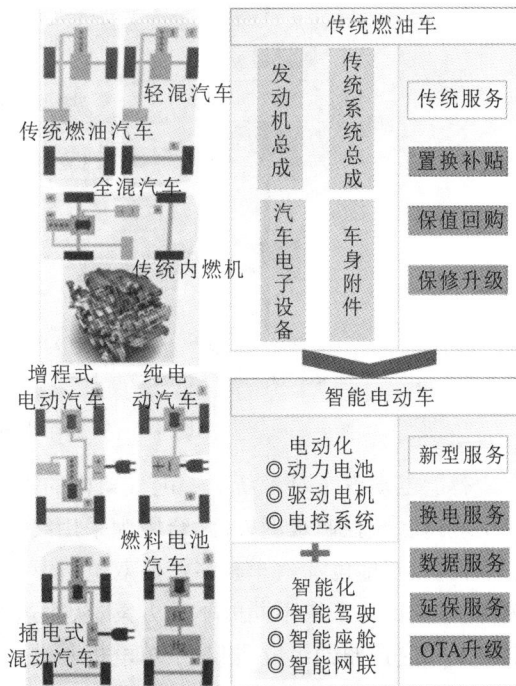

图 4-6　智能电动汽车动力与传统内燃机汽车动力的结构与特性对比

相似,但两者的区别在于:插电式混动技术可使用发动机直驱且插电式混合动力技术充分考虑了燃油的经济性;另外,增程式混动技术与油电混动技术不同:增程式混动汽车技术以电为主、油为辅,搭载大容量电池,可以满足大部分城市工况下的纯电行驶,而在高速工况下则由发动机直接驱动,车辆制动时也能通过能量回收技术向电池充电。插电式混动汽车在日常使用时可通过充电枪给车辆补电,也可加油使用。

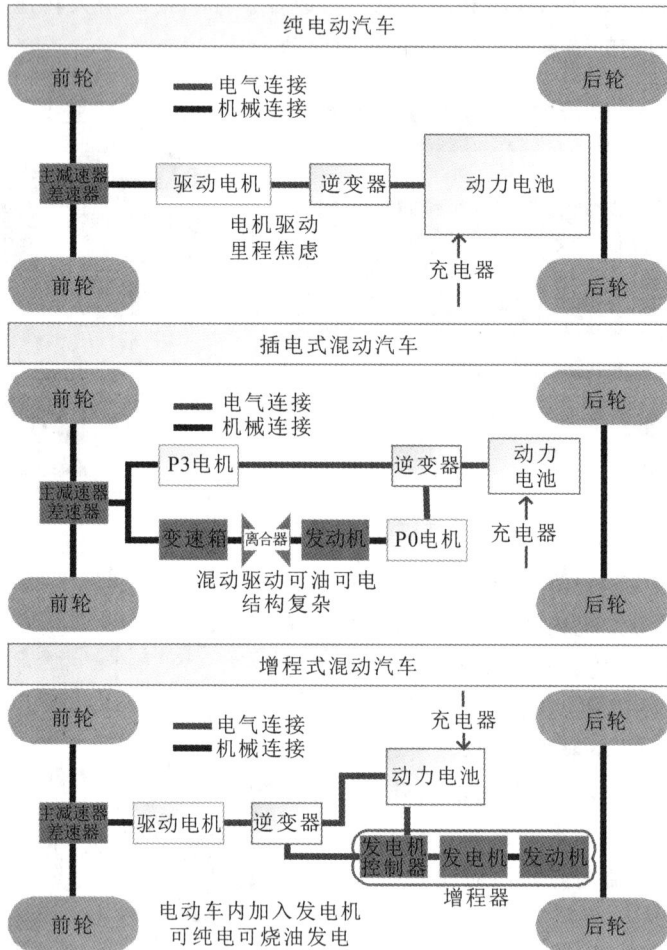

图 4-7 智能电动汽车的动力驱动模式

智能电动汽车对于新电子电气架构的需求更为迫切,同时智能电动汽车平台在电信号的反应速度与控制难度方面,会因为采用线控驱动技术而具有更好的兼容性与适应性。

目前,智能电动汽车较多使用双电机驱动方案。双电机驱动是指在线控驱动系统中安装两个电机,并采取不同的驱动方案,从而达到更高效率和更稳定的控制。双电机驱动由双电机及相应控制器组成,相对于单电机驱动来说,简单理解即为多了一个电机和控制器:其中一个电机为主驱动电机,另一个电机则为从驱动电机。主驱动电机由控制系统提供信号控制运动和方向,而从驱动电机接收主驱动电机的运动信息,以实现协调运动。双电机驱动用于需要高功率、高效率和高精度运动场景,以实现更稳定地控制。

双电机驱动的控制方法包括独立控制、同步控制和矢量控制等。独立控制是指两电机不协同工作,工作独立;同步控制是指两电机协调运动,配合执行;矢量控制是指通过调整电机输出特性以实现更好的效果。

总的来说,智能电动汽车的驱动模式为线控驱动系统提供了更好的硬件基础。随着智能与网联信息技术的发展与加速融合,汽车智能化的浪潮终将来临,汽车作为单纯移动工具的时代将逐步向移动智能终端转变,而线控驱动技术作为汽车发展的产物,也将在智能汽车的发展中发挥更为关键的作用。

4.2　线控驱动电机技术

4.2.1　线控驱动电机的工作原理

驱动电机是线控驱动系统中的核心部件,可以将电能转换为机械能。智能汽车常见的驱动电机有直流电机、交流电机、永磁电机和轮毂电机等。

智能电动汽车驱动系统原理如图 4-8 所示。

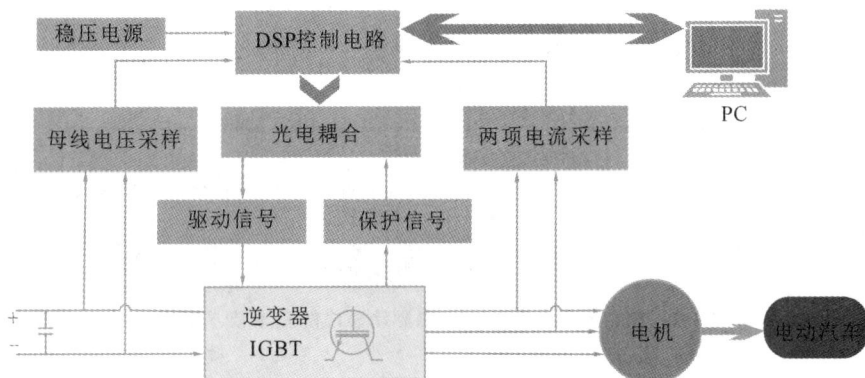

图 4-8　智能电动汽车驱动系统原理

注:DSP—数字信号处理;PC—个人计算机;IGBT—绝缘栅双极型晶体管

当车辆行驶时,控制器首先根据加速踏板传感器和制动踏板传感器的输入信号,确定车辆的运行工况,然后输出相应信号控制混合电源和双向 DC/DC 变换器的工作模式,进而控制母线电压和电机电流,电机的输出转速和输出转矩会随母线电压及电流的变化而变化,最后电机的输出动力经主减速器和传动装置传递给车轮。同时,控制器还可以通过传感器实时监测混合电源和电机的电压、电流及转速等参数的变化情况,并将其显示在液晶显示屏上。

电机效率与转速和转矩相关,市区工况中出现的频繁启停工况属于低转速高转工况,而这正是圆线电机的低效率区间。

理论上,由于圆线电机截面为圆形,在导线间存在不规则缝隙;而扁线电机间的间隙更小,扁线电机在该工况下的转换效率更高,因为扁线相对圆线有更为紧密的接触,可以提升散热性。电机绕组在热传导能力上具有各向异性。在更低的温升条件下,整车可以实现更好的加速性能,从而使车辆更安静。

扁线电机导线的应力和刚性比较大,电枢具备更好的刚度,对电枢噪声有抑制作用,可降低空间,可实现电机轻量化。但是,扁线电机规模应用需克服一些缺点,如良品率低、转速低、标准化难以及专利壁垒等。在线控驱动系统中,为满足高性能要求,搭配扁线电机的数量由一个增加到两个,甚至部分车型会搭配三合一或多合一的驱动总成。

智能电动汽车的典型电驱动总成的基本技术架构如图4-9所示。

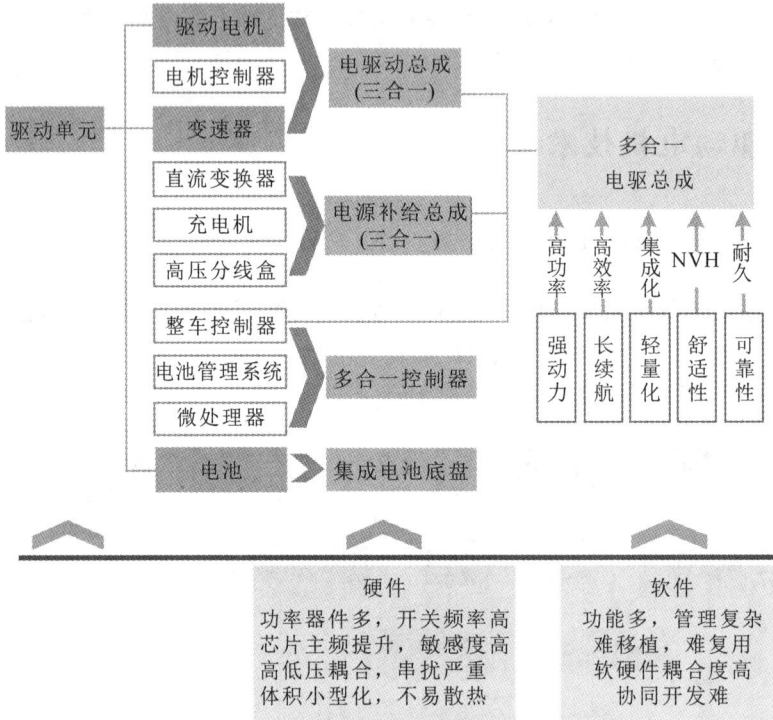

图4-9 智能电动汽车的典型电驱动总成的基本技术架构

4.2.2 直流电机

1.直流电机的结构

直流电机可以将直流电转换为机械能。在智能汽车发展的早期,大部分电动汽车都采用直流电机作为驱动电机,其结构如图4-10所示。直流电机按励磁方式分为永磁、他励和自励三类,其中自励式直流电机又分为并励、串励和复励三种。

图4-10 直流电机的结构

2. 直流电机的优缺点

直流电机技术较为成熟,具有控制方式容易、调速优良的特点,曾经在调速电机领域有着极为广泛的应用。

但是,由于直流电机机械结构复杂,使得它在使用过程中的缺点也十分突出:电机的瞬时过载能力和转速的提高受到限制;在长时间工作的情况下,电机的机械结构会产生损耗,增加了维护成本;电机运转时电刷与换向器之间的火花使换向器发热,同时产生高频电磁干扰,影响整车其他电器的性能。

由于直流电机存在以上较为突出的缺点,目前的智能电动汽车基本不使用直流电机作为驱动电机。

4.2.3　交流电机

1. 交流电机的结构

交流电机按工作原理不同可分为同步电机和异步电机两大类:同步电机的旋转速度与交流电源的频率有严格的对应关系,在运行中的转速严格地保持恒定不变;异步电机的转速随着负载的变化稍有变化。

交流电机按电源相数的不同,又可分为单相和三相两大类,智能电动汽车常用的是三相交流电机。三相交流异步电机主要由定子和转子两部分组成,两部分又由多种部件组成,工业上常用小型三相交流异步电机的结构,如图 4-11 所示。

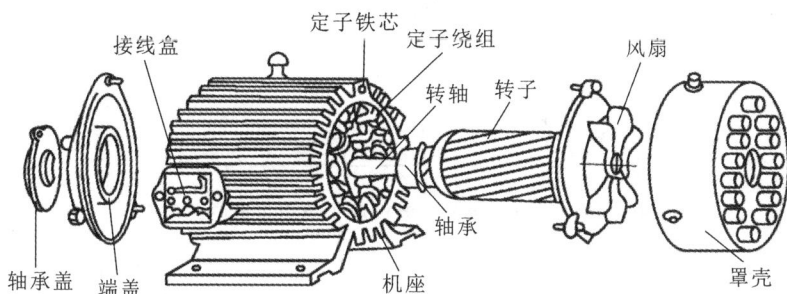

图 4-11　小型三相交流异步电机的结构

1) 定子部分

定子部分包括机座、端盖、定子铁芯、定子绕组等,主要作用是支撑电机本体、产生旋转磁场,如图 4-12 所示。

2) 转子部分

转子部分主要由转子铁芯、转子绕组和转轴组成。三相交流异步电机定子结构相异步电机根据其转子结构的不同又可分为笼型和绕线型两大类,如图 4-13 所示,其中笼型应用最为广泛。

转子铁芯呈圆柱状,用相互绝缘的硅钢片叠成,它的外表面冲有多个凹槽,用来放置转子绕组。笼型转子绕组像一个笼子,

图 4-12　三相交流异步电机定子的结构

通常有两种制作方式,一种是在转子铁心的槽中装入多根铜条,铜条两端用端环连接;另外一种则是在日常生产中,经常用铸铝方式来制作转子绕组,如图 4-13(a)所示。绕线型转子的转子铁芯与笼型的完全相同,转子绕组是三相星形联结的,三相绕组每一相的始端连接到另一个铜制的集电环上,集电环固定在转轴上。

(a)笼型   (b)绕线型

图 4-13　笼型与绕线型转子的结构

2. 三相交流异步电机的工作原理

三相交流异步电机的三相定子绕组在空间上按照互差 120°电角度的规律按中心对称排列,并接成星形或三角形后与三相电源相连,三相定子绕组便有三相对称电流 i_U、i_V、i_W 流过,如图 4-14、图 4-15 所示。

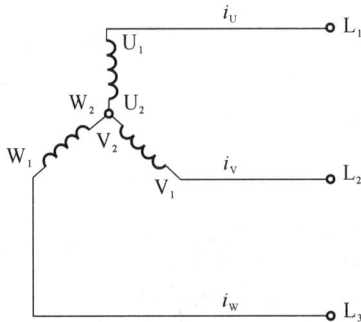

图 4-14　三相交流异步电机定子绕组星形联结电路

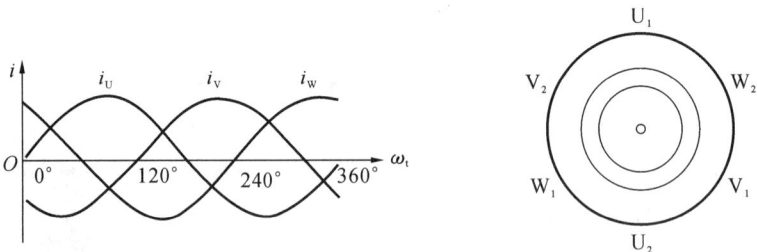

图 4-15　三相交流异步电机工作原理图

当 $\omega_t = 0°$ 时,$i_U = 0$,U 相绕组中无电流;i_V 为负,V 相绕组中的电流从 V_2 端流入,从 V_1 端流出;i_W 为正,W 相绕组中的电流从 W_1 端流入,从 W_2 端流出;合成的磁场方向为从 U_1 指向 U_2,如图 4-16(a)所示。

当 $\omega_t = 120°$ 时,$i_V = 0$,V 相绕组中无电流;i_U 为正,U 相绕组中的电流从 U_1 端流入,从 U_2 端流出;i_W 为负,W 相绕组中的电流从 W_2 端流入,从 W_1 端流出;合成的磁场方向为从 V_1 指向 V_2,如图 4-16(b)所示。

当 $\omega_t = 240°$ 时，$i_W = 0$，W 相绕组中无电流；i_U 为负，U 相绕组中的电流从 U_2 端流入，从 U_1 端流出；i_V 为正，V 相绕组中的电流从 V_1 端流入，从 V_2 端流出；合成的磁场方向为从 W_1 指向 W_2，如图 4-16(c)所示。

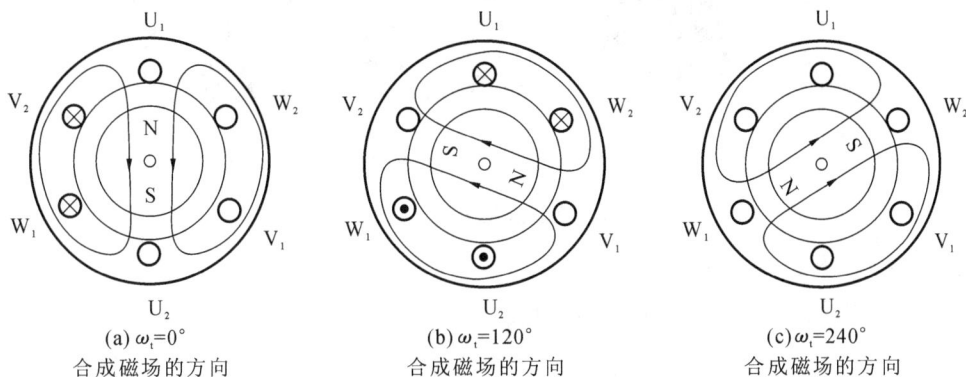

(a) $\omega_t = 0°$　　　　　　　(b) $\omega_t = 120°$　　　　　　　(c) $\omega_t = 240°$
合成磁场的方向　　　　　　合成磁场的方向　　　　　　合成磁场的方向

图 4-16　磁场方向与电流变化的关系

当定子绕组中的电流变化一个周期时，合成磁场也按电流的相序方向在空间连续地旋转一周。若产生的旋转磁场顺时针转动，则相当于转子导体逆时针方向切割磁感线，根据右手定则可以确定转子导体中感应电动势的方向。在感应电动势的作用下，导体中就有感应电流通过，方向与感应电动势的方向相同。通有感应电流的导体在磁场中会受到电磁力的作用，根据左手定则，N 极受力方向向右，S 极受力方向向左，这是一对大小相等方向相反的力，这样就形成了电磁转矩，转子就旋转起来。当定子产生的磁场旋转时，转子产生的磁场也同方向旋转，但转子的转速相对定子较慢，这就是"异步"的由来。

3. 三相交流异步电机的优点

三相交流异步电机具有较为突出的优点：

（1）工艺简单、成本低；

（2）运行可靠、耐用，能承受大幅度的工作温度变化；

（3）维修方便。

鉴于以上优点，三相交流异步电机广泛应用于大型高速电动汽车。

4.2.4　永磁电机

1. 永磁电机的结构

永磁，是指在制造电机转子时加入永磁体，使电机的性能得到进一步的提升。同步，是指转子的转速与定子绕组的电流频率始终保持一致。因此，通过控制电机的定子绕组输入电流频率，电动汽车的车速可以被完全控制。交流永磁同步电机的定子部分与交流异步电机的相同，不同之处在于转子结构。交流永磁同步电机的转子上安装有永磁体磁极。由于永磁体的磁性是固定的，在定子中产生的旋转磁场会带动永磁体旋转，最终达到同一转速，即"同步"。

交流永磁同步电机的结构主要由机座、转子、定子、电机温度传感器、前后端盖等组成，如图 4-17 所示。

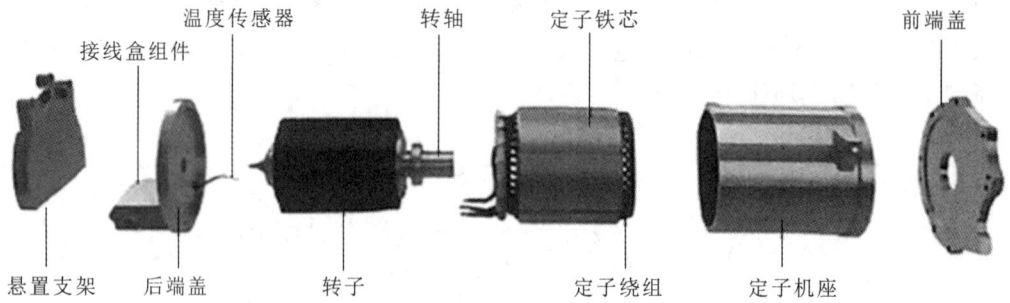

图 4-17 交流永磁同步电机的结构

2. 永磁电机的工作原理

永磁同步电机的工作原理如图 4-18 所示。

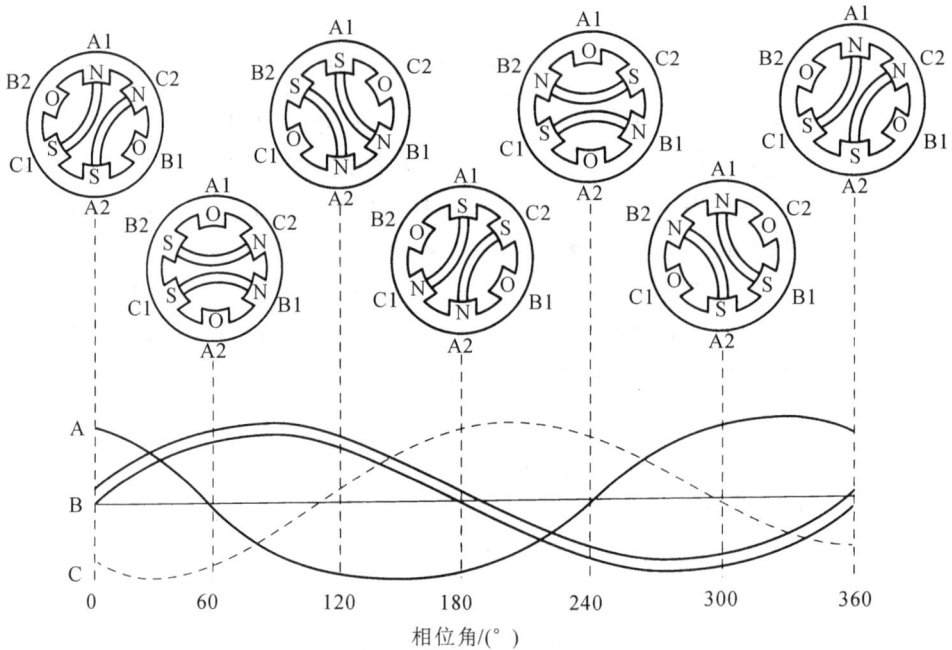

图 4-18 永磁同步电机的工作原理

定子绕组中通入三相电流,在通入电流时就会在电机的定子绕组中形成旋转磁场,由于在转子上安装了永磁体,而永磁体的磁极是固定的,因此根据磁极的同性相斥异性相吸的原理,在定子中产生的旋转磁场会带动转子进行旋转,最终让转子的旋转速度与定子中旋转磁极的旋转速度相等。

3. 永磁电机的优缺点

目前,线控驱动系统使用的永磁电机得益于高性能稀土永磁的发展,人们重点关注的永磁齿轮电机(permanent magnetic gear motor,PMGM),它采用齿啮合结构,如渐开线、蜗轮蜗杆及斜齿型等。

PMGM 采用磁场调制原理,实现对永磁转子磁动势的调制,使两个不同极对数和转速的永磁转子的气隙磁场耦合。PMGM 的同心式结构可使全部磁极参与传动,永磁体利用率高,能提升电机系统的转矩密度。PMGM 由永磁转子及磁调制环等组成。这两个旋转部件分别作为输入轴和输出轴,实现稳定变速传动。

PMGM 磁力齿轮的优势突出:

(1) 寿命长;传动对电机的冲击减少,属于无接触密封传动;

(2) 可靠性高;

(3) 减少摩擦损耗,振动噪声低;

(4) 系统效率提升。

相较于机械齿轮,磁力齿轮的劣势在于:减速比和转矩密度较低。将磁力齿轮与永磁电机这两种电磁装置结合,即得磁齿轮复合电机。当作为电机使用时,电机电枢通入正弦交流电流驱动永磁转子旋转,通过轴连接或转子复用等方式带动磁力齿轮的少极转子旋转,借助磁场调制效应,电磁功率经过磁力齿轮的调制环,带动多极转子减速输出,成倍放大输出转矩,降低转速并提升输出转矩密度,适合低速、大转矩直驱应用。

磁力齿轮传递转矩是制约磁力齿轮复合电机输出转矩的因素,磁力齿轮传递转矩大小与磁力齿轮的减速比的选取有关。磁力齿轮作为变速机构可实现变速传动或转矩放大等功能。径向磁力齿轮与径向永磁电机的轴向串联,是机械耦合-磁路独立型的典型拓扑。

轴向串联的缺点在于外壳及电磁结构部分未能实现复用,加之磁力齿轮的转矩密度小于机械齿轮,因此,在小体积场合需通过轴向磁通永磁电机与轴向磁力齿轮的径向机械耦合来实现同心式结构的轻量化。

总的来说,永磁同步电机具有高效、高控制精度、高转矩密度、良好的转矩平稳性及低振动噪声等特点,在智能电动汽车中应用广泛。

4.2.5　轮毂电机

1. 轮毂电机的结构

按照为车辆提供动力的方法不同,驱动系统大体上可分为两类,即集中电机驱动和轮毂电机驱动,如图 4-19 所示。现有的智能电动汽车大部分采用集中电机驱动。

自磁齿轮复合电机具有体积小、振动噪声低的优点,因此其在轮毂电机上的应用受到广泛关注。轮毂电机结构如图 4-20 所示。

轮毂电机的驱动系统通过电机及减速器组合对驱动轮单独驱动,且电机不集成在车轮内。电机与固定速比减速器安装在车架上,减速器输出轴通过万向节与车轮半轴相连驱动车轮。轮毂电机驱动系统分内转子式与外转子式,外转子式驱动系统采用低速外转子电机,无减速装置,车轮转速与电机相同;内转子式驱动系统采用高速内转子电机,在电机与车轮之间配备固定传动比的减速器。

2. 轮毂电机的优缺点

与集中电机驱动相比,四轮轮毂电机驱动展现出巨大的优势。由于轮毂电机直接安装于驱动轮内,无须设计变速器、万向传动装置、差速器等传统传动部件,将给电动汽车底盘设计与控制带来巨大变革和优化。

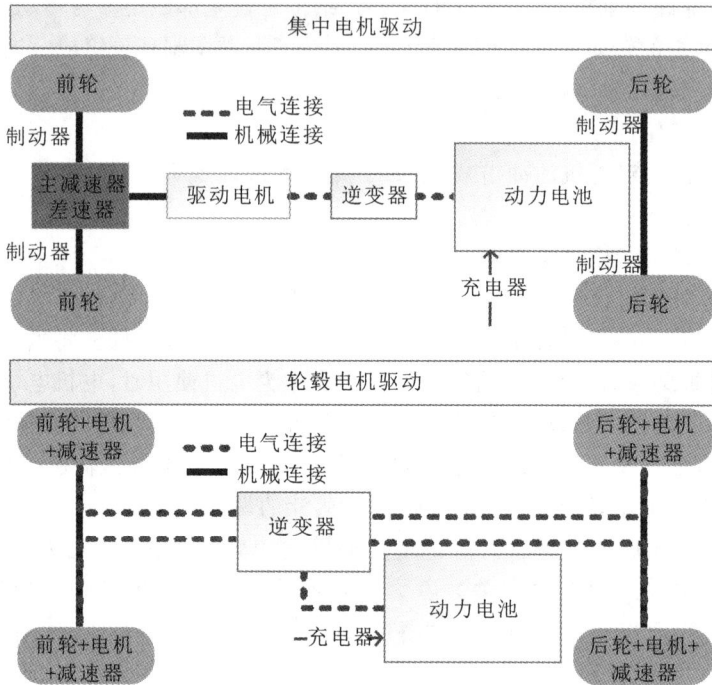

图 4-19　电机驱动方式图

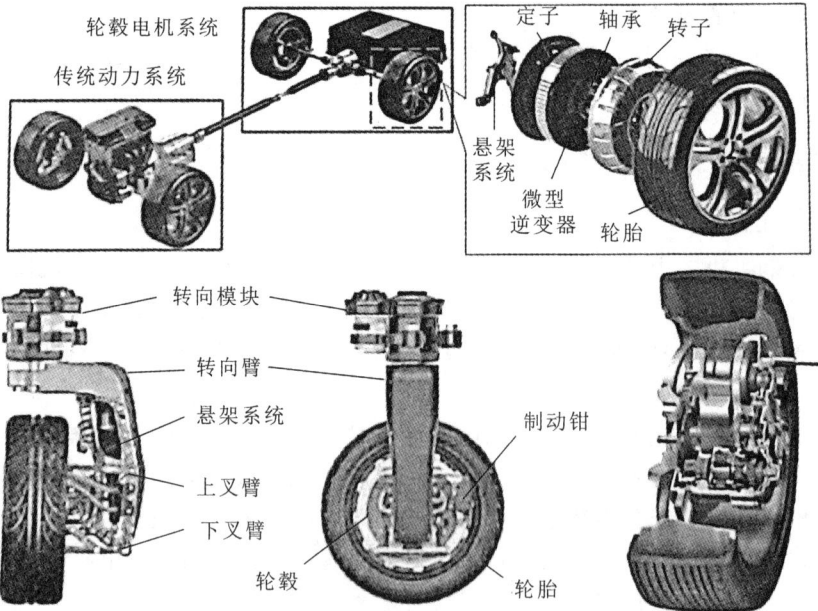

图 4-20　轮毂电机结构图

（1）系统效率提高，轮毂电机驱动系统比集中电机驱动系统的效率高出10％以上。

（2）转矩响应精度高、响应速度快，可实现分布式驱动轮独立控制。

（3）底盘布置自由度高，整车轻量化程度大幅提高，是混合动力汽车、纯电动汽车、燃料电池汽车的优选驱动方式。

（4）有利于实现更加优化的分布式驱动、制动控制等，更便于自动驾驶上层控制策略的实现。

虽然轮毂电机具备一系列优势，但同时也存在一系列技术难点需要攻克。

在轮毂电机系统设计方面，由于轮毂电机安装于车轮内，与装在发动机内相比，运行环境恶劣，需解决以下难点：轴承与密封设计方面，需保证轮毂电机在高低温冲击环境、大负荷冲击下可正常工作；减振降噪设计方面，当前大多数轮毂电机与车身和轮毂刚性连接，无法过滤转矩波动；轮毂电机高效、高转矩设计方面，需保证轮毂电机在全转速范围内的高效、高转矩输出。

由于轮毂电机应用于电动汽车的突出优势和巨大的市场潜力，国内外已有各大整车生产企业开始着力进行轮毂电机的研发，包括与轮毂电机有关的众多技术，如底盘结构设计、悬架系统设计、底盘控制系统等。轮毂电机的线控驱动也成为国内线控系统发展的一个新方向，是汽车发展的一条重要赛道，伴随着交通系统的网联应用及运营效率的提升，轮毂式电机驱动将得到深入发展。

4.2.6　线控驱动电机散热技术

随着驱动系统电机向高精度、高功率、高密度、小型化、轻量化和机电一体化等方向发展，电机内部的发热量急剧增加，加上电机内部有效散热空间不足，电机散热问题成为电机系统向更高效方向发展的瓶颈。

电机内部温升过高，会给电机带来一系列问题：

（1）缩短电机内部绝缘材料的寿命，造成电机温度进一步上升；

（2）降低电机的运行效率，使得发热量增加。

长此以往，驱动电机内部形成恶性循环，严重影响电机运行的安全性。研究表明，部分永磁电机失效是因电机温升过高引起的，因此，采用高效的散热系统抑制电机温升是现阶段电机研究的关键。

目前，风冷、液冷和蒸发冷却等散热系统均已经在进行电机设计时被采用。

1. 风冷散热

风冷散热系统凭借成本低、可靠性高和安装方便等优势在小功率电机散热领域得到了广泛应用。

2. 液冷散热

液冷散热系统具有极高的散热效率，其散热效率高，适用于电机发热量大、热流密度高的散热场合。但是，液冷散热系统需要额外的循环液路与密封系统，大大地增加了电机系统的成本和复杂性。

3. 蒸发冷却散热

蒸发冷却散热的原理是利用工质气液相变循环实现对电机的高效冷却，可有效降低电机运行温升。目前在大容量发电机组的散热系统中得到应用。

蒸发冷却技术的高效化是电机散热系统发展的重要方向，优化电机散热系统的结构参数是提高电机冷却效率的手段。

近年来,在电机关键发热部件与冷却壳体之间构建额外热路的方案,也就是增强型电机散热方案得到了应用。一是利用导热树脂、导热胶和导热陶瓷等导热绝缘材料,在电机端部绕组与机壳之间构建额外热路的散热,这种方案应用较多;二是采用铝片、铜棒和热管等高热导率传热器件,充当额外热路增强型电机的散热方案。

4. 额外热路增强型电机散热方案

电机作为一种集多物理场、强耦合的能量转换系统,其能量转换效率有限,也会在电能转换为机械能的过程中损失部分能量,这些损失的能量部分可转换为热能引起电机发热。电机内部的损耗由绕组线圈的电阻、磁性材料的磁阻和电机各部件间的机械摩擦等造成,包含绕组铜耗、定子铁耗、转子铁耗和机械损耗等。电机绕组、定子和机壳等关键部件的接触面之间存在绝缘漆、绝缘层和空气等热导率极低的材料,增加了电机各部件间的接触热阻,降低了电机关键部件的散热效率。

永磁同步电机内部的关键发热部件与机壳之间的传热路径长、接触热阻大,电机工作过程中产生的热量不能及时传递至外部,容易引起电机内部温度升高。电机温升过高将威胁电机的绝缘寿命、运行效率和电机可靠性。定子铁芯、永磁体等磁性材料的性能,也会随着电机温度的上升而下降,增大了电机铁耗,降低了电机的工作效率;组成电机材料的硬度、强度及其他力学性能也会受电机温升的影响而逐渐下降,威胁电机的运行安全。当电机工作在大转矩、高转速等极限工况下,电机发热量更将急剧增加,如果不能将电机内部的热量快速传递至外部,严重时将会造成电机内部磁性材料的永久退磁、烧机等情况。

额外热路增强型电机散热方案是解决电机关键发热部件散热难题的有效手段,同时,也提供了提高电机散热系统效率的新思路。用高效可靠的散热系统将电机运行过程中产生的热量快速传递至外部,避免热量在电机关键部件积聚,保证电机始终工作在合适温度,对电机寿命、效率和安全性具有重要意义。

4.3 线控驱动系统的控制

4.3.1 加速踏板模块

加速踏板是一种将驾驶员指令转变为发动机转矩的物理设备。现在车辆上采用的多为电子加速踏板总成,其核心部件加速踏板位置传感器是一种模拟传统机械踏板工作并给发动机 ECU 提供信号的传感器,将驾驶员的加速意图直接转变为电信号。这种电信号发送至传统内燃机汽车发动机管理系统或者智能电动汽车整车控制器后即可迅速、准确地实现驾驶员的意图。

智能电动汽车采用高压动力电池、驱动电机组成车辆动力系统,加速踏板信号经过整车控制器处理后,通过 CAN 通信方式控制电机转矩或者转速输出。根据结构原理的不同,加速踏板位置传感器主要分为接触式和非接触式两种。

1.接触式传感器

滑动触点传感器是典型的接触式加速踏板位置传感器,如图 4-21 所示。

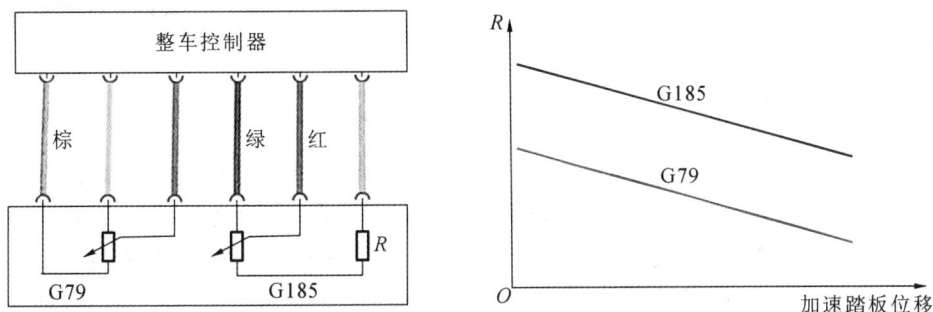

图 4-21　接触式加速踏板位置传感器

接触式加速踏板位置传感器的两个滑动触点传感器安装在同一根轴上,它的电阻和传送至整车控制器的电压随着加速踏板位置的变化而变化。滑动触点传感器上的起始电压均为 5 V,出于信号的可靠性和安全性考虑,每个传感器都有独立的电源(红线所示)、搭铁(棕线所示)和信号线(绿线所示)。输出信号为电压信号,在相应数据块中显示为百分数,5 V 为 100%。为了保证信号的可靠性和功能自测试的需要,在图 4-21 中的 G185 上另安装有串联电阻,因此两个加速踏板位置传感器的电阻特性不同,在工作时,G185 电阻值是 G79 电阻值的 2 倍;电阻特性的不同,带来的是两个传感器输出特性的不同,G79 的输出信号大约为 G185 的 2 倍,G79 的范围为 12%~97%,G185 的范围为 4%~49%。

2.非接触式传感器

常见的非接触式加速踏板位置传感器有霍尔效应(芯片)式旋转位置传感器,如图 4-22 所示。

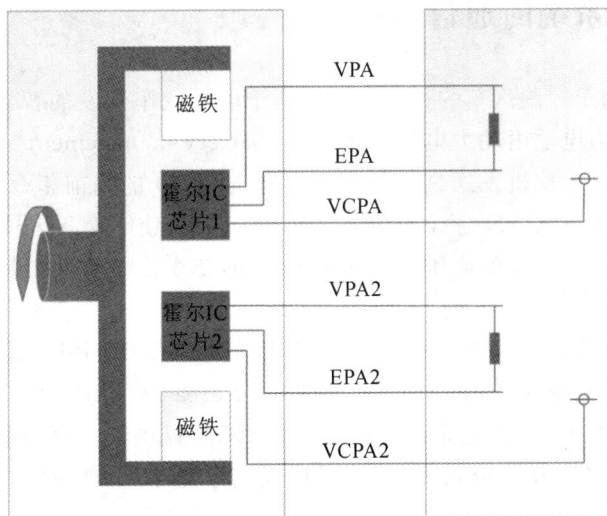

图 4-22　霍尔效应式旋转位置传感器

霍尔 IC(集成电路)芯片安装在加速踏板的芯轴上固定不动,两个磁铁安装在加速踏板的旋转部件上,可随加速踏板一起动作。为了保证信号的可靠,在加速踏板芯轴上安装了两个霍尔 IC 芯片,相当于两个加速踏板位置传感器,在工作时,可以同时向整车控制器输送两个加速踏板的位置信息。

4.3.2 整车控制器

整车控制器(vehicle control unit,VCU)是用于智能汽车的汽车级控制器,架设于智能汽车各执行系统与智能驾驶系统(intelligent driving system,IDS)之间,与车辆驱动、制动、转向、换挡等执行系统通信,实现车辆线控驾驶(drive-by-wire,DBW)控制功能,通过 CAN (control area network,控制器局域网)总线向 IDS(intelligent driving system,智能驾驶系统)开放车辆控制接口。通过在 IDS、VCU 以及车辆各执行系统之间应用成熟的功能安全解决方案,VCU 可以最大限度地保证车辆的安全性。

对于线控驱动系统来说,要求能够实现电机驱动的线控控制,并提供相应的线控 CAN 接口。驾驶员踩下加速踏板发出指令,加速踏板位置传感器将对应的转矩需求转变为电压采样信号,VCU 接收到加速踏板位置传感器开度信号,根据信号计算此时的转矩或转速需求,并以报文形式发送给电机控制器。

4.3.3 电机控制器

驱动电机的作用是将电能转化为机械能,通过传动装置或直接驱动车轮和工作装置。电机控制器(motor control unit,MCU)是为实现电动汽车的变速和方向变换设置的,其作用是控制电机的电压或电流,完成电机的驱动转矩和旋转方向的控制。当采用交流电机驱动时,电机转向的改变只需变换磁场三相电流的相序即可。

4.4 线控驱动系统的通信原理

线控驱动系统用于控制汽车的行驶速度。基于电动汽车开发的智能汽车,汽车的动力来源于动力电池,动力电池由动力电池管理系统(battery management system,BMS)控制,人工驾驶模式时,通过上位机发送调试指令为避免与 VCU 的当前指令冲突,需断开 VCU 的 CAN 总线,但 VCU 的 CAN 总线断开会导致 BMS 失去使能唤醒信号,或主正/负继电器不吸合等故障,造成动力电池的高压不向外输出,从而使线控驱动系统中的驱动电机控制器不工作,汽车无法行驶。

线控驱动系统的单元之间需要一个高速、容错、低延时和时间触发的通信协议。目前多采用时间触发控制器局域网(time-trigger controller area network,TTCAN)标准,其基于 ISO 11898-1 标准的 CAN 物理层来进行通信。TTCAN 提供了一套时间触发消息机制,允许使用基于 CAN 网络形成的控制环路,同时也提高了基于 CAN 的汽车网络的实时通信性能。

4.4.1　线控驱动系统的通信架构

线控驱动系统的通信主要包括 VCU 向 MCU 发送的挡位、转速或转矩指令，以及 MCU 向 VCU 发送的驱动电机温度、实际转速与转矩，驱动电机控制器温度、故障，电机旋转方向及控制器的实际输入电压与电流等信息。

4.4.2　CAN 总线的工作原理

CAN 总线系统由收发器、控制器、数据传输终端和数据传输线组成。其中，CAN 收发器内置于控制器中，是控制器的门户。

数据传输终端是布置于总线末端的一个电阻，该结构的作用是抑制数据的回流，保证信息传输的有效性。数据传输线为了有效抵抗共模干扰，同时也为了抑制本身对周围信号的影响，采用双绞线结构，分为高低两线，一根传送高位信号，另外一根传送低位信号，两个信号互为镜像，受到外界干扰时，差分电压不变，如图 4-23 所示。

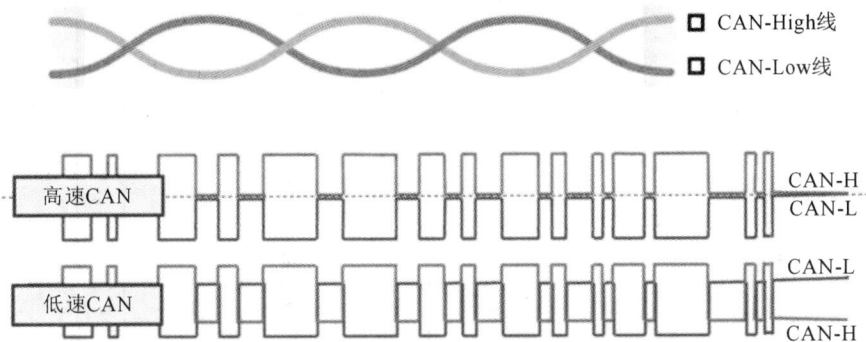

图 4-23　CAN 总线波形与差分原理

由于汽车上的控制器在汽车中的重要性不同，因此最新版本的 CAN 总线 2.0 协议采用 ISO/OSI 模型，仅用其中的传输层、数据链路层和物理层。线控驱动系统对信息传输的实时性要求极高，因此 ECU 与 VCU 之间需要采用高速传输，其传输速率为 500 kbit/s。

MCU 的 CAN 总线引脚号为 21、23、34、35。速率在 125 kbit/s 以下的 CAN 总线可以直接用铜质导线连接，也可以与电流较低的导线捆绑在一起布线。但是由于电机工作电流比较大，为有效降低电流对 CAN 总线的干扰，CAN 总线接线应尽量远离电机大电流电缆，如果实在无法避开，则必须将 CAN 总线的连接线做成双绞线。

4.4.3　MCU 的通信

MCU 通信主要存在于 VCU 与 MCU 之间，通信速率为 500 kbit/s，报文采用 Motorola 格式，帧格式为标准帧，协议详细说明如表 4-1 所示。

表 4-1 MCU 通信协议

发送	接收	ID	周期	字节	位	定义	格式
VCU	MCU	0x301	10 ms	Byte0	bit0	控制器工作使能	0：未使能； 1：使能
					bit1	控制器放电使能	0：disable（不允许快速放电）； 1：enable（允许快速放电）
					bit2~bit3	控制模式	0：无效； 1：转矩模式； 2：转速模式； 3：无效
					bit4~bit7	—	—
				Byte 1	bit0	转速模式下电机功率上限	1~250kW； 0：无效；FF：无效，电动和发电均受此限制 （电流限制百分比 0~100 对应 0%~100%）
					bit1~bit7		
				Byte2	低字节	节气门开度	有效值为 0~1000，精度为 0.1%， 物理量为 0%~100.0%
				Byte3	高字节		
				Byte4	低字节	电机转速命令	偏移量为 0，精度为 1，有效值为 0~6000 r/min
				Byte5	高字节		
				Byte6		挡位状态	0x00：P 挡（保留）； 0x01：R 挡（反转）； 0x02：N 挡；0x03：D 挡（正转）
				Byte7		保留	—

续表

发送	接收	ID	周期	字节	位	定义	格式
MCU	VCU	0x310	200 ms	Byte0		驱动电机状态	0x01:耗电状态;0x02:发电状态(预留暂时不做处理);0x03:关闭状态(预留暂时不做处理);0x04:准备状态;0xFE:异常状态;0xFF:无效状态
				Byte1		控制器温度	有效值范围为 0~250(数值偏移量-40℃),物理值为-40~210℃
				Byte2		驱动电机温度	有效值范围为 0~250(数值偏移量-40℃),物理值为-40~210℃
				Byte3	bit0	过电流 1 级	0:无故障;1:有故障
					bit1	过电流 2 级	0:无故障;1:有故障
					bit2	过热 1 级	0:无故障;1:有故障
					bit3	过热 2 级	0:无故障;1:有故障
					bit4	相间开路	0:无故障;1:有故障
					bit5	相间短路	0:无故障;1:有故障
					bit6	温度传感器故障	0:无故障;1:有故障
					bit7	电机编码器故障	0:无故障;1:有故障
				Byte4	bit0	控制器输出 5 V 电源失败	0:无故障;1:有故障
					bit1	驱动输出过电流	0:无故障;1:有故障
					bit2	主接触器线圈开路/短路	0:无故障;1:有故障

续表

发送	接收	ID	周期	字节	位	定义	格式
				Byte5	bit3	—	—
					bit4	—	—
					bit5	—	—
					bit6	预充电故障	0:无故障;1:有故障
					bit7	快速放电失败	0:无故障;1:有故障
					bit0	控制器过热（一级）	0:无故障;1:有故障
					bit1	控制器过热（二级）	0:无故障;1:有故障
					bit2	电流采样电路故障	0:无故障;1:有故障
					bit3	控制器欠电压	0:无故障;1:有故障
					bit4	控制器过电压	0:无故障;1:有故障
					bit5	故障等级	00:无故障;01:一级故障（报警措施）;10:二级故障（限功率30%）;11:三级故障（截止）
					bit6	—	—
					bit7	—	—
				Byte6		—	—
				Byte7		—	—
MCU	VCU	0x311	200 ms	Byte0		驱动电机转速 低字节	有效值范围 0～65531（数值偏移量－20000），表示－20000～45531 r/min，最小计量单元为 1 r/min；0xFF,0xFE 表示异常;0xFF 表示无效
				Byte1		驱动电机转速 高字节	

续表

发送	接收	ID	周期	字节	位	定义	格式
					Byte2	低字节	有效值范围为 0~65531（数值偏移量−20000，表示−2000 N·m~4553.1 N·m；最小计量单元为 0.1 N·m；0xFF,0xFE 表示异常；0xFF 表示无效（备注：前进时转矩为正值，倒车时转矩为负值）
					Byte3	高字节	驱动电机转矩
					Byte4	电机旋转状态	0x01:电机反转（R挡）;0x02:电机无转速（N挡）;0x03:电机正转（D挡）
				Byte5	bit0	制动断电状态	0:无触发;1:触发
					bit1	控制模式	0:转速模式（默认为转速模式）;1:力矩模式
					bit2~bit5	保留	—
					bit6~bit7	保留	—
					Byte6,Byte7	保留	—
MCU	VCU	0x312	500ms		Byte0	低字节	有效值范围为 0~60000（表示 0~6000V）;最小计量单元为 0.1V;0xFF,0xFE 表示异常;0xFF,0xFF 表示无效
					Byte1	控制器输入电压	
					Byte2	低字节	有效值范围为 0~20000;（数值偏移量−10000,表示−1000~1000A;最小计量单元为 0.1A;0xFF,0xFE 表示异常;0xFF,0xFF 表示无效
					Byte3	电机控制器电流	
					Byte4~Byte7	保留	

使用相关设备连接 CAN 总线,能采集到协议中所有相应 ID 的报文。如果向 CAN 总线发送一条命令,驱动电机运转可以发送 ID 为 0x301 的报文,通过第一个字节Byte0的第2、3 位设定该条报文是调节转速还是调节转矩,并相应地在第 3、4 个字节 Byte2、Byte3 中设定节气门开度命令(转矩调节),在第 5、6 个字节 Byte4、Byte5 中设定转速命令(转速调节)。比如要设定电机转速调节为 5500 r/min,需要发送 ID 为 0x301(十六进制)的报文,Byte0 数据为 A0(十六进制),Byte4 为 15(十六进制),Byte5 为 7C(十六进制)。

4.4.4 人工驾驶模式下线控驱动系统的通信原理

人工驾驶模式下,线控驱动系统的通信主要存在于 VCU 与 MCU 之间,包括 VCU 向 MCU 发送的驱动指令以及 MCU 向 VCU 发送的电机状态、电机控制器状态等反馈信息。VCU 与 MCU 之间的通信波特率为500 kbit/s,报文采用 Motorola 格式,帧格式为标准帧。

1. VCU 向 MCU 发送 CAN 报文协议

VCU 向 MCU 发送 CAN 报文的协议见表 4-2,报文 ID 为 0x301,报文周期为 100 ms,报文长度为 8 字节。

1) Byte0 用来设置电机控制器使能信号和控制模式

bit0 用来设置电机控制器的工作使能状态,当 bit0＝0 时,未触发工作使能信号,当 bit0＝1 时,触发工作使能信号;bit1 用来设置电机控制器的放电使能状态,当 bit1＝0 时,未触发放电使能信号,当 bit1＝1 时,触发放电使能信号;bit2～bit3 用来设置电机控制器的控制模式,当 bit2～bit3＝0 时,为转速控制模式,当 bit2～bit3＝1 时,为转矩控制模式,当 bit2～bit3＝2 时,为无效信号;其余 4 位为预留位,默认值都为 0。

2) Byte2～Byte3 用来设置踏板开度

有效值为 0～1000,精度是 0.1％,物理量为 0％～100.0％,如设置 80％的踏板开度,先计算踏板有效值,即 80％÷0.1％＝800,转换成两字节的 16 进制数为 0x0320,由于 Byte2 为低字节,Byte3 高字节,则 Byte2＝0x20,Byte3＝0x03,则 Byte2～Byte3＝0x2003。

表 4-2 VCU 向 MCU 发送 CAN 报文协议(报文 ID:0x301,报文周期:100 ms)

字节		定义	格式
Byte0	bit0	电机控制器工作使能	0:未使能;1:使能
	bit1	电机控制器放电使能	0:未使能;1:使能
	bit2～bit3	控制模式	0:转速模式;1:转矩模式;2:无效
	bit4～bit7	预留	—
Byte1		预留	—
Byte2	低字节	踏板开度	有效值为 0～1000,精度为 0.1％;物理量为 0％～100.0％
Byte3	高字节		
Byte4	低字节	电机转速命令	电机转速命令值＝踏板有效值×2.7
Byte5	高字节		
Byte6		挡位状态	0x00:P 挡;0x01:R 挡;0x02:N 挡;0x03:D 挡
Byte7		预留	—

3）Byte4～Byte5 用来设置电机转速命令

MCU 根据接收的电机转速命令值，驱动电机工作到对应的电机转速，其中电机转速命令值＝踏板有效值×2.7。如踏板有效值为 100，则电机转速命令值＝100×2.7＝270，换算成 16 进制值为 0x010E，由于 Byte4 为低字节，Byte5 为高字节，则 Byte4＝0x0E，Byte5＝0x01，则 Byte4～Byte5＝0x0E01。

4）Byte6 用来设置挡位

当 Byte6＝0x00 时，表示挂驻车挡（P）；当 Byte6＝0x01 时，表示挂倒车挡（R）；当 Byte6＝0x02 时，表示挂空挡（N）；当 Byte6＝0x03 时，表示挂前进挡（D）。

5）Byte1 和 Byte7 为预留字节

默认 Byte1＝0x00，Byte7＝0x00，表示挂前进挡（D）。

2. MCU 向 VCU 发送 CAN 报文协议

MCU 向 VCU 发送 CAN 报文的协议 ID 有 3 个，协议见表 4-3 到表 4-5。

表 4-3　MCU 向 VCU 发送 CAN 报文的协议（报文 ID：0x310，报文周期：200 ms）

字节	定义	格式			
Byte0	驱动电机状态	0x01：耗电状态；0x02：发电状态；0x03：关闭状态；0x04：准备状态；0xFE：异常状态；0xFF：无效状态			
Byte1	驱动电机控制器温度	有效值范围为 0～250，数值偏移量为 −40，物理值为 −40～210 ℃			
Byte2	驱动电机温度	有效值范围为 0～250，数值偏移量为 −40，物理值为 −40～210 ℃			
Byte3	预留	—			
Byte4	预留	—			
Byte5	驱动电机故障数	精度为 1，偏移量为 0，物理值为 1～50			
Byte6	驱动电机故障码	故障码	故障	故障码	故障
		0x00	无故障	0x01	U 相过电流
		0x02	V 相过电流	0x03	W 相过电流
		0x04	硬件过电流	0x05	功率模块故障
		0x06	母线过电流	0x07	母线过电压
		0x08	母线欠电压	0x09	电机超速
		0x0A	电机过载	0x0B	控制器过载
		0x0C	电机过热	0x0D	控制器过热
		0x0E	电机温度传感器故障	0x0F	控制器温度传感器故障
		0x10	电机编码器故障	0x11	电机堵转故障
		0x14	实时故障 1	0x15	相电流传感器故障
		0x16	母线电流传感器故障	0x17	电机失控
		0x1C	转向信号故障	0x1D	通信故障
		0x28	实时故障 2	0x29	实时故障 3
Byte7	预留	—			

表 4-4　MCU 向 VCU 发送 CAN 报文的协议（报文 ID：0x311，报文周期：200 ms）

字节		定义	格式
Byte0	低字节	驱动电机转速	有效值范围：0～65531（数值偏移量－20000，表示－20000～45531 r/min）；最小计量单元：1 r/min
Byte1	高字节		
Byte2	低字节	驱动电机转矩	0xFF，0xFE 表示异常；0xFF，0xFF 表示无效；有效值范围：0～65531，数值偏移量－20000；表示－2000～4553.1N·m；最小计量单元：0.1N·m；0xFF，0xFE 表示异常；0xFF，0xFF 表示无效；备注：前进时转矩为正值，倒车时转矩为负值
Byte3	高字节		
Byte4		电机旋转状态	0x01：电机反转（R 挡）；0x02：电机无转速（N 挡）；0x03：电机正转（D 挡）
Byte5	bit0	预留	—
	bit1	控制模式	0：转速模式（默认为转速模式）；1：转矩模式
	bit2～bit5	预留	功能升级中，值未定义
	bit6～bit7	预留	—
Byte6～Byte7		预留	—

表 4-5　MCU 向 VCU 发送 CAN 报文的协议（报文 ID：0x312，报文周期：500 ms）

字节		定义	格式
Byte0	低字节	电机控制器输入电压	有效值范围：0～60000（表示 0～6000V）；最小计量单元：0.1V；0xFF，0xFE 表示异常；0xFF，0xFF 表示无效
Byte1	高字节		
Byte2	低字节	电机控制器直线母线电流	有效值范围：0～20000；数值偏移量－10000；表示－1000～＋1000A；最小计量单元：0.1A；0xFF，0xFE 表示异常；0xFF，0xFF 表示无效
Byte3	高字节		
Byte4～Byte7		预留	—

1）报文 ID0x310，报文周期 200 ms，报文长度 8 字节（见表 4-3）

（1）Byte0 用来反馈当前驱动电机的状态：当 Byte0＝0x01 时，表示驱动电机当前处于耗电状态；当 Byte0＝0x02 时，表示驱动电机当前处于发电状态；当 Byte0＝0x03 时，表示驱动电机当前处于关闭状态；当 Byte0＝0x04 时，表示驱动电机当前处于准备状态；当 Byte0＝0xFE 时，表示当前驱动电机异常；当 Byte0＝0xFF 时，表示反馈的信号无效。

（2）Byte1 用来反馈当前驱动电机控制器的温度，有效值范围为 0～250，数值偏移量－40，表示－40～210 ℃。例如，MCU 反馈的报文中 Byte1＝0x46，换算成 10 进制值为 70，进行数值偏移计算后为 70－40＝30，表示当前驱动电机控制器的温度为 30 ℃。

（3）Byte2 用来反馈当前驱动电机的温度，有效值范围为 0～250，数值偏移量－40，表示－40～210 ℃。例如，MCU 反馈的报文中 Byte2＝0x46，换算成 10 进制值为 70，进行数值偏移计算后为 70－40＝30，表示当前驱动电机的温度为 30 ℃。

（4）Byte5 用来反馈当前驱动电机的故障数，范围为 1～50，精度为 1，无偏移。例如，MCU 反馈的报文中 Byte5＝0x01，换算成 10 进制值为 1，表示当前驱动电机反馈的故障有 1 个。

（5）Byte6 用于反馈驱动电机故障码，各故障码对应的具体故障详见表 4-3。

（6）Byte3、Byte4、Byte7 都为预留字节，默认 Byte3＝0x00，Byte4＝0x00，Byte7＝0x00。

2）报文 ID 0x311，报文周期 200ms，报文长度 8 字节（见表 4-4）

（1）Byte0～Byte1 用来反馈当前驱动电机的转速，有效值范围为 0～65531，数值偏移量－20000，表示－20000～45531 r/min，最小计量单元为 1 r/min。例如，当 MCU 反馈的报文中 Byte0～Byte1＝0x0852，进行高低字节变换后 MCU 反馈的驱动电机转速的 16 进制值为 0x5208，换算成 10 进制值为 21000，进行数值偏移计算后得 21000－20000＝1000，表示当前驱动电机转速为 1000 r/min。但当 MCU 反馈的报文中 Byte0＝0xFF、Byte1＝0xFE，表示出现异常；当 MCU 反馈的报文中 Byte0＝0xFF、Byte1＝0xFF，表示反馈的信号无效。

（2）Byte2～Byte3 用来反馈当前驱动电机的转矩，有效值范围为 0～65531，数值偏移量－20000，表示－2000～4553.1N·m，其中正值为前进时的转矩，负值为倒车时的转矩，最小计量单元为 0.1N·m。例如，当 MCU 反馈的报文中 Byte2～Byte3＝0x524E，进行高低字节变换后 MCU 反馈的驱动电机转矩的 16 进制值为 0x4E52，换算成 10 进制值为 20050，进行数值偏移计算后得 20050－20000＝50，表示当前汽车正在向前行驶，且此时驱动电机的转矩为 50×0.1N·m＝5N·m。但当 MCU 反馈的报文中 Byte2＝0xFF、Byte3＝0xFE，表示出现异常；当 MCU 反馈的报文中 Byte2＝0xFF、Byte3＝0xFF，表示反馈的信号无效。

（3）Byte4 用于反馈当前电机的旋转状态：Byte4＝0x01 时，电机反转（R 挡）；Byte4＝0x02 时，电机无转速（N 挡）；Byte4＝0x03 时，电机正转（D 挡）。

（4）Byte5 用于反馈当前驱动电机的控制模式：当 bit1＝0 时，当前驱动电机为转速控制模式，该模式为默认的模式，当 bit1＝1 时，当前驱动电机为转矩控制模式；bit2～bit5 为预留位，功能升级中，每位的值未定义；bit0、bit6、bit7 为预留位，默认值都为 0。

（5）Byte6～Byte7 为预留字节，默认 Byte6＝0x00，Byte7＝0x00。

3）报文 ID 0x312，报文周期 500ms，报文长度 8 字节（见表 4-5）

（1）Byte0～Byte1 用于反馈当前电机控制器的输入电压，有效值范围为 0～60000，表示 0～6000 V，最小计量单元为 0.1 V。例如，当前 MCU 反馈的报文中 Byte0～Byte1＝0x5802，进行高低字节变换后 MCU 反馈的电机控制器输入电压的 16 进制值为 0x0258，换算成 10 进制值为 600，表示当前电机控制器的输入电压为 600×0.1V＝60 V。但当 MCU 反馈的报文中 Byte0＝0xFF、Byte1＝0xFE，表示出现异常；当 MCU 反馈的报文中 Byte0＝0xFF、Byte1＝0xFF，表示反馈的信号无效。

（2）Byte2～Byte3 用于反馈当前电机控制器的直线母线电流，有效值范围为 0～20000，数值偏移量－10000，表示－1000～＋1000 A，最小计量单元为 0.1 A。例如，当

MCU 反馈的报文中 Byte2～Byte3＝0x3C28，进行高低字节变换后 MCU 反馈的电机控制器直线母线电流的 16 进制值为 0x283C，换算成 10 进制值为 10300，进行数值偏移计算后得 10300－10000＝300，表示当前电机控制器的直线母线电流为 300×0.1 A＝30 A。但当 MCU 反馈的报文中 Byte2＝0xFF、Byte3＝0xFE，表示出现异常；当 MCU 反馈的报文中 Byte2＝0xFF、Byte3＝0xFF，表示反馈的信号无效。

（3）Byte4～Byte7 为预留字节，默认每个字节值都为 0x00。

4.4.5 智能驾驶模式下线控驱动系统的通信原理

智能驾驶模式下，线控驱动系统的联合调试通信主要存在于计算平台与 VCU 之间，包括计算平台向 VCU 发送的目标车速指令，以及 VCU 向计算平台发送当前的车速信息等。计算平台与 VCU 之间的通信波特率为 500 kbit/s，报文采用 Motorola 格式，帧格式为标准帧。

1. 计算平台向 VCU 发送 CAN 通信协议

计算平台向 VCU 发送 CAN 报文的协议见表 4-6，报文 ID 为 0x110，报文周期为 100 ms，报文长度为 8 字节。

1）Byte0 用来设置灯光、喇叭、使能信号、挡位。其中 bit0 可设置轮廓灯

当 bit0＝0 时，轮廓灯关闭，当 bit0＝1 时，轮廓灯打开；bit1 可设置近光灯，当 bit1＝0 时，近光灯关闭，当 bit1＝1 时，近光灯打开；bit2 可设置倒车灯，当 bit2＝0 时，倒车灯关闭，当 bit2＝1 时，倒车灯打开；bit3 可设置喇叭，当 bit3＝0 时，喇叭关闭，当 bit3＝1 时，喇叭打开；bit4 为预留位，默认 bit4＝0；bit5 为使能信号，当 bit5＝0 时，计算平台向 VCU 不发出使能信号，当 bit5＝1 时，计算平台向 VCU 发出使能信号；bit6～bit7 可设置挡位，当 bit6～bit7＝0x00 时，为 P 挡，当 bit6～bit7＝0x01 时，为 R 挡，当 bit6～bit7＝0x02 时，为 N 挡，当 bit6～bit7＝0x03 时，为 D 挡。

2）Byte1～Byte2 用来设置目标车速，有效值为 0～2200，最小计量单位为 0.1 km/h

目标车速范围可表示为 0～220 km/h。如设置目标车速 100 km/h，先计算车速有效值，即 100÷0.1＝1000，转换成两字节的 16 进制数为 0x03E8，由于 Byte1 为低字节，Byte2 为高字节，则 Byte1＝0xE8，Byte2＝0x03，因此 Byte1～Byte2＝0xE803。

3）Byte4～Byte5 用来设置转向角度

转向角度设置为当前数值对应的角度，转向角度设置范围为 $-720°～720°$，逆时针旋转为正，顺时针旋转为负，0°对应中点位置。举两个例子进行说明：设置转向角度为 $+80°$，数值 80 换算成两字节 16 进制数为 0x0050，由于 Byte4 为低字节，Byte5 为高字节，则 Byte4＝0x50，Byte5＝0x00，因此 Byte4～Byte5＝0x5000；设置转向角度为 $-80°$，需先将数值 80 进行转换，即 $16^4-80＝65456$，数值 65456 换算成两字节 16 进制数为 0xFFB0，同理根据 Byte4 和 Byte5 的字节高低情况，得 Byte4～Byte5＝0xB0FF。

4）Byte6 用来设置制动使能和制动压力请求

bit0 为制动使能信号，表示 VCU 接收此信号作为制动有效，点亮制动灯，中断驱动电机，当 bit0＝0 时，表示不使能制动，当 bit0＝1 时，表示使能制动；bit1～bit7 为制动压力请求信号，最大行程点个数为 125，最小行程点个数为 0。如设置制动压力行程点个数为 100，

使能制动,数值 100 转换成二进制数为 1100100,则 bit1～bit7＝1100100,bit0＝1 为使能制动,bit0～bit7＝11001001,转换成 16 进制数为 0xC9,得 Byte6＝0xC9。

5) Byte3 和 Byte7 为预留字节;默认 Byte3＝0x00,Byte7＝0x00

表 4-6　计算平台向 VCU 发送 CAN 报文的协议(报文 ID:0x110,报文周期:100 ms)

字节		定义	格式
Byte0	bit0	轮廓灯	0:关闭;1:打开
	bit1	近光灯	0:关闭;1:打开
	bit2	倒车灯	0:关闭;1:打开
	bit3	喇叭	0:关闭;1:打开
	bit4	保留	—
	bit5	使能信号	0:未使能;1:使能
	bit6～bit7	挡位	0x00:P 挡;0x01:R 挡;0x02:N 挡;0x03:D 挡
Byte1	低字节	目标车速	有效值范围:0～2200(表示 0～220km/h); 最小计量单元:0.1km/h; 0xFF,0xFE 表示异常;0xFF,0xFF 表示无效
Byte2	高字节		
Byte3		预留	—
Byte4	低字节	转向角度	角度旋转到当前数值对应的角度－720°～720°; 逆时针旋转为正;顺时针旋转为负;0°对应中点位置
Byte5	高字节		
Byte6	bit0	制动使能	1:使能制动;0:不使能制动
	bit1～bit7	制动压力请求	压力行程请求;最大行程点个数为 125; 最小行程点个数为 0(当前将行程分成 125 个点)
Byte7		预留	—

2. VCU 向计算平台发送 CAN 通信协议

VCU 向计算平台发送 CAN 报文的协议 ID 有 3 个,其通信协议见表 4-7 至表 4-9,其中涉及线控驱动系统数据的通信协议为表 4-7,报文 ID 为 0x101,报文周期为 100 ms,报文长度为 8 字节。

1) Byte0 用来反馈驾驶模式、挡位、车辆状态,其中 bit0～bit1 可反馈驾驶模式

当 bit0～bit1＝0 时,驾驶模式为人工模式;当 bit0～bit1＝1 时,驾驶模式为自动模式;当 bit0～bit1＝2 时,驾驶模式为遥控器模式。bit2～bit4 可反馈挡位,当 bit2～bit4＝0x00,表示挡位为 P 挡;当 bit2～bit4＝0x01,表示挡位为 R 挡;当 bit2～bit4＝0x02,表示挡位为 N 挡;当 bit2～bit4＝0x03,表示挡位为 D 挡。bit5～bit6 可反馈车辆状态,当 bit5～bit6＝00,表示车辆状态正常,当 bit5～bit6＝0x01,表示车辆一级报警,当 bit5～bit6＝0x02,表示车辆二级报警,当 bit5～bit6＝0x03,表示车辆三级报警。bit7 为预留位,默认 bit7＝0。

2) Byte1～Byte2 用来反馈当前转向角度,角度范围为－720°到＋720°,逆时针旋转为正,顺时针旋转为负,其中 0°对应中点位置

表 4-7   VCU 向计算平台发送 CAN 报文的协议(报文 ID:0x101,报文周期:100 ms)

字节		定义	格式·
Byte0	bit0~bit1	驾驶模式	0:人工控制模式(加速踏板 + 挡位); 1:自动模式(线控);2:遥控器调试模式
	bit2~bit4	挡位	0x00:P 挡;0x01:R 挡;0x02:N 挡;0x03:D 挡
	bit5~bit6	车辆状态	0x00:正常;0x01:一级报警;0x02:二级报警;0x03:三级报警
	bit7	预留	—
Byte1	低字节	当前角度	角度旋转到当前数值对应的角度(−720°~720°); 逆时针旋转为正;顺时针旋转为负;0°对应中点位置
Byte2	高字节		
Byte3		驱动电机状态	0x01:耗电状态;0x02:发电状态;0x03:关闭状态; 0x04:准备状态;0xFE:异常状态;0xFF:无效状态
Byte4	低字节	车速	有效值范围:0~2200(表示 0~220km/h); 最小计量单元:0.1km/h; 0xFF,0xFE 表示异常;0xFF,0xFF 表示无效
Byte5	高字节		
Byte6	低字节	驱动电机转矩	有效值范围:0~65531;数值偏移量−20000 (表示−2000~4553.1N·m);最小计量单元:0.1N·m; 0xFF,0xFE 表示异常;0xFF,0xFF 表示无效; 备注:前进时转矩为正值,倒车时转矩为负值
Byte7	高字节		

表 4-8   VCU 向计算平台发送 CAN 报文的协议(报文 ID:0x102,周期:100 ms)

字节		定义	格式
Byte0		故障码 1	
Byte1		故障码 2	
Byte2		故障码 3	
Byte3		故障码 4	
Byte4	最低字节	累计里程	有效值范围:0~9999999(表示 0~999999.9km); 最小计量单元:0.1 km; 0xFF,0xFF,0xFF,0xFE 表示异常; 0xFF,0xFF,0xFF,0xFF 表示无效
Byte5	次低字节		
Byte6	次高字节		
Byte7	最高字节		

表 4-9   VCU 向计算平台发送 CAN 报文的协议(报文 ID:0x103,周期:100 ms)

字节		定义	格式
Byte0		制动压力采样值	精度为 0.05 MPa;偏移量为 0,范围为 0~10 MPa
Byte1			
Byte2		预留	—

续表

字节	定义	格式
Byte3	预留	—
Byte4	预留	—
Byte5	预留	—
Byte6	SOC	有效值范围:0~100(表示 0%~100%); 最小计量单元:1%;0xFE 表示异常;0xFF 表示无效
Byte7	预留	—

举两个例子进行说明:当前 VCU 向计算平台反馈的报文中 Byte1~Byte2=0x5000,进行高低字节变换后,得到 EPS 反馈角度的 16 进制值为 0x0050,换算成十进制值为 80,80 在最大的转向角度 720° 以内,可知为逆时针旋转,表示方向盘当前逆时针旋转了 80°;当前 VCU 向计算平台反馈的报文中 Byte1~Byte2=0xB0FF,进行高低字节变换后,得到 EPS 反馈角度的 16 进制值为 0xFFB0,换算成十进制值为 65450,65450 大于最大的转向角度 720°,可知为顺时针旋转,还需再次进行计算,即 $16^4-65450=80$,表示方向盘当前顺时针旋转了 80°。

3) Byte3 用来反馈驱动电机状态

当 Byte3=0x01 时,表示驱动电机为耗电状态;当 Byte3=0x02 时,表示驱动电机为发电状态;当 Byte3=0x03 时,表示驱动电机为关闭状态;当 Byte3=0x04 时,表示驱动电机为准备状态;当 Byte3=0xFE 时,表示驱动电机为异常状态;当 Byte3=0xFF 时,表示驱动电机为无效状态。

4) Byte4~Byte5 用来反馈车速,有效值为 0~2200,最小计量单位为 0.1km/h,表示 0~220 km/h

例如,VCU 向计算平台反馈的报文中 Byte4~Byet5=0xE803,进行高低字节变换后,得到 VCU 反馈车速的 16 进制值为 0x03E8,换算成十进制值为 1000,表示当前车速为 1000×0.1 km/h=100 km/h。

5) Byte6~Byte7 用来反馈驱动电机转矩

驱动电机转矩的有效值范围为 0~65531,数值偏移量 -20000,表示 -2000~4553.1 N·m,其中正值为前进时的转矩,负值为倒车时的转矩,最小计量单元为 0.1 N·m。例如,VCU 向计算平台反馈的报文中 Byte6~Byte7=0x524E,进行高低字节变换后,得到驱动电机转矩的 16 进制值为 0x4E52,换算成十进制值为 20050,进行数值偏移计算后得 20050-20000=50,表示当前汽车正在向前行驶,且此时驱动电机的转矩为 50×0.1 N·m=5 N·m。当反馈的报文中 Byte6=0xFF、Byte7=0xFE 时,表示反馈的信号异常;当反馈的报文中 Byte6=0xFF、Byte7=0xFF 时,表示反馈的信号无效。

练习题

1. 什么是智能汽车的线控驱动总成?

2. 线控驱动系统有哪些特点?

3. 汽车线控驱动系统的结构组成有哪些?

4. 简述线控驱动系统的工作原理。

5. 线控驱动电机的工作的分类有哪些?

6. 简述直流电机的组成部分及优缺点。

7. 简述交流电机的组成部分及优缺点。

8. 简述永磁电机的组成部分及优缺点。

9. 简述轮毂电机的组成部分及优缺点。

10. 简述线控驱动电机的工作原理。

11. 线控驱动系统的控制分为哪些类型?

12. 简述线控驱动系统的通信架构。

13. CAN 总线的工作原理是什么?

14. MCU 的通信原理是什么?

第 5 章　智能汽车线控换挡技术

【学习目标】

通过对本章的学习,学生能够了解线控换挡系统的定义、结构、工作原理与特点;掌握智能汽车线控换挡系统的控制逻辑;了解线控换挡技术中的动力不中断技术及控制器;掌握线控换挡系统的整车动力学模型。

5.1　智能汽车线控换挡系统的结构

5.1.1　线控换挡技术的定义

在汽车产生并持续发展的很长一段时间里,换挡器一直在机械变速杆领域蓬勃发展。驾驶员手动推动变速杆,通过换挡拉索带动变速器的换挡摇臂动作,实现驻车挡(P)/倒车挡(R)/空挡(N)/前进挡(D)的挡位切换。如果驾驶员出现错误操作,所有的后续补救措施都是通过硬件结构来阻止的,而硬件结构在较大的操作力及极限工况下可能会损坏或无法使用,致使无法完全保证驾驶员的安全。

现有的车辆换挡装置不管外形如何改变,其组成部分均为选换挡操纵机构、换挡拉索和自动变速器三部分。这些组成部分的结构较为复杂,且选换挡操纵机构的体积及重量较大,使仪表台的空间布置受到很大限制,而且会影响汽车内饰的美观性。

线控换挡系统是实现智能驾驶的核心部件,它一方面省去了传统的机械式结构,换挡器体积小、布置灵活;另一方面可实现电控换挡,为辅助驾驶和自动驾驶奠定基础。相比传统换挡机构,线控换挡没有了拉索的束缚,整个系统变得更轻、更小、更智能,且能判断出驾驶员的换挡错误操作,避免对变速器造成损伤,从而更好地保护了变速器并且能纠正驾驶者的不良换挡操作习惯。

随着智能汽车的发展,目前市场上主要的线控换挡器操纵机构形式有 4 种:按键式、旋钮式、怀挡式和挡杆式,如图 5-1 所示。这些线控换挡器相较于传统机械换挡器更安全和智能,也更容易体现车辆内饰的科技感。线控换挡技术未来将会是国内外主流车型的标准配置。

(a) 按键式　　　　(b) 旋钮式　　　　(c) 怀挡式　　　　(d) 挡杆式

图 5-1　线控换挡器分类

随着智能网联、人工智能、大数据模型及云计算等新技术的不断发展与应用,将逐步推动汽车行业朝智能化、网联化、电动化及共享化的研发与应用方向发展,汽车将从单一的出行交通工具逐步转化为生活中的一个新的空间;因此,智能汽车线控换挡技术的发展也将出现更多的机遇,同时也面临更多的挑战。

5.1.2 线控换挡技术的系统结构

线控换挡取消了机械连接,提升了系统轻量化和智能化水平。线控换挡系统是仅通过电控实现驱动的装置,线控换挡系统由换挡选择模块、换挡电控单元、换挡执行单元、驻车控制 ECU、驻车执行机构和挡位指示灯组成,如图 5-2 所示。

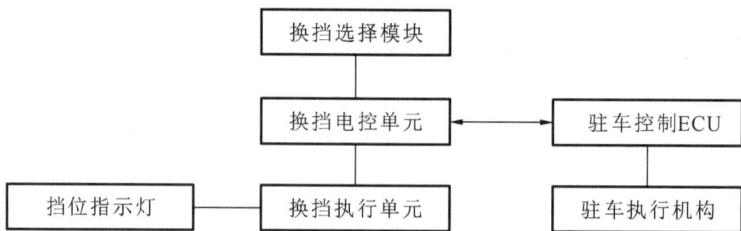

图 5-2 线控换挡系统示意图

5.1.3 线控换挡技术的工作原理

在汽车行驶过程中,如选用人工驾驶模式时,则驾驶员通过操纵杆的传感器将换挡信号传递给电控单元,电控单元处理信号后将指令发给换挡电机,实现前进挡(D)、倒挡(R)和空挡(N)的切换,其停车控制时,ECU 会根据换挡电控单元发出的换挡指令,控制停车执行机构。如果选用自动驾驶模式时,汽车自动判断所需挡位并进行自动换挡,实现前进挡(D)、倒车挡(R)、空挡(N)、驻车挡(P)的转换。

相比于传统换挡机构,线控换挡没有拉线的束缚,提升了系统的轻量化和智能化水平。人机交互通过换挡操纵杆和驻车开关实现。车辆正常行驶过程中涉及 R、N、D 三个挡位,驾驶员作用于变速杆的动作转换为执行电信号传递给 ECU,经过 ECU 计算后向变速器输出对应的挡位信号,完成车辆行驶挡位的变换,同时仪表盘上的挡位指示器对应挡位信号灯亮起。当驾驶员操控驻车开关 P 时,ECU 将采集到的执行电信号经计算后传递给驻车控制 ECU,驻车控制 ECU 通过磁阻式传感器时,采集驻车执行器电机转角信号以判定车辆是否处于静止状态。

若驻车执行器电机转角为 0,则执行驻车动作,仪表盘驻车指示灯亮起;反之,驻车控制 ECU 检测到电机转角信号不为 0,驻车指令会被驳回到 HV ECU 且无法完成车辆驻车动作。执行逻辑如下:变速杆→混动 ECU→驻车执行器(R、N、D 三个挡位)→挡位指示器;驻车开关→混动 ECU→驻车 ECU→驻车执行器(P 挡位)→驻车 P 指示器;换挡操作是瞬时状态,驾驶员能够轻松舒适地操纵换挡;驾驶员松开变速杆后,变速杆立即返回到初始位置。

因此,当驾驶员操纵变速杆换到某个目标挡位时,不需要考虑目前的挡位状态,车辆工作过程中挡位更换完成后,挡位指示器会准确显示当前挡位,使驾驶员意识到换挡操作已完成。

由于采用电控系统控制变速器的换挡操作,由各个部件协同工作实现换挡,可以有效地防止人为误操作,增强安全性。若换挡 ECU 检测到不正确的操作,则将挡位控制在安全范围,且向驾驶员发出警告。例如,只有当驾驶员踩下制动踏板时,才能从 P 挡挂入其他挡位;当汽车正在向前行驶时,若驾驶员将变速杆挂入 R 挡,换挡 ECU 也会控制变速器置入空挡;当汽车正在倒车时,若驾驶员将变速杆挂入 D 挡,换挡 ECU 也会控制变速器置入空挡,只有当制动踏板完全踩下后才能顺利地从 R 挡切换为 D 挡;当换挡 ECU 监测到变速杆不在 P 挡时,车辆不能切断电源。

典型线控换挡系统变速杆包含挡位位置锁止电磁阀和挡位锁止电机,用于支持复杂的安全换挡逻辑和用户体感交互。变速杆可分别向前和向后移动两个位置,当进入 D 挡后,变速杆被位于底部挡位位置的锁止电磁阀通过锁止杆锁定。此时,变速杆将只能向后移动,在 D 和 S 挡之间切换,而无法向前移动进入 N 和 R 挡。为了有效准确地识别变速杆的位置,线控换挡系统内部配备了多组位置传感器,分别用于感知自动挡位置以及变速杆横向锁位置,以便根据挡位位置及换挡逻辑,做出具体的换挡动作。线控换挡分类、换挡电机的结构分析、车辆线控换挡系统典型结构分析,如图 5-3 所示。

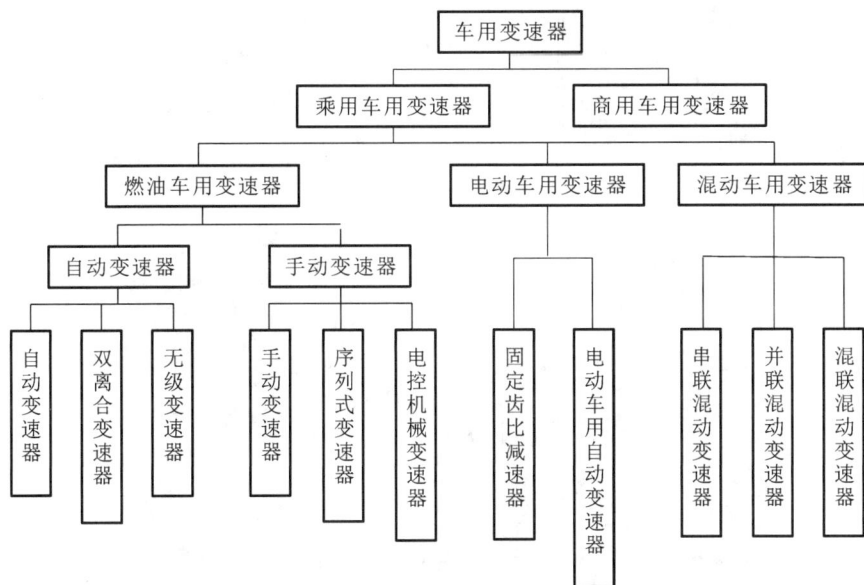

(a) 线控换挡分类

图 5-3　线控换挡分类、换挡电机的结构分析及车辆线控换挡系统典型结构分析

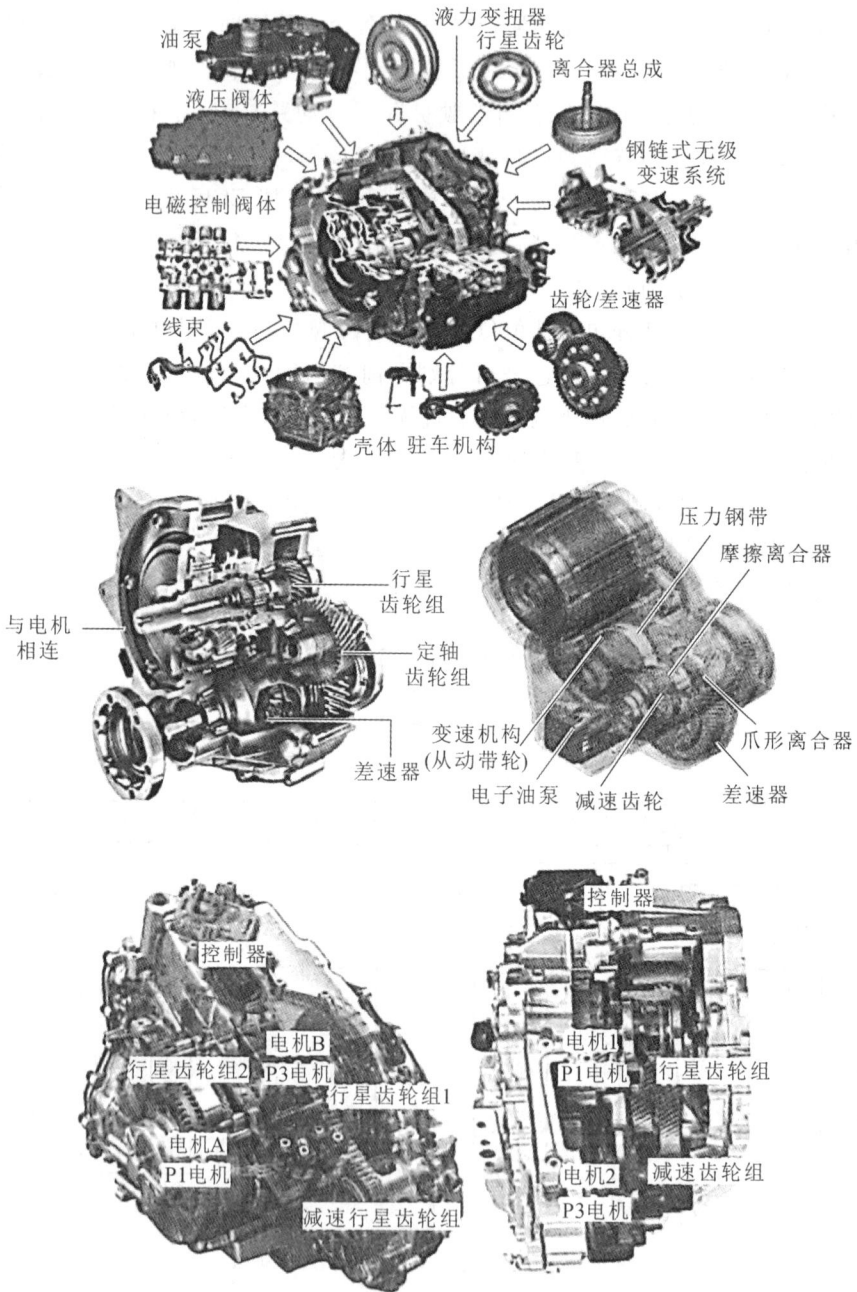

油泵

液压阀体

电磁控制阀体

线束

液力变扭器
行星齿轮

离合器总成

钢链式无级
变速系统

齿轮/差速器

壳体 驻车机构

与电机
相连

行星
齿轮组

定轴
齿轮组

差速器

变速机构
(从动带轮)

电子油泵

压力钢带

摩擦离合器

爪形离合器

差速器

减速齿轮

控制器

行星齿轮组2

电机B

P3电机

行星齿轮组1

电机A

P1电机

减速行星齿轮组

控制器

电机1

P1电机

行星齿轮组

电机2

减速齿轮组

P3电机

(b) 换挡电机的结构分析

续图 5-3

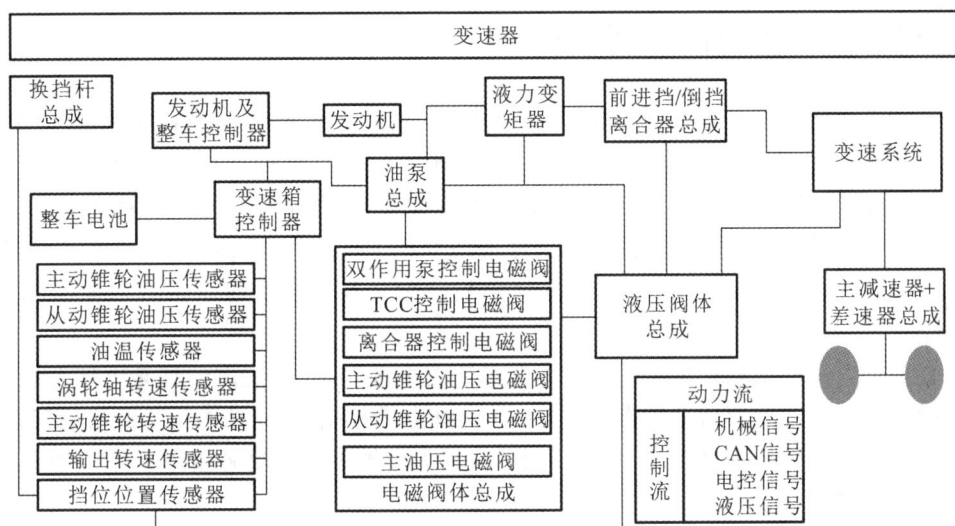

(c) 车辆线控换挡系统典型结构分析

续图 5-3

5.1.4　线控换挡技术的特点

线控换挡技术取消了换挡的机械连接,相较于传统的机械换挡来说,具有如下优点。

1. 质量更轻,体积更小、有利于轻量化

线控换挡的机械连接杆的取消使得汽车内部的机械结构更为简单,减轻了整车的质量,同时,释放出更多的汽车内部空间,为仪表盘的布置、车辆内部置物等功能释放出更多的空间。

2. 布置位置灵活,形式多变

线控换挡得益于其体积的变小,使得其布置位置有了更多的选择。可以安装的更靠近主驾驶的方向盘周边或前方仪表盘附近,使得传统的汽车主副驾驶之间的空间得以利用,同时更小的外观使得其造型更为精致小巧,提升车辆整体内饰档次。

3. 便于集成附加功能

线控换挡系统使得换挡功能更加集中。如 APA 全自动泊车、自动 P 位请求、实现手动/自动换挡模式、驾驶人安全带保护、车门打开安全保护等,也有助于实现整车防盗功能、多重硬线唤醒功能、驾驶习惯学习功能等。

4. 纠正驾驶习惯,安全性更高

对于电子换挡+手动变速器来说,驾驶员的换挡错误操作会由电脑自动判断出是否会对变速器造成损伤,从而更好地保护变速器并且纠正驾驶者的不良换挡操作习惯,也使得车辆的安全性能得到进一步提升。

5.2 线控换挡系统的控制逻辑

线控换挡系统(shift by wire,SBW)是指取消了传统换挡系统的机械传动结构,仅通过电子控制实现车辆换挡的系统,为 ICV 实现速度控制提供良好的硬件基础。线控换挡系统由换挡操纵机构、换挡 ECU、换挡执行模块、驻车控制 ECU 和挡位指示器等组成。自动变速器及其控制系统能够实现预期的信号采集与换挡功能,为后续离合器到离合器控制(clutch-to-clutch shift)、加速踏板映射规律研究提供了仿真对象基础与试验基础。

智能电动汽车的供能系统由传统的内燃机变为电池。同时,更多的高频电气系统被引入,如车载充电机、车载直流变压器(DC/DC)、驱动电机控制器等,这些高频源的电气辐射、空间辐射等为车辆带来了更多的干扰源,同时也成为更敏感的被动端,因而对参与整车的电子控制器的整体电气、电磁兼容性有了更高的要求。

采用线控系统控制变速器的换挡,由各部件协同实现,有效防止了人为误操作。若 ECU 检测到不正确的操作,会将挡位控制在安全的范围内,并且提醒驾驶员注意。线控换挡系统的动力传输系统如图 5-4 所示。线控换挡系统的智能高效逻辑思路如图 5-5 所示。

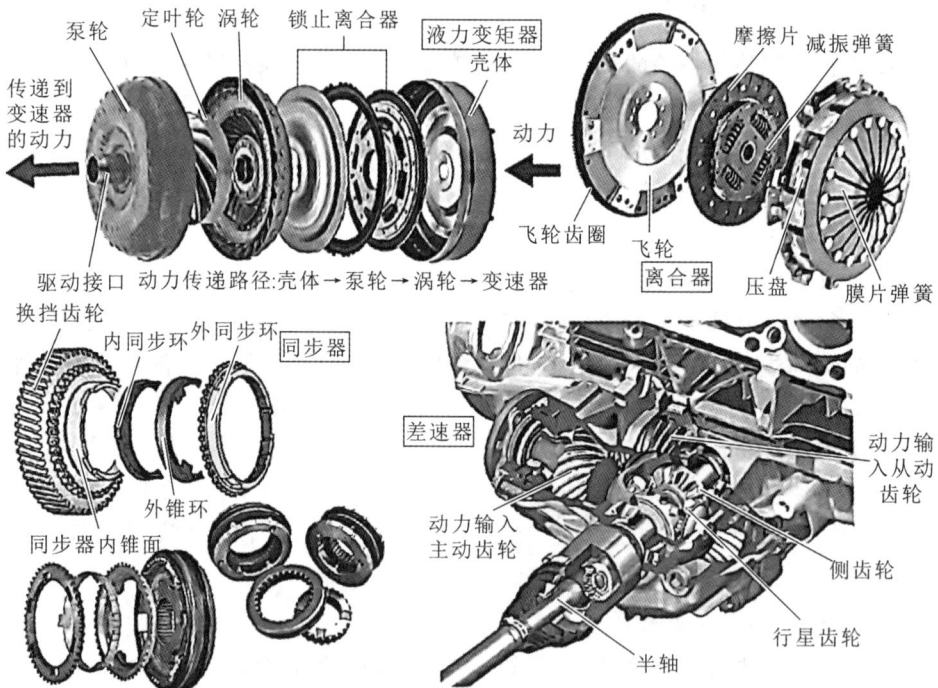

图 5-4 线控换挡系统的动力传输系统

变速箱油自动加热/冷却
1.低温时,快速加热变速器油
2.高温时,自动打开外接冷却回路,降低油温
3.稳定控制温度在最佳的工作区间,提升经济性和耐久性

高效柔顺的动力输入
1.匹配三级减振弹簧,提升动力平稳性
2.实现低速锁止,提升经济性

自动油位控制
不同温度下,自动控制主油腔中的油位高低,提高经济性

高效敏捷变速箱
1.高转矩
2.高效率
3.大速比范围
4.低NVH

智能高效
1.高负载时全流量输出,保证性能
2.低负载时半流量输出,减少油泵损失
3.集成电子泵,实现智能启停

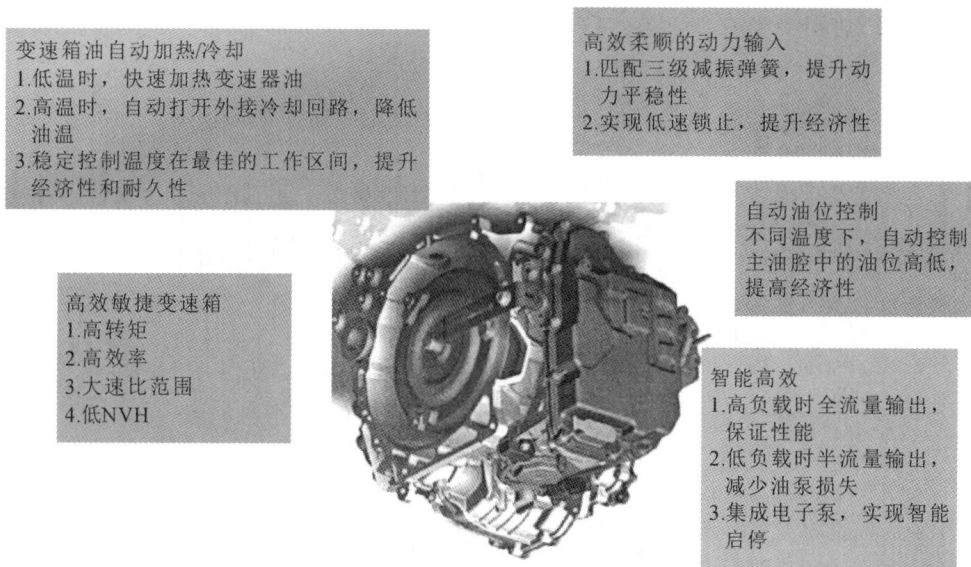

图 5-5　线控换挡系统的智能高效逻辑思路

5.3　线控换挡的动力不中断技术

汽车动力不中断技术的控制原理主要依赖于传统内燃机汽车发动机的工作原理和现代汽车电子控制系统的协同作用。汽车发动机的工作原理包括四个基本冲程:进气、压缩、做功和排气。这些冲程的顺序和协调运行确保了发动机能够持续提供动力;汽车的电子控制系统,包括传感器、执行器和控制器等,这些系统监测发动机的各种参数,如转速、负荷、温度等,并根据需要调整燃油喷射量、点火时机等,以确保发动机在不同工况下都能高效运行。此外,现代汽车还采用了一系列辅助系统,如自动变速器、涡轮增压器等,进一步提升了动力输出的稳定性和效率,确保发动机在不同工况下都能稳定输出动力。

随着线控换挡技术的发展,现阶段的汽车动力不中断技术主要体现为设计动力不中断的变速器,并进行元件选型、结构建模、传感器布置、执行机构的设计、电子控制器设计与验证等工作。

汽车动力不中断技术主要包括自动变速器(AT)、无级变速器(CVT)、双离合变速器(DCT)等技术方向。这些技术通过不同的工作原理来减少或消除换挡时的动力中断现象。

5.3.1　手动变速器

手动变速器(manual transmission,MT)是一种手动变速装置(见图 5-6),用来改变发动机传到驱动轮上的转速和转矩。在原地起步、爬坡、转弯、加速等各种工况下,手动变速器能使汽车获得不同的牵引力和速度,同时使发动机工作在较为有利的工况范围内。

1.手动变速器的结构

1)变速器操纵机构

变速器操纵机构包括换挡手柄和变速器的相对位置,有两种结构形式:直接操纵式和远

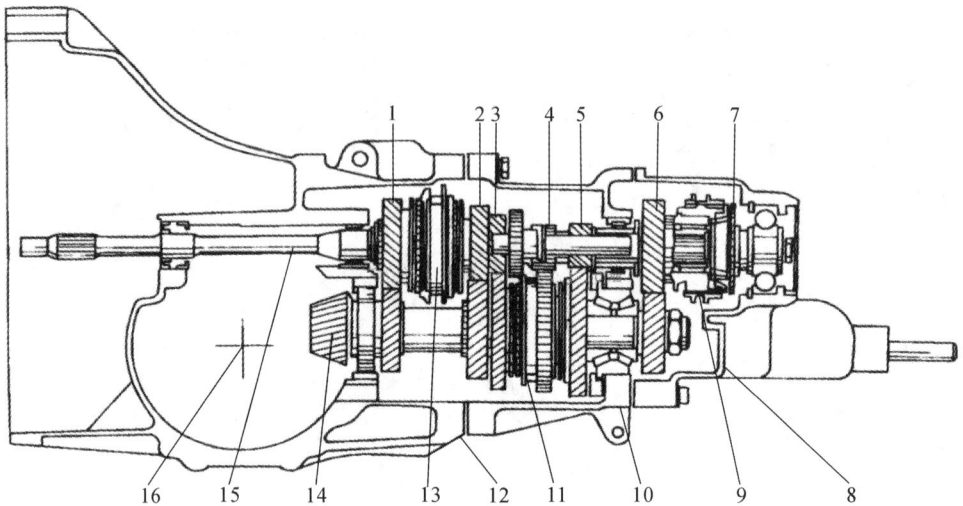

图 5-6　手动变速器的基本结构

1—四挡齿轮;2—三挡齿轮;3—二挡齿轮;4—倒挡齿轮;5—一挡齿轮;6—五挡齿轮;7—五挡运行齿环;
8—换挡机构壳体;9—五挡同步器;10—齿轮箱体;11—一、二挡同步器;12—变速器壳体;
13—三、四挡同步器;14—输出轴;15—输入轴;16—主减动器差速器

距离操纵式。

2）变速器传动机构

变速器传动机构是变速器的主体,主要由齿轮、轴及轴承等组成,其作用是改变齿轮传动比及旋转方向。

3）变速器换挡装置

现代汽车手动变速器所采用的换挡装置主要是同步器,它安装在两个浮动齿轮的中间,用来改善换挡质量。

4）变速器壳体和盖

用于安装传动机构、换挡装置和部分操纵机构,同时储存润滑油。

2.手动变速器的功能和工作原理

手动变速器的主要功能是改变发动机传到驱动轮上的转速和转矩,使汽车在原地起步、爬坡、转弯、加速等各种工况下获得不同的牵引力和速度,同时使发动机工作在较为有利的工况范围内。

手动变速器的工作原理是通过拨动变速杆,切换中间轴上的主动齿轮,通过大小不同的齿轮组合与动力输出轴结合,从而改变驱动轮的转矩和转速。发动机的动力输入轴通过一根中间轴,间接与动力输出轴连接。中间轴的两个齿轮与动力输出轴上的两个齿轮随着发动机输出一起转动,但如果没有同步器的接合,两个齿轮只能在动力输出轴上空转。当变速杆移动时,同步器移动与齿轮接合,发动机动力通过中间轴的齿轮传递给动力输出轴。

手动变速器的作用:改变传动比,扩大驱动轮转矩和转速的变化范围,以适应经常变化的行驶条件;在汽车发动机旋转方向不变的前提下,利用倒挡实现汽车倒退行驶;在发动机不熄火的情况下,利用空挡中断动力传递,有利于发动机的启动、暖机、息速,便于换挡或汽车滑行、暂时停车等使用工况;通过变速器将发动机的动力输出给其他机构,如某些车的绞盘、自卸车的油泵等。

3.手动变速器的优缺点

1)手动变速器的优点

(1)价格较低。

手动变速器的成本较低,因此同车型的手动挡价格通常比自动挡的便宜。

(2)省油。

手动变速器的传动效率超过95%,比大多数自动挡车型更省油。

(3)结构简单。

手动变速器结构简单,皮实耐造,故障率较低,维护成本也较低。

(4)驾驶乐趣。

手动变速器允许驾驶者自己控制换挡时机,提供更多的驾驶乐趣和操控感。

2)手动变速器的缺点

(1)操作复杂。

手动变速器需要驾驶者手动操作离合器和换挡杆,对于新手来说操作较为复杂。

(2)城市驾驶不便。

在拥堵的城市道路上,频繁的起步和停车会使手动变速器的驾驶者感到疲劳。

手动变速器由于其独特的特性,现阶段主要应用于赛车和运动型轿车上,驾驶员通过操作离合器和换挡拨片来手动切换挡位,从而获得更好的操控体验和驾驶乐趣。而在普通家用轿车领域,则相对使用较少。

5.3.2　自动变速器

自动变速器(auto transmission,AT),又称自动挡,由液力变矩器和行星齿轮及其控制机构组成(见图5-7)。液力变矩器具有传递扭矩和离合的作用,能够缓冲调速,从而在一定程度上避免了离合器结合时的顿挫。

1.自动变速器的工作原理

自动变速器基于行星齿轮组工作,利用液力变矩器吸收发动机的振动,并通过行星齿轮组的变速实现不同的挡位。自动变速器根据油门踏板的踩踏程度和车速变化,自动地进行变速,驾驶者只需操纵加速踏板控制车速即可。

1)液力变矩器的作用

液力变矩器是自动变速器中的一个重要部件,它能吸收发动机的振动,并在低速时提供增扭效果,在高速时实现锁止,从而提高传动效率。液力变矩器的工作原理是通过液体传递扭矩,使得发动机的动力能够平滑地传递到变速器中。

2)行星齿轮组的作用

行星齿轮组由太阳轮、齿圈和行星架组成,通过不同的连接方式实现不同的挡位。当太阳轮带动行星齿轮旋转时,齿圈的固定或旋转会改变输出速度。通过控制离合器的接合与断开,可以实现不同的挡位和倒挡。这种设计使得自动变速器能够根据车速和油门开度自动调节挡位。

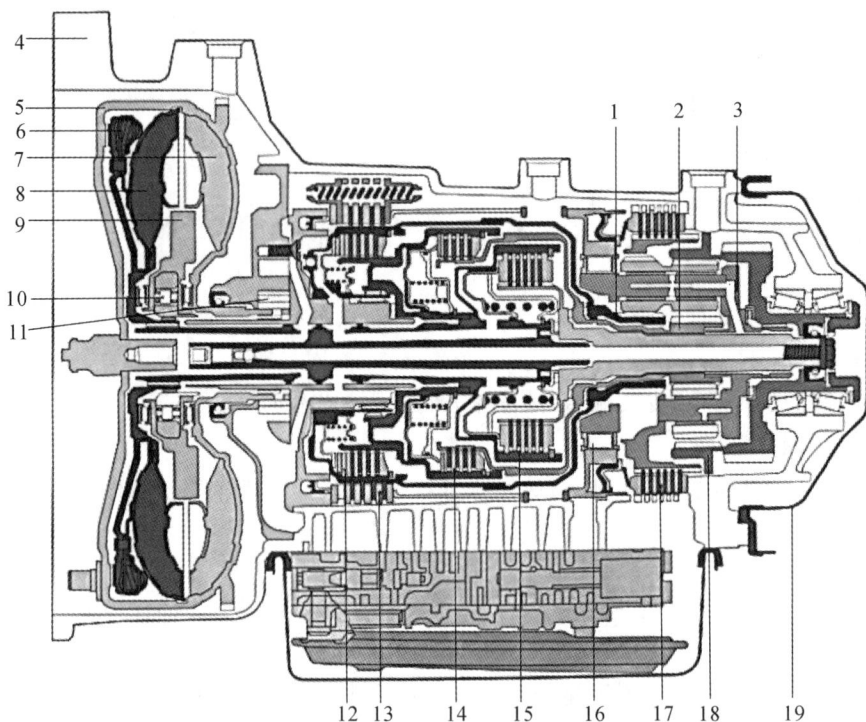

图 5-7 自动变速器的基本结构

1—大太阳轮;2—小太阳轮;3—行星齿轮架;4—变速器壳体;5—液力变矩器;6—锁止离合器;7—泵轮;
8—涡轮;9—导轮;10—导轮单向离合器;11—油泵;12—离合器 K2;13—制动器 B2;14—离合器 K1;
15—离合器 K3;16—单向离合器;17—制动器 B1;18—齿圈;19—后端盖

3）液压控制系统的作用

液压控制系统通过油压的变化来控制离合器和制动器的动作,从而实现挡位的切换。控制单元根据传感器的信号反馈,调整油压和油路,确保变速器能够准确、平滑地换挡。液压控制系统保证了自动变速器的换挡平顺性和可靠性。

2.自动变速器的优缺点

1）自动变速器的优点

（1）平稳性。

由于采用液压传动，变速过程缓和，能够保持行驶的平稳性。

（2）操作简便。

驾驶者只需操纵加速踏板控制车速，省去了烦琐的换挡操作。

（3）故障率低。

自动变速器的故障率相对较低，维护较为简单。

2）自动变速器的缺点

（1）牵阻制动效果较差。

自动变速器用液压变扭器取代离合器，牵阻制动效果不明显，只有在低速挡时才能表现出较强的牵阻效果。

（2）油耗较高。

由于变速过程需要用液压方式完成，动力在传递中造成损耗，因此相对于手动变速器较为耗油。

（3）价格较高。

自动变速器制作精密，价格相对较贵。

目前，自动变速器作为主流变速器，较多使用于需要有平稳驾驶体验的车辆，如商务车和豪华轿车，能够提供较好的驾驶舒适性，但其换挡过程中的动力中断时间相对较长。

5.3.3　无级变速器

无级变速器（continuously variable transmission，CVT）技术即无级变速技术，它采用传动带和工作直径可变的主、从动轮相配合来传递动力，可以实现传动比的连续改变，从而得到传动系与发动机工况的最佳匹配。CVT 自动变速箱最早是由德国奔驰公司使用的，早在 1886 年就将 V 型橡胶带式 CVT 安装在该公司生产的汽油机汽车上。

机械式无级自动变速器的特点是变速比（即一系列连续的值）而不是间断的点，不存在换挡的说法，因此行驶起来更加柔和平顺，没有顿挫感，从而能更好地协调车辆外界行驶条件与发动机负载，可充分发挥发动机潜力，提高整车燃料经济性，它使汽车具有没有漏洞的牵引性能，从而显著地提高整车性能。目前，无级变速器多采用钢带或链条传动的方式进行动力传递。

1.无级变速器的组成

无级变速器的主要组成部分包括驱动轮组、从动轮组、金属带、液压泵和控制系统（见图 5-8）。

1）驱动轮组和从动轮组

驱动轮组和从动轮组是无级变速器的核心部件。它们通过金属带连接，通过改变轮组的直径来调整传动比。驱动轮组负责接收发动机的动力，从动轮组则将动力传递给车轮。两组皮带轮通常由液压泵控制，通过油压改变皮带轮的直径，从而实现无级变速。

2）金属带

金属带是无级变速器中的关键传动元件，通常由高强度的钢带或链条组成。这些金属带

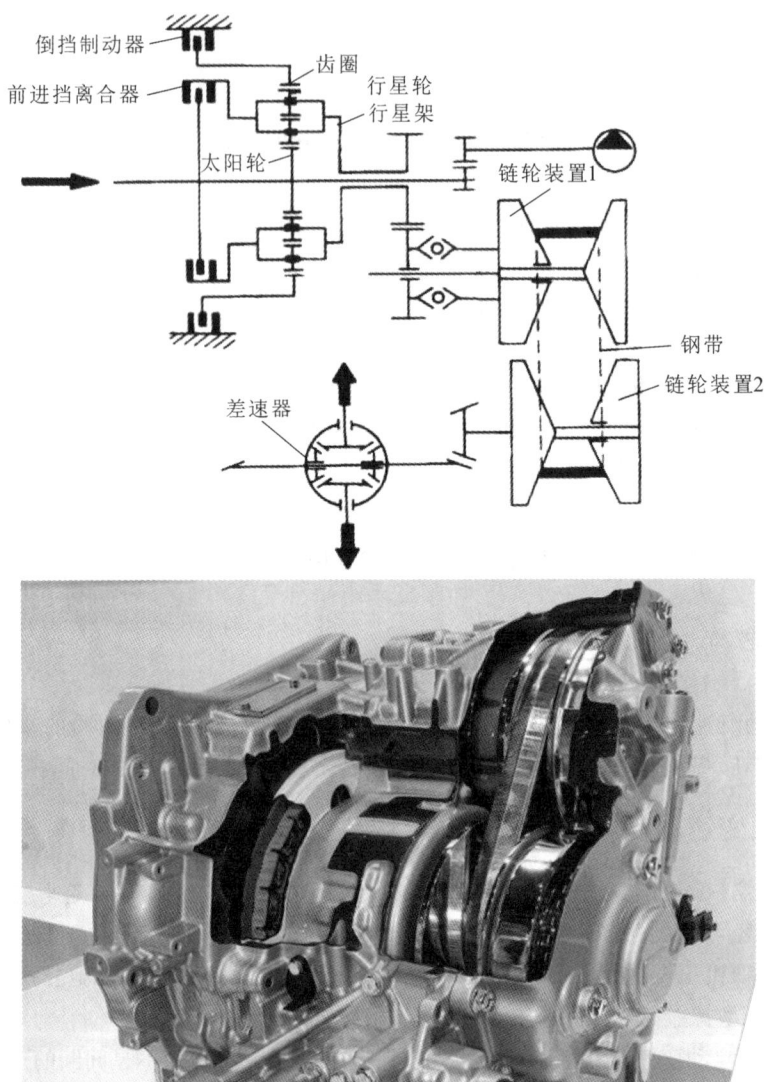

图 5-8　无级变速器的基本结构

能够在驱动轮组和从动轮组之间传递动力,通过调整其与轮组的接触半径来改变传动比。金属带的材质和设计对其性能有重要影响,通常采用高强度材料以确保其耐用性和传动效率。

3）液压泵

液压泵在无级变速器中起到关键作用,它负责提供液压动力,控制金属带与轮组的接触和松开。液压泵通过调节油压来改变皮带轮的直径,从而实现无级变速。液压泵的性能直接影响 CVT 的响应速度和平顺性。

4）控制系统

控制系统是无级变速器的智能核心,负责监控车辆的运行状态并根据需要调整传动比。它通常包括传感器、计算机和执行机构等部件,通过精确控制液压系统和金属带的张力,确保车辆在不同工况下都能保持最佳性能。

5）其他关键部件

除了上述主要部件外,无级变速器还包含其他关键部件如液力变矩器、传感器和执行机构等。液力变矩器用于连接发动机和无级变速器,提供平滑的动力传递;传感器用于监测车辆的运行参数,确保系统正常运行;执行机构则根据控制系统的指令调整液压系统和金属带的张力。这些部件共同工作,确保车辆能够实现无级变速,提供平滑且高效的驾驶体验。

2. 无级变速器的工作原理

无级变速器的结构比传统变速器的简单,体积更小,它既没有手动变速器的众多齿轮副,也没有自动变速器复杂的行星齿轮组,它主要靠主、从动轮和金属带来实现速比的无级变化。传动带和可变槽宽的棘轮进行动力传递,即当棘轮变化槽宽时,相应改变驱动轮与从动轮上传动带的接触半径进行变速。其原理与普通的变速器一样,大小不一的几组齿轮在操控下有分有合,形成不同的速比,像自行车的踏板经大小轮盘与链条带动车轮以不同的速度旋转。由于不同的力度对各组齿轮产生的推力大小不一,致使变速器输出的转速也随之变化,从而实现不分挡的转速。无级变速器在操作上类似于自动变速器,但是速比的变化却不同于自动变速器的跳挡过程,它是连续的,因此动力传输持续而顺畅。

无级变速器有 V 型橡胶带式、金属带式、多盘式、钢球式、滚轮转盘式等多种构造,大都利用金属带和可变半径的滚轮传输动力。透过主动滚轮与被动滚轮半径的变化,达到齿轮比的变化。理论上这种传动方式的效率很高,不过必须建立在能承受所传递的动力的情况下。由于无级变速器利用钢带与滚轮之间的摩擦力传递动力,因此对钢带及滚轮的工作要求十分严格。为了有效传递动力,钢带与滚轮之间不允许打滑,因为原本产生的热能已经很多,如果再打滑恐怕会造成内部机件烧毁或严重耗损。为了增加静摩擦力,最直接的方式就是增加钢带与滚轮之间的压力。但摩擦力增加了,动力传输的损耗也会增加,无形中增加了油耗。无级变速器的传动带一般用橡胶带、金属带和金属链等。

3. 无级变速器的优缺点

1）无级变速器的优点

（1）驾驶平顺性　CVT 由于没有传统自动挡变速器的传动齿轮,换挡过程中没有顿挫感,动力线性输出,驾驶过程极为平稳和舒适。

（2）传动效率高　CVT 采用液力变矩器和发动机连接,配合锁止离合器的设计,可以达到较高的传动效率。在电子控制单元的精准调控下,CVT 能够巧妙地让发动机尽可能地处于高效的工作区间,从而有效降低燃油消耗。

（3）燃油经济性　CVT 的传动系统设计使得其油耗较低,相比普通自动挡变速器,CVT 能够显著降低油耗,为车主节省燃油成本。

（4）结构简单、重量轻　CVT 的结构相对简单,零部件数量较少,这不仅降低了研发和生产成本,还使得变速器的重量更轻,有助于提升车辆的燃油经济性和操控性。

（5）体积小、零件少　CVT 的体积小,零件数量少,这使得其运行效率更高,维护成本更低。

2）无级变速器的缺点

（1）可承受扭矩较低　CVT 的动力传递主要依靠钢带和链条的摩擦力,这在一定程度上限制了其能够承受的扭矩。一般来说,CVT 能承受的最大扭矩有限,不太适合大排量或高性能汽车的强大动力输出需求。

（2）故障率较高　相比传统的自动挡变速器，CVT的故障率相对较高。长时间进行激烈驾驶容易触发过热保护，并限制最高时速。此外，若操作不当，CVT的故障概率也会增加。

（3）维护成本高：由于CVT在国内市场上的应用时间不长，且其结构相对特殊，这使得CVT的维护保养成本较高。部分情况下，CVT出现故障时可能需要进行整体更换，进一步增加了车主的用车成本。

（4）缺乏驾驶乐趣　CVT没有明确的挡位切换，无法给驾驶者带来传统变速器那种清晰的换挡段落感。尽管现在许多CVT通过模拟挡位的方式来弥补这一不足，但与真正的换挡感受仍存在一定差距，对于追求驾驶激情和操控乐趣的驾驶者来说，可能会不够满足。

无级变速器适用于需要平滑驾驶体验的车辆，如家庭轿车和城市SUV，能够提供无顿挫的驾驶感受，但急加速时的动力不足及对零部件的高要求依然令其市场占有率较低。

5.3.4　双离合变速器

双离合变速器（dual clutch transmission，DCT）的离合器位于发动机与变速器之间，是发动机与变速器动力传递的"开关"，它是一种既能传递动力，又能切断动力的传动机构。因其是通过两套离合器工作，所以一般被称为双离合变速器。

两个离合器一个负责奇数挡位，另一个负责偶数挡位，可以实现扭矩的平滑过渡，显著减少换挡过程中的动力中断，保证汽车能平稳起步，变速换挡时减轻变速齿轮的冲击载荷并防止传动系过载，实现近乎瞬间的挡位切换，显著提升了换挡速度和车辆的加速性能，减少了动力中断，提升了燃油经济性。

1.双离合变速器的结构

1）两套离合器

双离合变速器通过两套离合器工作，一套控制奇数挡，另一套控制偶数挡（见图5-9）。

2）输入轴

动力传递通过两个离合器联结两根输入轴，相邻各挡的被动齿轮交错与两输入轴齿轮啮合。

3）控制系统

控制系统负责控制两个离合器的切换，确保换挡过程的平滑和高效。

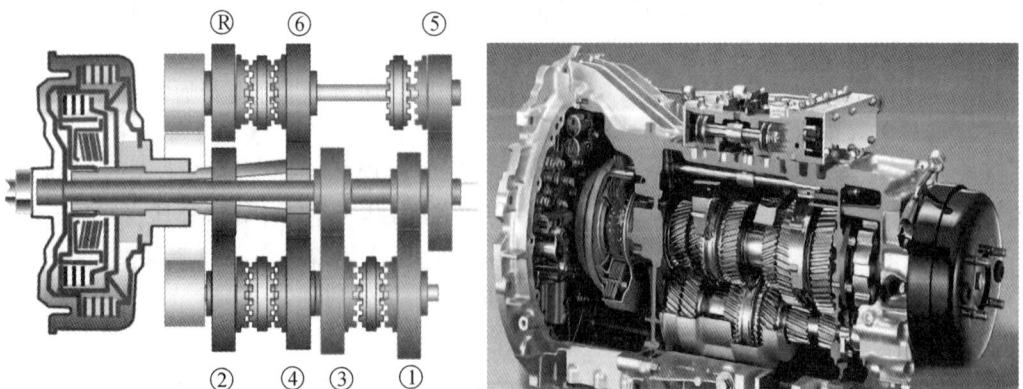

图5-9　双离合变速器的基本结构

2. 双离合变速器的工作原理

双离合变速器的工作原理是基于两个离合器的快速切换,使得换挡时间极短,几乎感觉不到动力中断。当其中一个离合器连接奇数挡时,另一个离合器已经准备好连接下一个挡位,从而实现了无缝换挡。这种设计显著提高了换挡速度和效率,同时也减少了燃油消耗。

3. 双离合变速器的优点和缺点

1)双离合变速器的优点

(1)换挡速度快。

双离合变速器的换挡时间非常短,比手动变速器还要快,几乎感觉不到动力中断。

(2)省油,经济性高。

由于消除了扭矩的中断,发动机始终在最佳工作状态,油耗降低约15%。

(3)舒适性高。

换挡平顺,顿挫感小。

2)双离合变速器的缺点

(1)生产成本高。

制造工艺复杂,成本较高,多用于中高档车型。

(2)扭矩问题。

干式离合器在高温下可能出现问题,湿式离合器的摩擦力可能不足。

(3)重量较大。

与传统手动变速器相比更重。

因此,双离合变速器适用于追求高性能和驾驶体验的乘用车,能够提供类似手动变速器的操控感和自动变速器的便利性,但在城市拥堵路段频繁启停可能会导致离合器过热,影响性能和使用寿命。

以上这些变速器技术通过不同的方式减少了系统动力中断,其中自动变速器(AT)通过液力变矩器的缓冲作用来减轻顿挫,而无级变速器(CVT)和双离合变速器(DCT)则通过连续的变速比和精确的扭矩控制来减少顿挫。这些技术都只能在一定程度上减少动力中断,但都无法从根本上消除顿挫感。

在当前智能汽车的整车电子电气系统的发展中,电气化程度的提升和更多的电子控制系统,对电子控制器的可靠性程度提出了更高要求,汽车的动力不中断技术也将进一步优化,其效率和可靠性会得到提升,以适用更多场景和车型。

5.3.5 智能汽车动力不中断技术的控制

智能电动汽车的动力不中断技术的控制原理主要依赖于双电机驱动系统和电机控制器。

1. 双电机驱动系统

双电机驱动系统相比单电机驱动系统在提高驱动效率和动力中断方面具有显著优势:一是双电机可以通过不同的搭配,使系统的高效区扩大,提升整体驱动效率。例如,在低速重载情况下,一个电机可以提供必要的扭矩,而另一个电机则可以在高效区间运行,从而提高整体效率;二是双电机驱动系统在制动时可以同时进行能量回收,减少能量损失,提高整体效率;三是单个电机搭配变速箱时可能会出现动力中断,而双电机驱动系统通过协调控制可以避免这种情况,确保动力连续输出。

2.电机控制器

电机控制器是智能电动汽车的核心部件之一,主要负责控制电机的转速和扭矩,从而实现车辆的加速、制动和转向等操作。控制器通过改变占空比来调节电机的转速和扭矩,确保车辆的平稳运行。此外,控制器还能监测电池的状态,保证电池的寿命和安全使用。

综上所述,智能电动汽车动力不中断技术通过电机控制器和双电机驱动系统的协同工作,实现了高效的动力控制和无动力中断的驾驶体验。

5.4 线控换挡技术的整车动力学模型

5.4.1 线控换挡技术中的动力系统模型

动力系统包括动力电池、电源变换和驱动电机等模块。驱动电机模块根据动力电池提供的电压值,并依据转矩参考指令值,将动力输出给变速器的输入部件太阳轮。动力系统模型如图 5-10 所示。

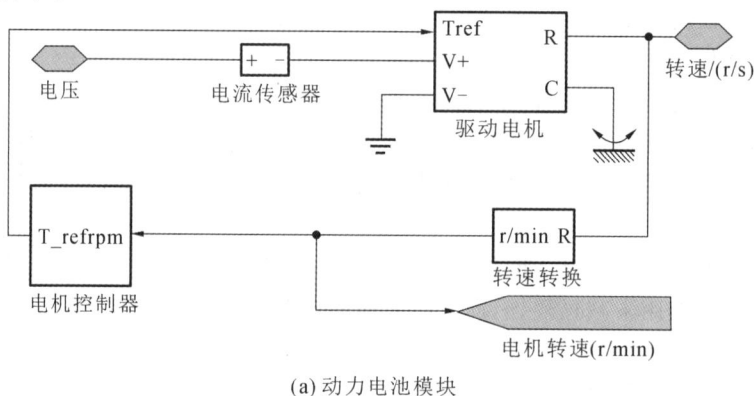

(a)动力电池模块

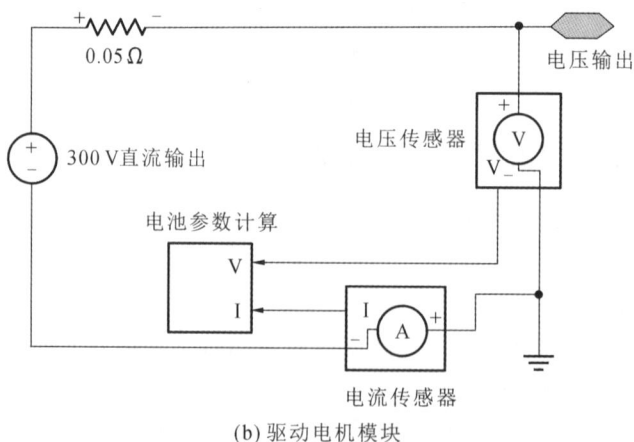

(b)驱动电机模块

图 5-10 动力系统模型

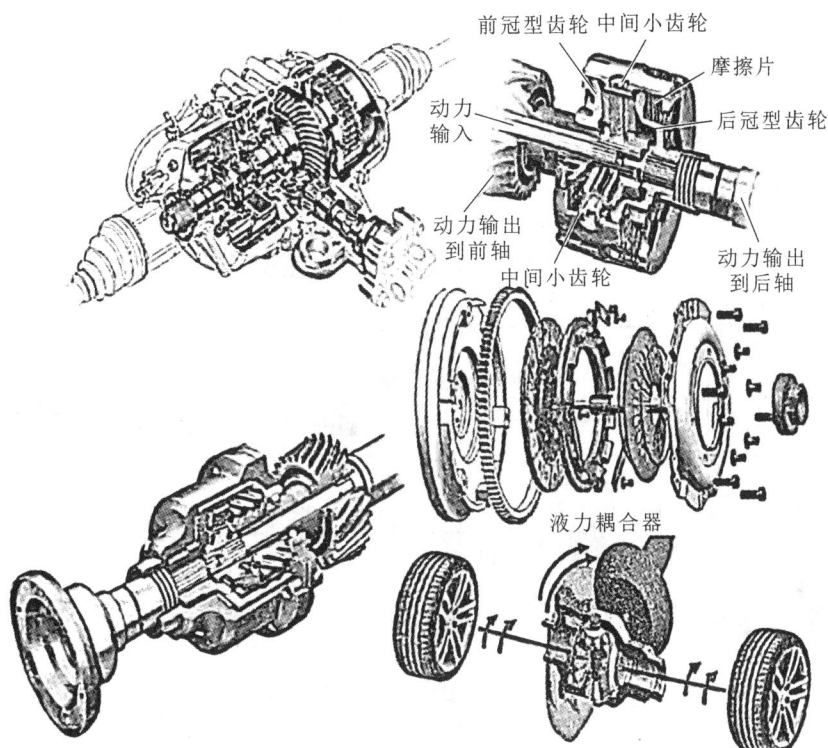

前冠型齿轮　中间小齿轮
摩擦片
动力输入
后冠型齿轮
动力输出到前轴
中间小齿轮
动力输出到后轴
液力耦合器

(c) 系统整体结构图

续图 5-10

5.4.2　线控换挡技术中的传动系统

传动系统包括行星齿轮系统、平行轴齿轮、离合器、制动器等,行星齿轮系统的太阳轮 S 端与驱动电机相连,作为动力输入部件,行星齿轮系统的行星架端与主减速器相连,作为一挡和三挡的动力输出部件;同时,太阳轮通过二挡离合器与二挡平行轴齿轮连接,作为二挡的动力输入,二挡平行轴齿轮的输出与主减速器连接,作为二挡的动力输出。制动器的制动带固定端与制动器箱体固连,制动鼓与行星齿轮系统的齿圈固连,二挡离合器连接太阳轮与二挡主动齿轮,三挡离合器连接齿圈与太阳轮。此外,为获得变速器工作过程中的相关数据,设置相应的速度传感器、转矩传感器和相对位移传感器。传动系统模型如图 5-11 所示。

5.4.3　线控换挡技术中的车身模型

车身模型包括轮胎和车身等。结合目标车型的参数,对整车质量、车轮直径和迎风面积等进行设定。由于制动带仅在一挡时工作,为研究制动带的动态性能,需要仿真降挡工况,为此采用阶跃变化的道路坡度,设置行驶阻力,以达到降挡目的,同时对空气阻力予以忽略,建立车身模型(见图 5-12)。

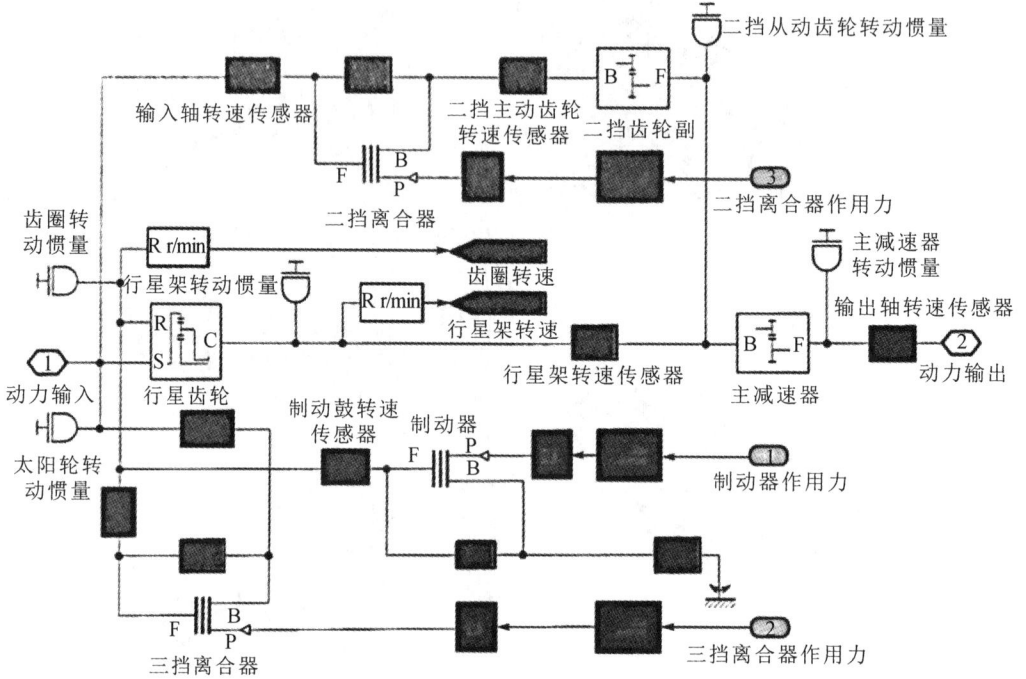

图 5-11 基于线控换挡技术的传动系统模型

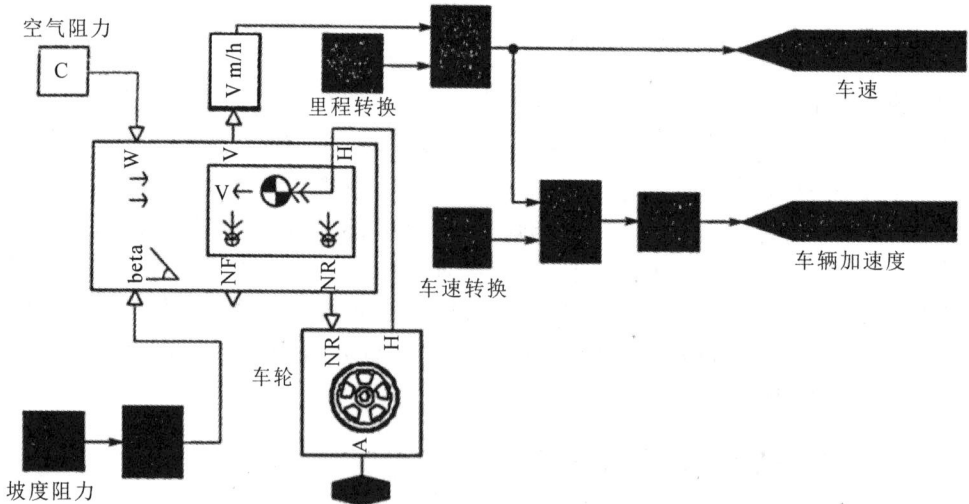

图 5-12 基于线控换挡技术的车身模型

练习题

1. 什么是智能汽车线控换挡系统？
2. 线控换挡系统的结构是什么？
3. 简述汽车线控换挡系统的工作原理。
4. 简述线控换挡系统的技术特点。
5. 智能汽车线控换挡系统的控制逻辑是什么？
6. 简述手动变速器的组成部分、工作原理及优缺点。
7. 简述自动变速器的组成部分、工作原理及优缺点。
8. 简述无极变速器的组成部分、工作原理及优缺点。
9. 简述双离合变速器的组成部分、工作原理及优缺点。
10. 简述智能汽车动力不中断技术的控制。
11. 简述线控换挡系统的动力系统模型。
12. 简述线控换挡技术的传动系统模型。
13. 简述线控换挡技术的车身模型。

第6章 智能汽车线控悬架技术

【学习目标】

通过对本章的学习,学生能够掌握智能汽车的线控悬架技术,掌握智能汽车的空气弹簧结构,连续可调阻尼控制(CDC)减振器、磁流变(MRC)减振器的结构,以及工作原理和控制算法等,为后续学习奠定基础。

6.1 悬架技术发展

悬架是汽车的车架与车桥或车轮之间的一切传力连接装置的总称,其作用是传递作用在车轮和车架之间的力和扭矩,并且缓冲由不平路面传给车架或车身的冲击力,并衰减由此引起的振动,以保证汽车能平顺地行驶。其实悬架的历史要比汽车悠久得多,在马车出现的时候,人们为了乘坐更舒适,人类就开始对马车的悬架——叶片弹簧进行孜孜不倦的探索。

悬架系统主要由减振弹簧和减振器组成,二者相互配合完成车辆的减振作用,如图 6-1 所示。当车辆行驶在不平路面时,弹簧受到地面冲击后发生变形(压缩或拉伸),由于弹簧恢复原形时会出现来回振动的现象,减振器则对弹簧起到阻尼的作用,抑制弹簧来回摆动。

减振器的阻尼大小可以理解为通常所说的悬架的硬和软,如果减振器的阻尼大小可以针对不同路况进行调节,就实现了悬架的软硬调节,结构示意如图 6-2 所示。如车辆行驶在不平的路面上时需要悬架软一些,而在高速过弯时需要悬架硬一些,这样的话就会给车辆带来更好的舒适性和操控性。

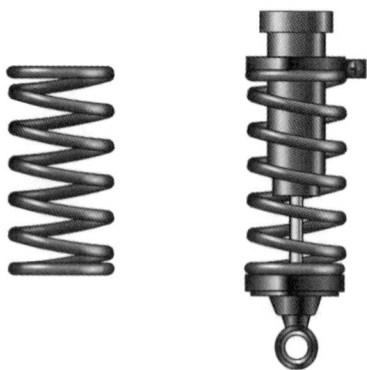

图 6-1 悬架系统示意图

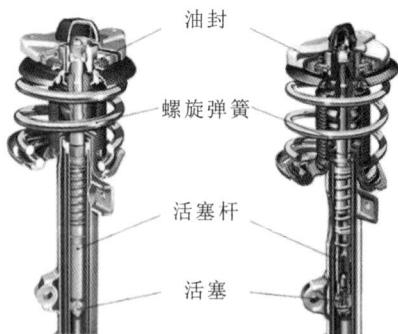

图 6-2 减振器内部结构示意图

早在 18 世纪,法国人便发明了一种扁平状的单片弹簧的钢质悬架系统用在当时的马车之上,如图 6-3 所示。而 1763 年,美国的特雷德韦尔取得螺旋弹簧悬架的第一个专利。1804 年,英国伦敦的奥巴代亚·艾略特发明了叶片弹簧悬架,但只是简单地把一块块钢板叠起来夹紧,再在两端用钩环与车子连接。1878 年,法国勒芒的大阿米迪·博利发明了采用片簧做前轮独立悬架的装置。而 1886 年诞生的世界第一辆汽车的悬架系统采用的是马车的悬架系统,使用钢板弹簧作为弹性元件。1900 年,减振器开始出现,并装在奥兹莫比尔轿车上。直到 20 世纪 30 年代,叶片弹簧才逐渐被螺旋弹簧代替。

在大家的普遍认知中,钢板弹簧与螺旋弹簧似乎才是悬架系统的鼻祖,而事实上,在螺旋弹簧实现量产之前,空气弹簧的概念就已出现,只是受制于当时科技水平的限制,材料以及设计、加工水平都无法达到实用的目的,而对材料以及加工技术要求相对较低的螺旋弹簧与扭杆弹簧就得到了广泛应用。

1908 年,螺旋弹簧开始用于轿车,如图 6-4 所示。1921 年,采用扭杆弹簧悬架的汽车在英国利兰德汽车公司诞生。

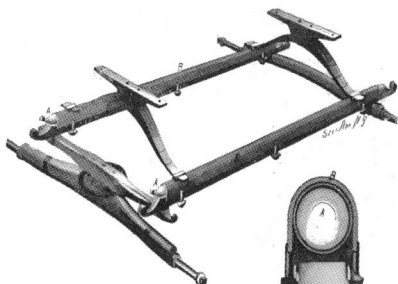

图 6-3　单片弹簧

图 6-4　螺旋弹簧

而空气悬架的发展则经历了以下过程。

1901 年空气减振气垫专利成功申请;1920 年,法国人 George Messier 设计了第一个真正意义上的空气弹簧,并进行了实车试验;随后在 1929 年,捷克斯洛伐克的太脱拉(TATRA)汽车公司也尝试了空气弹簧的设计,并在 T24 卡车后轴上装备了空气弹簧,如图 6-5 所示。虽然此时的空气弹簧已经接近如今的空气悬架概念与结构,但是依然受到了制造工艺以及材料的影响,并没有达到实用目的。

图 6-5　TATRA 空气弹簧卡车

1933 年,实用的空气弹簧也开始在汽车上首次使用,空气弹簧如图 6-6 所示。到了 1940 年代,独立悬架出现,并得到很大发展。减振器也采用了双向筒液压减振器,这种结构也被一直沿用至今。

20 世纪 50 年代,液压悬架系统出现在了汽车上,并且现代汽车采用最为广泛的一种悬架——麦弗逊式悬架诞生,如图 6-7 所示。

从 1980 年起,BOSE 公司通过 24 年的研究,成功研发了一款电磁主动悬架系统(见图 6-8)。1984 年,电控空气悬架开始出现,林肯汽车也是第一个采用可调整的空气悬架系统的汽车。2013 年,奔驰首次发布了魔毯悬架,并在 2014 年首次应用于奔驰 S 级轿车上,奔驰新一代 S 级采用的 MAGIC BODY CONTROL 悬架系统则将主动悬架系统的发展带到了一个新的台阶。

图 6-6 空气弹簧

图 6-7 麦弗逊独立悬架

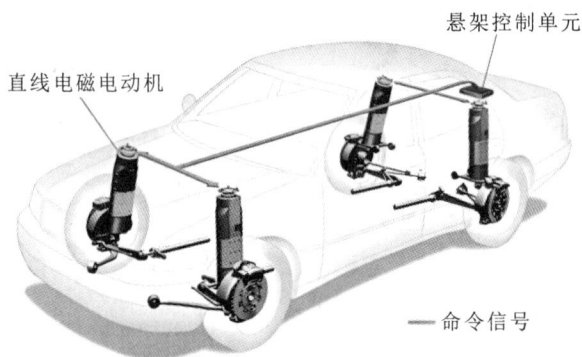

图 6-8 BOSE 电磁主动悬架系统

经过一百余年的发展,汽车悬架系统也得到长足的发展。现在的汽车悬架种类繁多,名称也是五花八门,如拖曳臂悬架、多连杆悬架、麦弗逊悬架等,但评价悬架好坏的几个参数却没有变。悬架的几个常用的参数有侧倾高度、车轮定位参数、悬架侧倾角刚度、横向刚度和占用空间等。

6.2 线控悬架系统分类

悬架系统是将汽车与路面进行隔离的弹性元件系统。与传统悬架系统不同,在汽车智能化的背景下,线控悬架系统采用主动或者半主动弹性元件,由传感器帮助识别车辆行驶状态,处理器处理并输出不同的弹性特性,通过线控方式让弹性元件系统执行,从而实现舒适或运动的悬架特性。

在悬架系统中,两个最重要的参数为刚度和阻尼。

刚度是衡量悬架垂直抵抗变形能力的一种量度,等于悬架承受的载荷与该载荷引起的悬架的变形的比值。悬架系统的刚度越高,车轮的位移就越难,车辆就会越稳定,但是车辆的舒适性就会越低。反之,悬架的刚度越小,簧上的固有频率越接近 1Hz,在车辆行驶的过程中,路面冲击带来的共振越小,舒适性就越好,但是太小的刚度会使车辆的姿态难以保持,会带来高速过弯侧倾严重等问题。

悬架的阻尼是指车辆对车轮振动能力的抑制,阻尼器通过消耗振动的动能来减少车辆的弹跳。在一定范围内,阻尼器的阻力越大,车轮的振动就越受到抑制,车辆的行驶舒适性就越好,车辆的转向响应也会越好,但是如果阻尼力过大,就会使悬架变得僵硬。而悬架无法灵活适应路面的变化,就会影响车辆的操控性能。当前,根据刚度和阻尼的可调节性,线控悬架又分为两种类型:半主动悬架和主动悬架。

6.2.1　根据执行机构分类的线控悬架

从技术成熟度和装备率考量,空气弹簧、CDC 型线控减振器最为常见;MRC 型减振器的减振效果好且反应速度快,待后期价格下降后会有较好的发展空间;线控防倾杆由于替代性较强,装备必要性相对较低。

线控悬架按照执行机构分为三大类:弹簧、减振器和防倾杆,详细分类如图 6-9 所示。

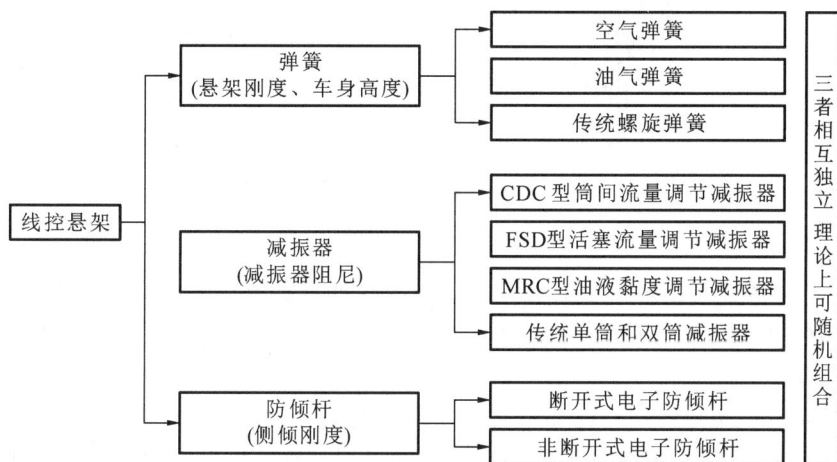

图 6-9　线控悬架按执行机构分类

1.弹簧

弹簧的主要作用是调节车身高度和悬架刚度,主要应对越野路段和激烈驾驶场景。其中,弹簧可以分为空气弹簧、油气弹簧和螺旋弹簧。

其中,线控悬架中可调刚度的弹簧是空气弹簧和油气弹簧。

空气弹簧是在一个密封的容器中充入压缩空气,利用气体可压缩性实现其弹性作用。空气弹簧具有较理想的非线性弹性特性,加装高度调节装置后,车身高度不随载荷增减而变化,弹簧刚度可设计得较低,乘坐舒适性好。其结构如图 6-10 所示。

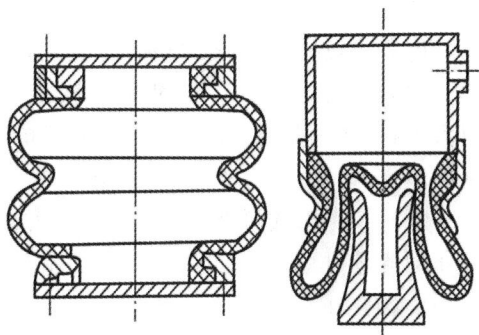

图 6-10　空气弹簧

油气弹簧是一种在密闭的容器中充入压缩气体和油液,利用气体和液体的力来实现弹簧作用的一种装置,通过气体和液体的压缩产生的弹簧效果来实现对载荷的支撑和缓冲。油气弹簧以惰性气体(氮气)作为弹性介质,用油液作为传力介质,一般是由气体弹簧和相当于液力减振器的液压缸所组成的。根据结构的不同,油气弹簧分为单气室、双气室以及两级压力式等三种形式。其中单气室油气分隔式油气弹簧如图 6-11 所示。

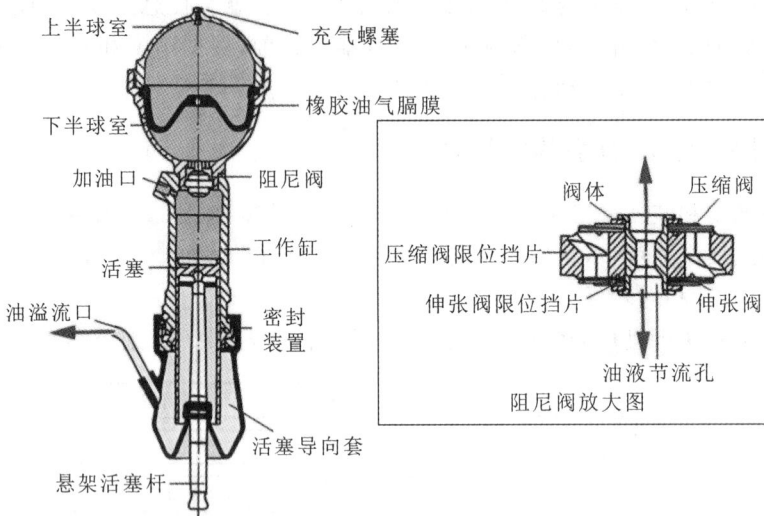

图 6-11　单气室油气分隔式油气弹簧

2. 减振器

减振器的主要作用是调节悬架阻尼,对优化 NVH 性能有很大帮助。其中,减振器可以分为 CDC 连续可调阻尼减振器、磁流变液减振器以及 FSD(自适应阻尼)型活塞流量调节减振器。

CDC 连续可调阻尼减振器内部装有可变阻尼阀门,其开闭动作受 ECU 控制。通过精确调节阀门开度,控制油液流经阀门的速率,从而灵活调整减振器的阻尼力。此过程几乎达到实时效果,调整频率高达每秒数百次,确保减振器能够迅速响应路况及驾驶状况,为车辆提供最佳阻尼力。其结构如图 6-12 所示。

磁流变减振器(MRC 减振器)是利用电-磁转换原理,将一种磁性软粒悬浮液注入减振器活塞内的电磁线圈后,通过线圈电流大小改变磁场进而改变液体的流变特性(或产生流体阻力)的一种减振器。这种装置没有机电控制阀、且机械装置简单,能产生反应迅速、可控性强的阻尼力。其结构如图 6-13 所示。

FSD 型活塞流量调节减振器是一种自适应调节减振器,其作用是通过调节减振筒里的液压油流量,根据路面颠簸程度自动调节减振器的阻尼,也就是我们常说的减振软硬程度。

3. 防倾杆

防倾杆的作用是减小车辆转弯时的侧倾感并改善乘坐舒适性,其结构如图 6-14 所示。从小型轿车到重型载货车的前悬大多装有稳定杆。由于设计时需要避开周围的其他部件,因此稳定杆的形式并不统一,但基本上都是屈臂与扭力杆为一体的形状。另外,材料的断面有实心和中空两种形式,基于轻量化考虑,中空材料的使用正在不断增加。

另外,防倾杆是通过扭力杆弹簧的作用,以达到降低车身倾斜的目的。它通过连杆固定在悬架系统的下支臂或是减振器上方;在相距防倾杆两端 1/3 的地方有个端点与悬架相连。

当汽车转弯时会由于离心力的作用而导致车身向弯道外侧倾斜。过弯时,防倾杆可以降低车身侧倾的程度,改善轮胎贴地性。而侧倾程度的降低可以减少外侧车轮承受的负重,同时可以降低内侧车轮负重减少的量。其中,防倾杆分为断开式电子防倾杆和非断开式防倾杆。

图 6-12　CDC 减振器

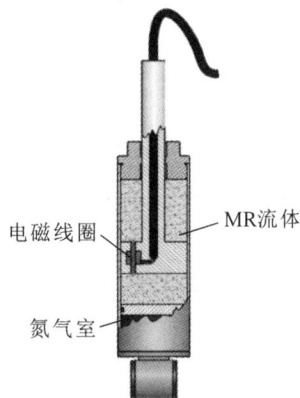

电磁线圈
MR流体
氮气室

图 6-13　MRC 减振器

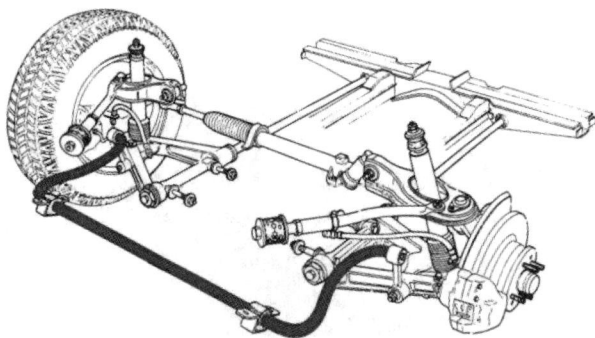

图 6-14　防倾杆

6.2.2　根据动力源分类的线控悬架

汽车悬架性能会直接影响到车行驶的平顺性和操纵稳定性。悬架最重要的两个特性参数分别是刚度与阻尼,而实现刚度特性与阻尼特性的零件,分别对应的是弹簧与减振器。根据动力源主动控制参数特性,线控悬架可分为被动悬架、半主动悬架和主动悬架。如图 6-15 所示。

另外,目前还有一种智能的主动悬架,引入了环境感知信息,增加了前馈控制,形成现代智能控制悬架系统。

1. 被动悬架

被动悬架是一种传统的悬挂系统,指的是悬架的刚度和阻尼都不可调(事先调校好),这种悬架实现最优减振效果的路况比较有限,难以适应多种不同路况,从而使得日常乘坐舒适性与操纵稳定性较差。但是这种悬架胜在结构简单、性能可靠、成本较低,是中低端车型的主流配置。从结构上看,被动悬架的弹簧一般采用螺旋弹簧,减振器采用的也是比较简单的

示意图	被动悬架	半主动悬架	主动悬架
弹簧类型	螺旋弹簧	螺旋弹簧（通常）	空气弹簧
减振器类型	普通液压减振器	阻尼可调减振器（通常为 CDC 或 MRD）	阻尼可调减振器（通常为 CDC 或 MRD）
阻尼是否可调	不可	可（通常）	可
刚度是否可调	不可	不可（通常）	可
缓振能力	低	中	高
耐用性	高	中	中
成本	低	中	高

图 6-15　汽车悬架按动力源分类

液压减振器。被动悬架不具备主动调节的能力，无法根据驾驶条件进行主动调整。被动悬架的显著特点就是悬架弹簧刚度和减振器阻尼值是定值，不可主动调节。被动悬架示意图如图 6-16 所示。

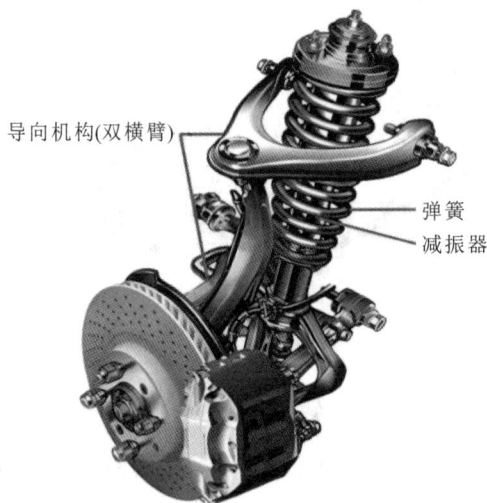

导向机构(双横臂)
弹簧
减振器

图 6-16　被动悬架

2. 半主动悬架

半主动悬架指的是悬架的刚度和阻尼当中有一项可调，可按照储存在计算机内的弹簧和减振器的优化参数指令来调节弹簧的刚度和减振器的阻尼状态。一种模式是阻尼可调，则通常采用阻尼可变减振器，即我们常说的 CDC 型减振器或 MRC 型减振器。另一种模式是刚度可调，则通常采用空气弹簧来替换传统的螺旋弹簧（这种情况需要悬架提供能量输入）。半主动悬架通常不用能量输入装置，所以调节弹簧刚度的难度较大，通常采用调节减振器阻尼的方式，即采用可变阻尼减振器。在商用车上，若不追求舒适性而追求通过性，也可单独使用空气弹簧进行调节。半主动悬架系统在不改变悬挂结构的前提下，通过调节悬挂阻尼器的阻尼特性来改善车辆的驾驶性能。相较于全主动悬架系统,半主动悬架系统结构更为简单,成本较低,可通过调整减振器的阻尼力来适应不同的驾驶模式和路况。

目前,市场上主流的半主动悬架主要分为两类:一类是可以调节阻尼的电磁悬架和CDC 悬架,另一类是可以调节刚度的空气悬架。另外,自适应悬架系统(adaptive suspension system)通常被视为半主动悬架的一种,但它更注重于根据外部条件自动调整悬架性能。自适应悬架系统能够根据车辆的行驶状况和道路条件自动调整悬架设置。它主要通过传感器收集数据,如车速、转向角度、车轮转速等,然后根据预设的算法调整悬挂硬度,以改善舒适性和操控性。

1) MRC 减振器半主动悬架

电磁式半主动悬架是近年来迅猛发展的一种半主动悬架系统,它最大的特点就是响应迅速,调节悬架阻尼可以高达每秒 1000 次。主要由行车电脑、车轮位移传感器、电磁液压杆和直筒减振器组成。

电磁减振器的奥秘在于其中充当阻尼介质的磁流变液,这种液体是由合成的碳氢化物和细微的铁粒组成。而这些金属粒子在普通状态下,会杂乱无章的分布在液体中,而随着电磁场的产生及磁通量的改变,它们就会排列成一定结构,黏滞系数也随之改变,进而改变阻尼。而电磁场的强度只需要改变电流即可控制。也就是说这套系统的控制原理其实就是通过改变电流大小即可改变电磁场强度进而就能够达到控制阻尼系数的目的。如图 6-17 所示。

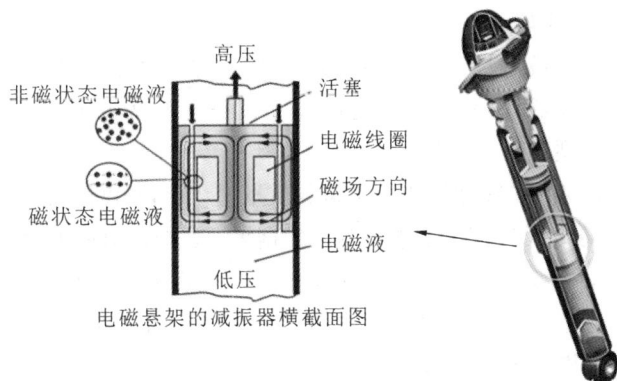

图 6-17　磁流变减振器原理示意图

与传统的液压及电磁阀式阻尼器相比,磁流变阻尼器的响应速度更快且阻尼变化范围更大。21 世纪初期,德尔福率先研制出采用磁流变技术为核心的减振器以及电磁悬架系统,像凯迪拉克、保时捷、奥迪、捷豹路虎等旗下多款运动车型都曾使用过这项技术。

2) CDC 减振器半主动悬架

CDC 减振器半主动悬架可通过电子液力阀智能调节减振器的舒适和运动特性,即软硬特性,准确来说,它是一种能自动识别道路状况并不间断调节的减震控制系统,如图 6-18 所示。该系统可以每秒钟对路面监测 100 次以上,根据车身的行驶状态对悬架的软硬特性实时调节。当车辆以中低速在城市道路行驶时,系统可以根据路面的状况,将悬架阻尼的强度降低,从而有效吸收来自路面的振动,保证车辆行驶的平稳顺畅,提升驾乘的舒适性。当车辆高速行驶或者转向时,又可以瞬间提升悬架阻尼的强度,加强车身的稳定性,减小过弯时的侧倾,令驾驶者更具信心。车辆紧急制动时,由于悬架阻尼强度的提升,车身前倾的姿态得到了控制,并缩短了刹车距离。

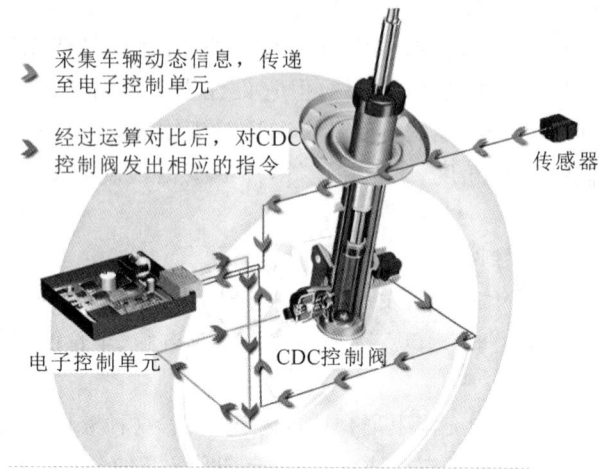

采集车辆动态信息，传递至电子控制单元

经过运算对比后，对CDC控制阀发出相应的指令

传感器

电子控制单元　　CDC控制阀

图 6-18　CDC 悬架控制

通常 CDC 减振系统主要由电子控制单元、CDC 减振器、车身加速度传感器、车轮加速度传感器、CDC 控制阀构成。

3）空气弹簧半主动悬架

空气弹簧悬架是应用最广泛的半主动悬架系统,它主要由控制电脑、空气泵、储压罐、气动前后减振器和空气分配器等部件组成,通过改变各空气弹簧中压缩空气的压力和体积来改变汽车减振系统的软硬和车身高度。

空气悬架为刚度可变的非线性悬架。当簧载质量变化时,刚度随之变化,以保持空载和满载时的同等车身高度,悬架固有频率基本不变。根据需要,选择不同的气囊工作高度可以获得理想的固有频率,从而得到良好的行驶平顺性。平顺性决定乘员的舒适性和货物的完好率。

典型的空气弹簧悬架系统主要由空气弹簧、导向机构、高度控制阀、减振器、横向稳定杆和控制系统等组成。如图 6-19 所示。

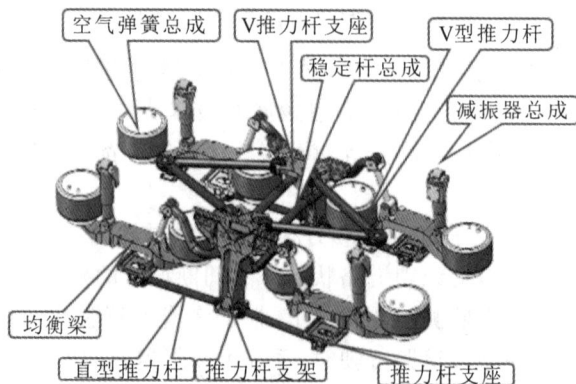

空气弹簧总成　V推力杆支座　V型推力杆
稳定杆总成
减振器总成
均衡梁
直型推力杆　推力杆支架　推力杆支座

图 6-19　空气弹簧悬架系统

3. 主动悬架

主动悬架是指悬架的刚度和阻尼均可调,可据不同路况实时调节悬架性能从而实现舒适性与操控性。从结构上来看,弹性元件采用的是空气弹簧,减振器采用的是阻尼可变减振器。主要控制原理是基于独立的执行器,可以施加额外的作用力,通过各类传感器将系统工作中的各类状态信息提供给控制系统,根据车辆行驶实时工况对悬架的阻尼、刚度、高度和车身姿态等状态参数进行前馈调节和控制,不过主动悬架的缺点为结构复杂带来的较高成本,并且潜在耐用性较低,尤其当空气弹簧核心材料为橡胶时,其老化程度通常高于钢制的螺旋弹簧。

主动悬架可以分为全有源(弹簧和减振器均有外部动力源驱动)和部分有源主动悬架(弹簧有外部动力源驱动,减振器无外部动力源驱动)。图 6-20 和图 6-21 所示分别为全有源主动悬架和部分有源主动悬架。

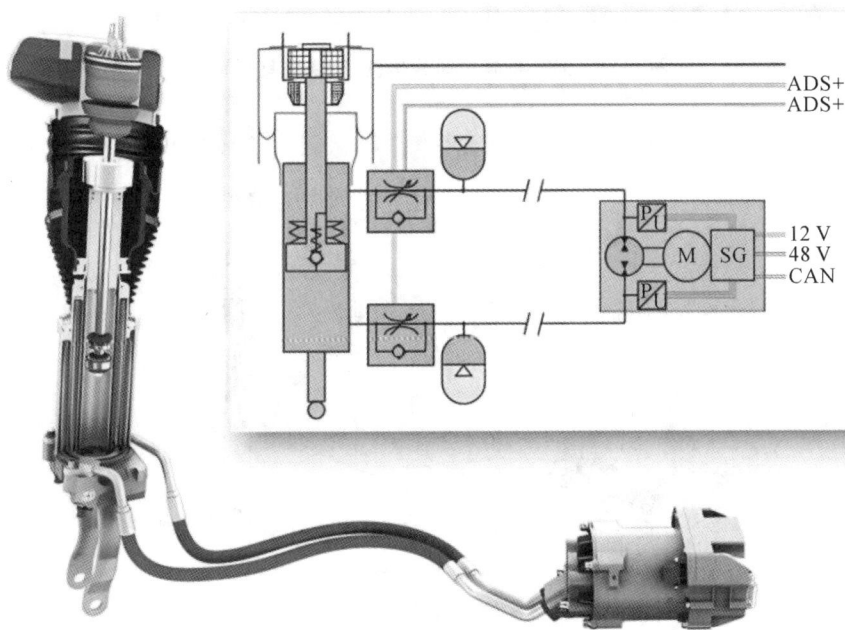

图 6-20　全有源主动悬架(弹簧和减振器有源)

4. 智能悬架系统

智能悬架系统(俗称魔毯悬架系统)是一种先进的汽车车身控制系统。它主要由众多的传感器、计算执行机构、空气弹簧和可调阻尼减振器构成,其工作原理是通过摄像头和雷达扫描车前方的路面状况,当监测到前方路面有起伏时,系统会自动改变悬架中液压支撑杆的液压油量。颠簸所带来的振动会经过车轮、液压支撑杆和车身,在这个过程中振幅会逐级递减,最终车身始终保持水平且平稳的状态,悬架和车轮则负责过滤颠簸。例如,奔驰 S 级的魔毯悬架可通过位于风挡处的"路面扫描摄像头"对车辆前方 15 m 内、地面高度 3 mm 以上的路面进行预扫描,如图 6-22 所示。

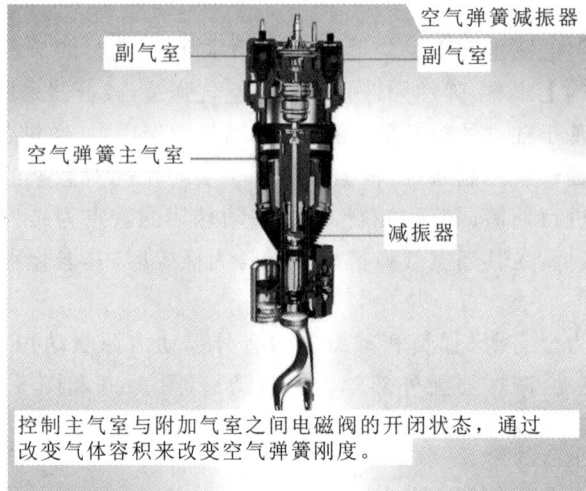

空气弹簧减振器

副气室　　　　　副气室

空气弹簧主气室

减振器

控制主气室与附加气室之间电磁阀的开闭状态，通过
改变气体容积来改变空气弹簧刚度。

图 6-21　部分有源主动悬架（空气弹簧有源）

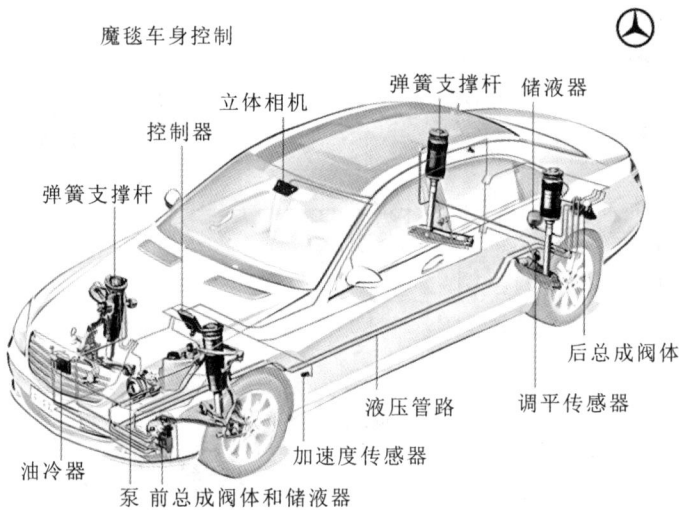

魔毯车身控制

立体相机　弹簧支撑杆　储液器

控制器

弹簧支撑杆

后总成阀体

调平传感器

液压管路

加速度传感器

油冷器

泵　前总成阀体和储液器

图 6-22　奔驰魔毯悬架系统

6.3　线控悬架系统的结构与组成

6.3.1　线控悬架系统介绍

　　线控悬架系统主要由传感器、开关、电子控制单元和执行机构组成，如图 6-23所示。传感器负责收集车身状态数据，开关用于传输信号，电子控制单元根据传感器的信号进行分析和计算，然后控制执行机构来调节悬架参数。执行机构则根据 ECU 的指令来实现悬架的调节，使车辆在行驶过程中具有更好的平顺性和操纵稳定性。

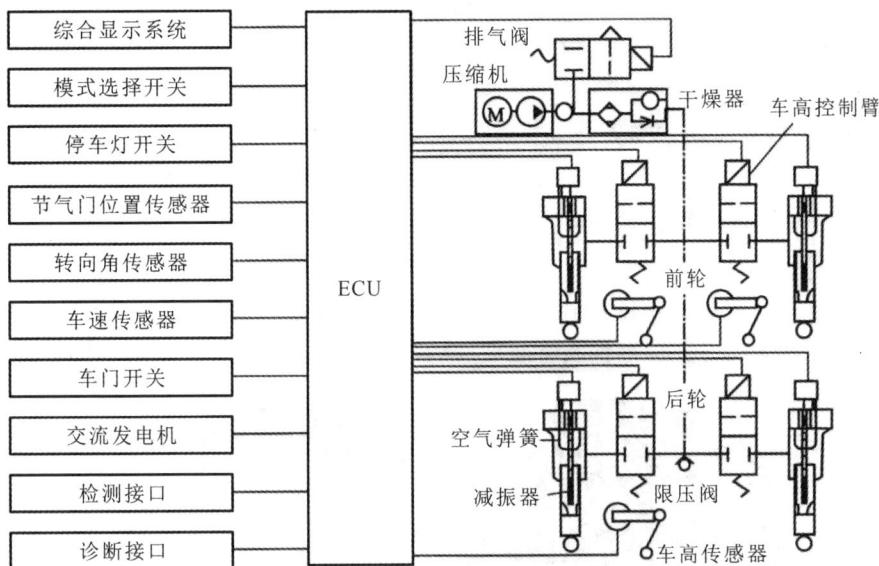

图 6-23　线控悬架系统组成示意图

1. 传感器

悬架传感器负责收集汽车的各种数据,如车高、加速度以及其他相关传感器等,以便悬架系统根据这些数据做出相应的调整。一般包括车高传感器、加速度传感器等。

车身高度传感器的工作原理主要是通过测量车身与地面的距离,并将测量结果转换为电信号输出。传感器内部通常包含一个连杆带动的轴,轴上装有一个布满狭窄槽口的转盘,转盘两边分别配置了由发光二极管和光敏二极管晶体管组合而成的遮光装置。当传感器轴旋转时,遮光装置的输出会在开和关之间切换,这个切换信号随后通过信号线传递给悬架的电子控制设备。电子控制设备通过识别这些开/关切换信号来确定转盘的旋转角度,从而感知车身高度的变化。车身高度传感器如图 6-24 所示。

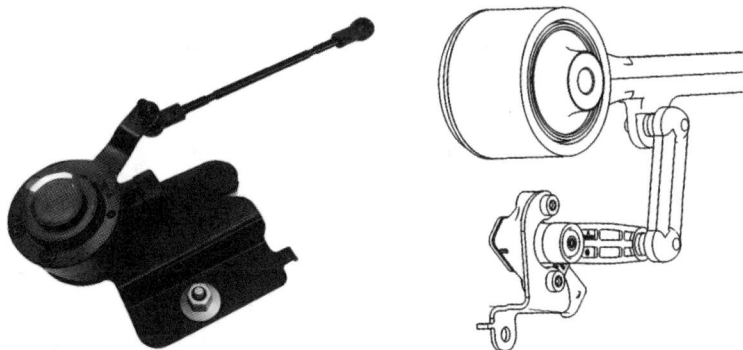

图 6-24　车身高度传感器示意图

在实际工程应用中,车身高度传感器通常安装在车架上,传感器的轴末端连接着一根导杆,导杆的另一端通过一个连杆与独立悬架的下摆臂相连。这样的设计使得传感器能够即时追踪车身高度的任何变化,并将这些信息传递给电子控制设备,实现对车身高度和悬架系统的精准操控。

2. 开关

开关用于控制汽车的不同模式,如模式选择开关、刹车灯开关、驻车开关和车门开关等。开关包括模式选择开关、刹车灯开关、驻车开关和车门开关等。驱动器包括阻尼系数可调的减振器、弹簧高度和弹力可调的弹性元件等。

3. 电子控制单元

悬架 ECU 是电控悬架系统的控制中心,负责接收传感器数据并控制驱动器进行相应的调整,以提高汽车的行驶稳定性和舒适性。线控悬架电子控制单元如图 6-25 所示。

图 6-25 线控悬架电子控制单元示意图

4. 执行机构

1) 空气弹簧系统

空气悬架系统以其独特的调节机制,通过精准控制空气弹簧内的气压,实现对车身高度及悬架刚性的灵活调整,以此来优化车辆对不同路况和驾驶情境的适应性,显著提升乘坐的舒适感受及车辆的操控性能。

2) 可调阻尼减振器

减振器是汽车悬架系统中非常重要的一个组成部分,其主要作用是减少车身的振动和颠簸,提高车辆行驶的稳定性和舒适性。可调阻尼减振器的出现,使得驾驶者可以根据不同的驾驶需求和路况,自由调节车辆的阻尼力,从而更好地适应各种路况,提高驾驶体验。

6.3.2 空气弹簧系统的结构与组成

1. 空气弹簧系统组成

空气弹簧悬架系统主要包括储气罐、电磁阀、管路、空气泵、传感器及空气弹簧等。其组成如图 6-26 所示。

2. 空气弹簧基本结构

空气弹簧主要由上盖、橡胶囊、橡胶堆、下座、节流阀、O 形密封圈等构成。

上盖:空气弹簧的上部封闭结构,通常由金属或塑料制成,用于密封空气弹簧内部。

橡胶囊:空气弹簧的主体部分,通常由橡胶制成,具有弹性,能够在充气后提供弹性支撑。

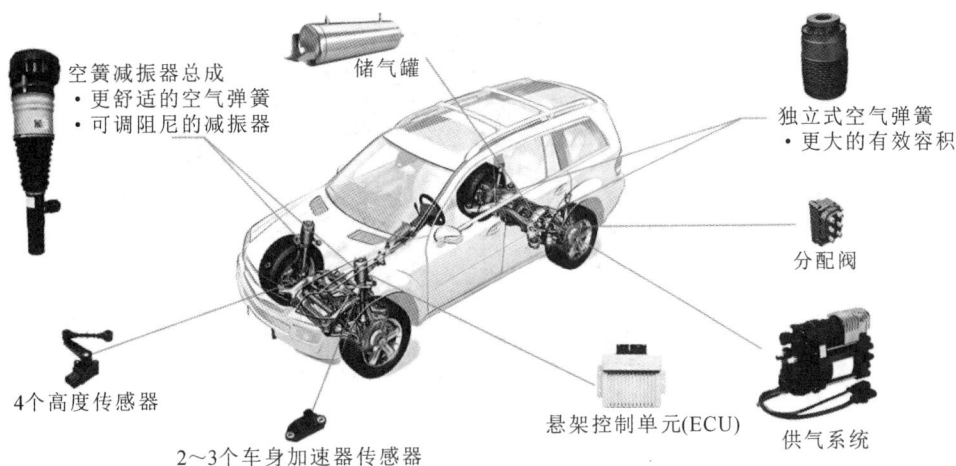

图 6-26　空气弹簧系统组成

橡胶堆:位于橡胶囊下方,用于增加空气弹簧的稳定性和承载能力。

下座:空气弹簧的下部封闭结构,通常由金属制成,用于固定和支撑橡胶囊。

节流阀:用于调节空气弹簧内部的压力,确保其在不同工况下的稳定性和性能。

O 形密封圈:用于密封橡胶囊和上下盖之间的连接处,防止气体泄漏。

此外,空气弹簧还可以根据气囊的结构形式分为囊式、膜式和复合式三种类型。囊式空气弹簧通常采用圆柱形结构,由橡胶气囊、上盖板、底座、辅助气室和夹紧环等组成。膜式空气弹簧则采用橡胶气囊、上盖板、底座等部件。囊式、膜式和复合式空气弹簧如图 6-27 至图 6-29 所示。

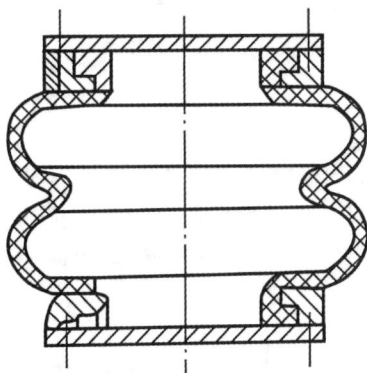

图 6-27　囊式空气弹簧

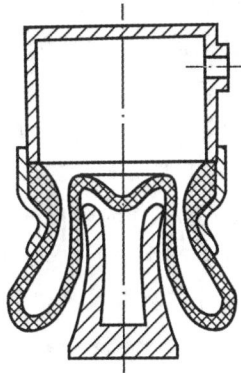

图 6-28　膜式空气弹簧

3.储气罐

空气悬架储气罐是空气悬架系统的重要组成部分。它的主要作用是储存气体,用于系统的气体调节和悬架调节。当车辆在行驶过程中悬架发生颠簸和振动时,储气罐会通过气泵向悬架系统注入气体,以调节车辆的悬架高度和硬度,从而提高车辆的行驶稳定性和舒适性。此外,储气罐还具有储存回收制动能量的功能。当车辆急刹车或下坡时,气泵会将制动能量转化为气体存入储气罐中,以便后续加速行驶时使用。

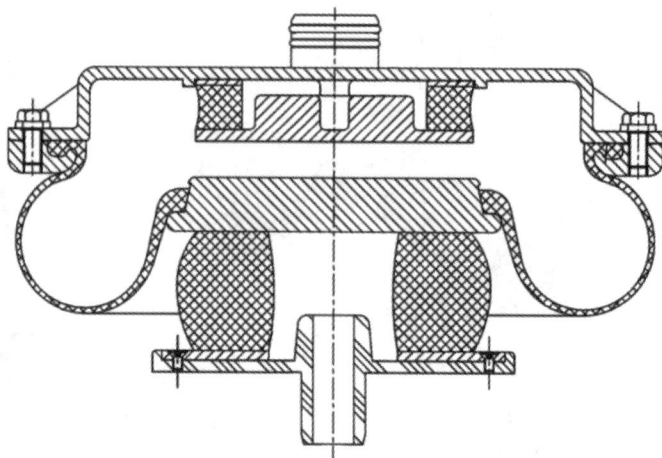

图 6-29　复合式空气弹簧

空气悬架储气罐的结构主要包括储气罐主体、连接口、气泵接口以及透气口等,结构如图 6-30 所示。

储气罐主体:空气悬架储气罐由一个闭合的主体组成,通常采用钢制材料和铝合金材料制成,以保证储气罐的坚固性和耐用性。

连接口:储气罐与其他空气悬架系统部件(如气泵、气阀等)之间需要连接,因此储气罐上通常设有连接口,用于与其他部件进行连接。

气泵接口:空气悬架储气罐需要通过气泵将气体存入或排出储气罐,因此设有气泵连接口。

透气口:透气口是储气罐的一个重要组成部分,用于控制储气罐内部气体的压力,同时也可防止气体在高温和高压情况下发生爆炸。

4.空气压缩机

空气压缩机是整个空气供给单元的核心部件,主要功能是通过压缩空气向高压空气罐充气,再由空气阀组调节储气罐与空气弹簧的气压与气量。空气压缩机不直接连接空气弹簧,因为空气压缩机工作时会有一定的噪声,而且频繁工作也会缩短压缩机的使用寿命。并且由于压缩空气会产生冷凝水,因此空气压缩机还需配备空气干燥器,以防止空气冷凝产生水汽腐蚀金属元件。空气压缩机如图 6-31 所示。

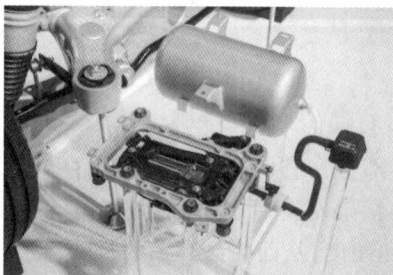

图 6-30　储气罐

图 6-31　空气压缩机

5.分配阀

空气悬架分配阀(见图 6-32)是空气悬架系统
中的关键部件之一,它的主要作用是控制空气的流
动方向,使气压经过不同的通道进入不同的空气弹
簧,从而对车身高度、硬度和稳定性进行调节。在
空气悬架系统中,一般采用两个以上的空气弹簧,
通过空气悬架分配阀的控制,将气压分配到各个空
气弹簧中,实现对车身高度的调节。

图 6-32　空气悬架分配阀

空气悬架分配阀的工作原理是将气压分配到
不同的空气弹簧中,使车身保持平衡状态。在车辆行驶过程中,车身高度传感器检测到车身
高度变化后,通过控制器发送信号,调节空气悬架分配阀的工作状态。当车身前部遇到颠簸
路面时,空气悬架分配阀会将气压分配到前部空气弹簧中,使车身前部升高,从而减少对底
盘的冲击。当车辆行驶在高速公路上或者需要拐弯时,空气悬架分配阀会自动将气压分配
到相应的空气弹簧中,使车身保持平稳状态。

6.其他附件

除了关键零部件之外,还有一些重要附件,比如管路等。

6.3.3　CDC 减振器的结构与组成

CDC 减振器主要由减振器活塞、连杆、内外腔室、控制阀等组成,如图 6-33所示。工作
时,由传感器采集信号,输入到电子控制单元根据相应控制策略进行分析,输出控制信号给
CDC 控制阀,CDC 控制阀按照控制信号连续地、成比例地改变内外腔室间孔的大小来改变
液体压力和流量,最终实现悬架阻尼的连续调节。

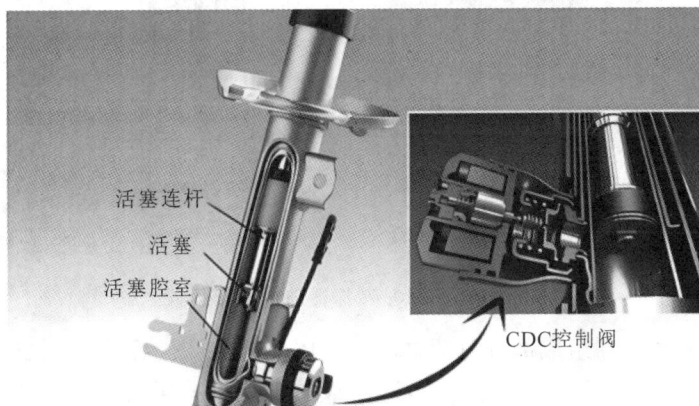

图 6-33　减振器组成示意图

目前,CDC 连续可调阻尼减振器结构有三种类型:外置单阀 CDC 减振器(见图 6-34),
内置单阀 CDC 减振器(见图 6-35),外置双阀 CDC 减振器(见图 6-36)。

图 6-34 外置单阀　　　　图 6-35 内置单阀　　　　图 6-36 外置双阀

6.3.4 MRC 减振器的结构和组成

　　MRC 减振器是一种利用电磁反应进行工作的减振装置,当电磁线圈通电时,磁场会使磁流变液体从流动状态转变为半固体状态,从而改变其黏度和阻尼力。它通过监测车身和车轮运动传感器的输入信息,对路况和驾驶环境做出实时响应,这种变化是迅速且可控的,使得减振器能够根据路况实时调整阻尼力,提供平滑的驾驶体验。MRC 减振器的主要结构和内部剖面如图 6-37 所示。

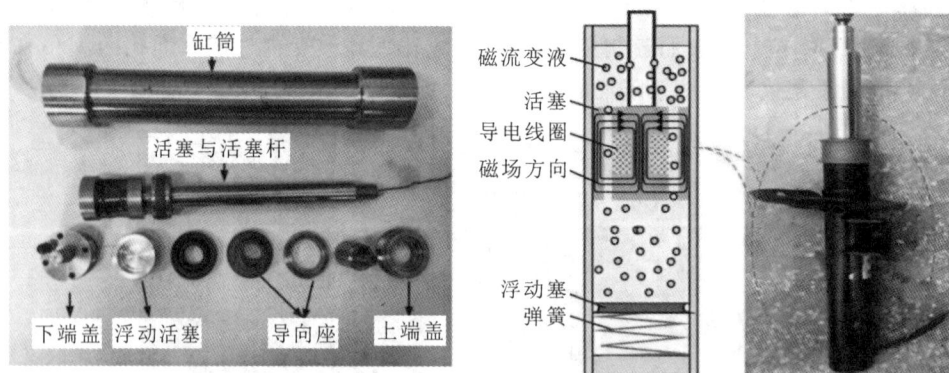

图 6-37 MRC 减振器结构示意图

　　磁流变减振器的主要组成部分包括磁流变液体、电磁线圈、活塞组、传感器。

　　磁流变液体:这是一种磁性软粒悬浮液,当液体被注入减振器活塞内的电磁线圈后,线圈的磁场会改变其流变特性,从而产生反应迅速、可控性强的阻尼力。

　　电磁线圈:位于减振器活塞内,通过电流产生磁场,影响磁流变液体的流变特性,从而调节阻尼力。

　　活塞组:由活塞组件构成,设计上解决了磁流变减振器的空间体积与有效阻尼通道之间的矛盾问题,确保在不增加减振器空间体积的情况下,实现高效的阻尼调节。

　　传感器:监测车身和车轮的运动,提供实时输入信息,帮助减振器做出响应。

6.4　线控悬架系统技术原理

汽车线控悬架系统的主要作用是通过调节悬架的刚度和阻尼力,突破传统被动悬架的局限性,使汽车的悬架特性与道路状况和行驶状态相适应。这种系统能够根据实际情况进行智能调整,提高汽车行驶的平顺性和操纵的稳定性。通过电子控制,悬架系统能够根据不同的驾驶条件和路况,自动调整悬架的刚度和阻尼力,以适应不同的行驶状态。

6.4.1　线控悬架整体架构与工作原理

汽车线控悬架的工作原理是通过车身高度、车速、转向角度及速率、制动等信号,由电子控制单元控制悬架执行机构,使悬架系统的刚度及车身高度等参数得以改变,从而提升汽车的乘坐舒适性、操纵稳定性和通过性。线控悬架整体架构及控制关系如图 6-38 和图 6-39 所示。

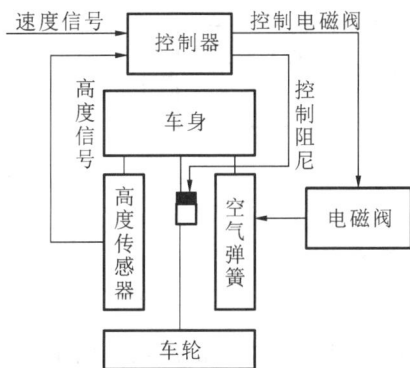

图 6-38　线控悬架工作原理图

图 6-39　线控悬架整车架构

6.4.2　半主动悬架整体架构与控制原理

半主动悬架可以分为刚度可调半主动悬架和阻尼可调半主动悬架,也就是空气弹簧＋不可调减振器的悬架,以及不可调刚度弹簧＋可调阻尼减振器的悬架,其中可调阻尼减振器又可以分为 CDC 减振器和 MRC 减振器。图 6-40 给出了半主动悬架系统控制原理。

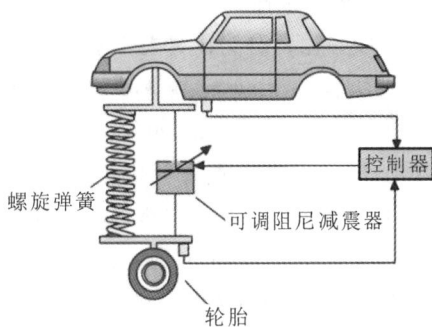

图 6-40　半主动悬架系统控制原理

1. 空气弹簧悬架

配备空气弹簧的车型可以在颠簸路况中通过改变车身高度,达到提升车辆通过性、减小离地间隙进而减小风阻的作用。由于空气弹簧的作用介质为空气,气压变化存在一定的滞后性,因此空气弹簧的高度调节不具备瞬时性。线控空气弹簧悬架整体架构如图 6-41 所示。

线控空气弹簧悬架控制原理如图 6-42 所示。

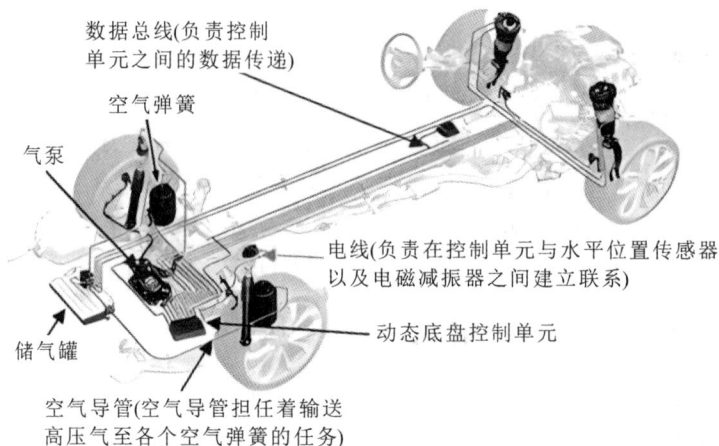

数据总线(负责控制
单元之间的数据传递)

空气弹簧

气泵

电线(负责在控制单元与水平位置传感器
以及电磁减振器之间建立联系)

动态底盘控制单元

储气罐

空气导管(空气导管担任着输送
高压气至各个空气弹簧的任务)

图 6-41　线控空气弹簧悬架整体架构

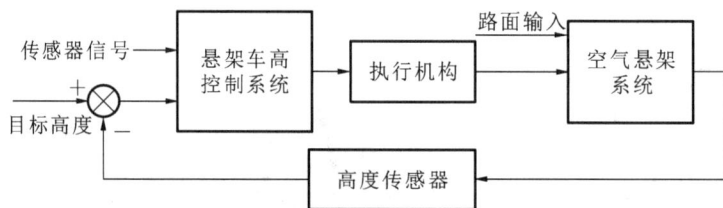

图 6-42　线控空气弹簧悬架控制原理图

2. CDC 减振器悬架

线控减振器通过对路面激励信号和悬架振动信号的处理获得最佳的减振器阻尼参数，通过阻尼调节抵消部分车轮的弹力，使传递到车身的振动幅值和频率减弱，进而提高乘坐舒适性和行驶稳定性。

CDC 减振器分为内外两个腔室，里面充满液压油。内外腔室的油液可以通过内外腔室间的小孔流动。当车轮颠簸时，减振器内的活塞会在套筒内上下移动，腔内的油液便在活塞的作用力下在内外腔室间流动，同时油液也会对活塞产生阻力，只要改变油液流动过程阻力的大小，就可以改变活塞的阻力大小，也就是减振器阻尼的大小。

CDC 减振器的整体架构与工作原理，以及控制原理如图 6-43、图 6-44 所示。

3. MRC 减振器悬架

MRC 减振器悬架就是利用电磁反应，通过对车身和车轮运动的实时监测，传感器将数据传输给系统进行分析，从而对路况和驾驶环境做出毫秒级的快速响应。当被控对象在外部激励下发生振动时，控制系统对传感器所采集的响应数据进行分析和处理，并结合被控对象的减振要求，通过预先设计的控制策略，提供相应的电流值，通过对电流大小的控制，从而实现对减振器中磁流变液的状态进行精准调节，达到阻尼精准可控的目的，实现更加精细化的悬架调节效果，以适应不同的路面和行驶条件，其工作原理如图 6-45 所示。

磁流变材料是由磁场控制的新型智能材料，其响应快(ms 量级)、可逆性好(撤去磁场后，又恢复初始状态)，可以通过调节磁场大小来控制材料的力学性能连续变化。

MRC 减振器悬架系统整车控制如图 6-46 所示。

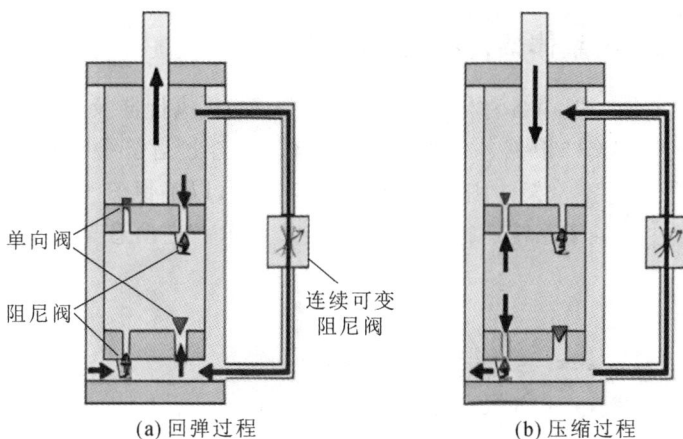

单向阀

阻尼阀

连续可变
阻尼阀

(a) 回弹过程　　　　　　　　　(b) 压缩过程

图 6-43　CDC 减振器整体架构与工作原理

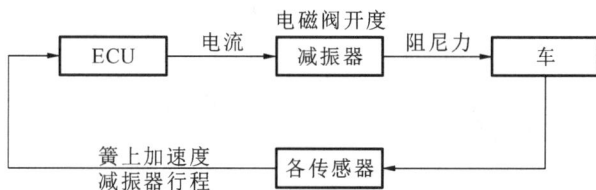

图 6-44　CDC 减振器控制原理图

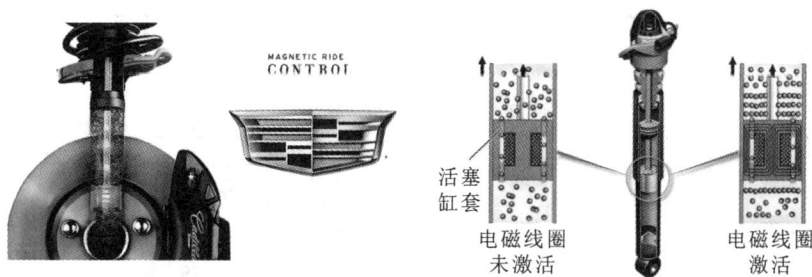

图 6-45　MRC 减振器悬架的工作原理

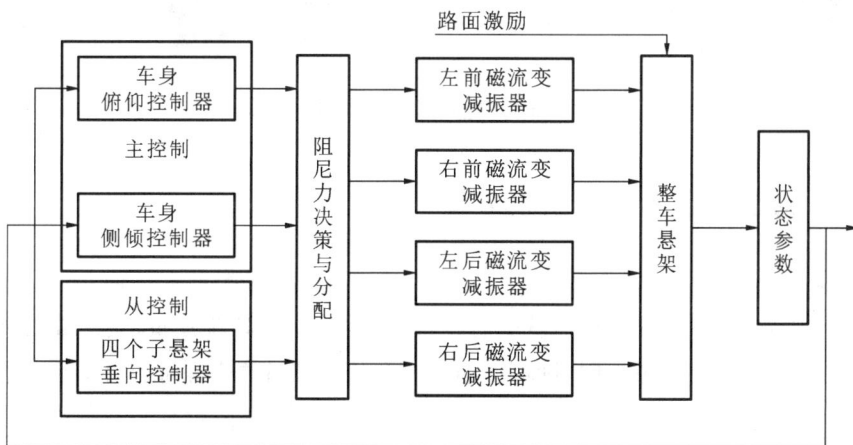

图 6-46　MRC 减振器悬架系统整车控制

6.4.3　主动悬架系统整体架构和控制原理

汽车主动悬架系统一般由各种传感器、模式选择开关、执行器及电子控制单元等组成，它的工作原理是：悬架 ECU 根据各传感器输入的信号，经过运算分析后输出控制信号，控制各执行器动作，及时调整悬架的刚度、阻尼及车身高度，以确保汽车在行驶过程中的操纵稳定性和平顺性。主动悬架系统运行原理如图 6-47 所示。主动悬架系统控制原理如图 6-48 所示。

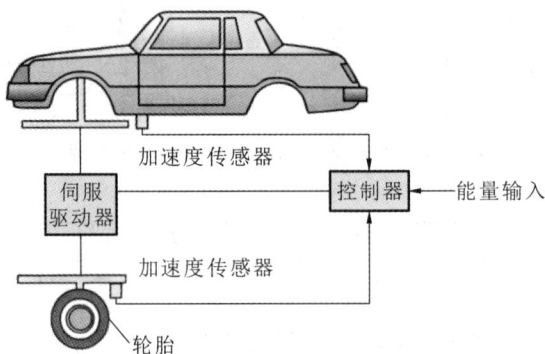

图 6-47　主动悬架系统运行原理示意图

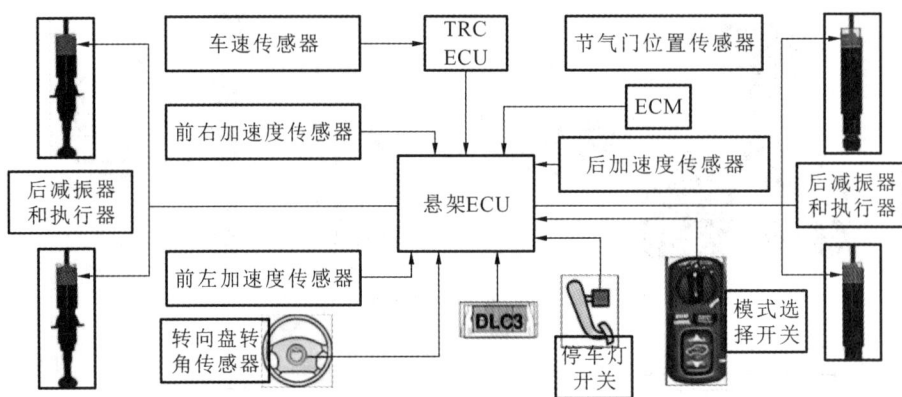

图 6-48　主动悬架系统控制原理示意图

6.5　线控悬架系统控制关键技术

主动悬架的最大优点则在于能自动适应不同的道路、不同的车速等情况。譬如，当车辆直线行驶在不平路面上，在无侧向风扰动时，便可适当增加车轮跳动量，来大幅度换取车辆的平顺性；当车辆行驶在弯道上时，则可以选取不同的反馈增益来保证较好的操纵稳定性。

6.5.1　线控悬架建模

与被动悬架系统相比，簧下质量的减少对车辆线控悬架系统的平顺性和操纵稳定性的改善更大。线控悬架系统的建模研究最初是从 1/4 一自由度模型开始的,该研究对线控悬架中采用的最优控制方法作了详尽的回顾与分析,对路面模型的研究进展及线控悬架不同简化模型结合最优控制的应用情况作了细致的分析。对于线控(主动或半主动)悬架系统的设计而言,往往都需要构建相应的简化模型,如 1/4 车模型,1/2 车模型或整车模型,如图 6-49 所示。

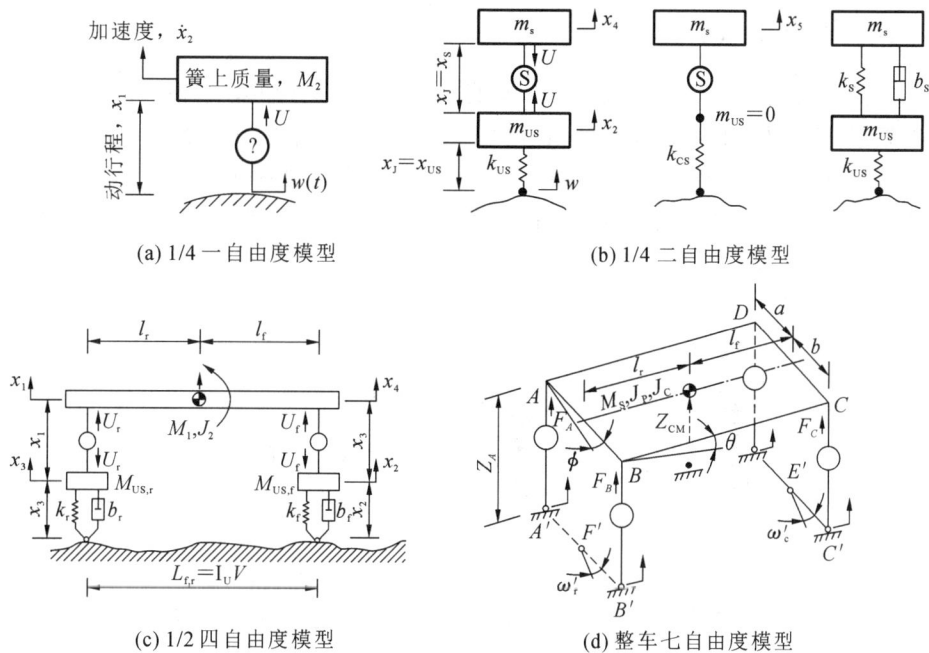

(a) 1/4 一自由度模型　　　　(b) 1/4 二自由度模型

(c) 1/2 四自由度模型　　　　(d) 整车七自由度模型

图 6-49　汽车悬架简化模型

在半主动或主动悬架技术中,大多数忽略了轮胎的垂向阻尼特性。尽管轮胎垂向阻尼相对轮胎垂直刚度来说很小,但是用来改善车辆极限潜力时还是具有一定的意义。少部分研究者对上述问题进行了研究,如 Levitt 等就研究了轮胎阻尼对主动悬架系统的影响,指出非零的轮胎阻尼特性将簧上质量和簧下质量在所有的频率范围内都关联起来,并通过主动控制力降低车轮频率处的簧上质量垂直加速度。

轮胎阻尼对于评价簧上质量的影响很大,在车辆直线行驶过程中,将轮胎的阻尼设为 0.02,可使簧上质量的垂直加速度均方根值降低约 30%。Turkay 等也对此现象进行了解释,指出当考虑轮胎阻尼时,传统的传递函数的局限性不复存在。Karnopp 同样也针对此问题进行了详细的分析并指出,尽管简单的 1/4 线性悬架模型存在较强的局限性,但是对于设计出新的性能更优的悬架系统依然存在着巨大的潜力。

关于悬架的研究,本章以 1/4 线性悬架的动力学模型为重点介绍悬架模型及控制原理,悬架模型如图 6-50 所示。其中 z_s 表示簧载质量位移,z_u 表示非簧载质量位移,m_s 表

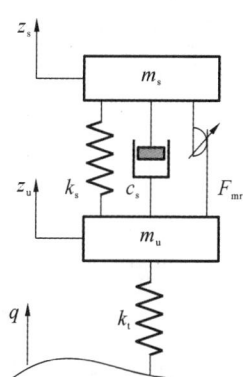

图 6-50　1/4 线控悬架模型

示簧载质量，m_u 表示非簧载质量，k_t 表示轮胎刚度，k_s 表示悬架刚度，c_s 表示悬架阻尼，F_{mr} 表示磁流变悬架阻尼力。在这里为了简化计算，不把控制方法作为重点，所以将 F_{mr} 视为 0。

根据牛顿第二定律，确定悬架模型的微分方程如式（6-1）：

$$m_s \ddot{z}_s = -c_s(\dot{z}_s - \dot{z}_u) - k_s(z_s - z_u) - F_{mr}$$
$$m_u \ddot{z}_u = c_s(\dot{z}_s - \dot{z}_u) + k_s(z_s - z_u) - k_t(z_u - q) + F_{mr} \tag{6-1}$$

6.5.2 线控悬架的设计原理

线控悬架系统是在车辆的簧载质量和非簧载质量之间运行的。它最大限度地减少了由道路和车辆动力学引起的垂直加速度和车辆振动，提高了车辆的操控性和稳定性。线控悬架系统包括液压回路、传感器和控制系统。大多数已经达到硬件开发和量产阶段的线控悬架都使用了某种形式的电液执行器。线控悬架（主动悬架和半主动悬架）设计原理框架如图 6-51 所示。

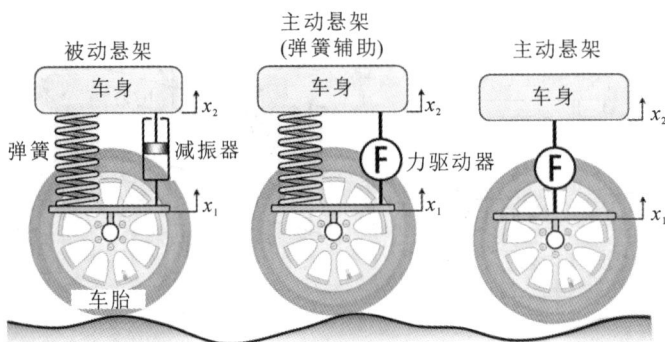

图 6-51 线控悬架设计原理框架

目前公认的主动悬架有两种形式。第一种是快速主动悬架或高带宽系统（HB），通常称为全主动。第二种是慢速主动悬架或低带宽系统（LB）。在主动悬架中，被动阻尼器和弹簧都被力驱动器取代，如图 6-52 所示。

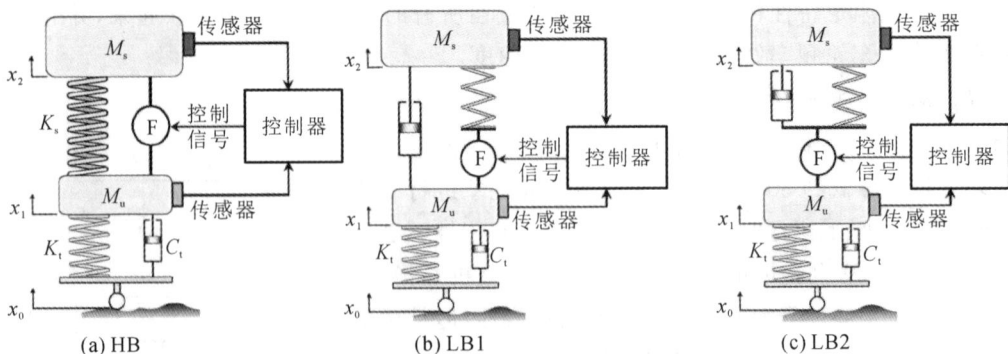

图 6-52 不同主动悬架系统的组成设计原理

全主动悬架系统（高带宽）也称为高带宽，将驱动器放置在簧载质量和非簧载质量之间。高带宽系统的主要功能是在整个系统的全带宽范围内对系统进行控制。具体来说，这意味着它的目的是增强围绕嘎嘎声空间频率(从 10～12 Hz)和轮胎跳跃频率(从 3～4 Hz)的悬架响应。

前期,也利用电液伺服系统(EHS)建立主动悬架系统,并采用了首次申请的压力控制阀。悬架由微处理器和加速度传感器控制,系统强调天钩阻尼器。与传统的低频悬架相比,它可以减少车身振动,这是通过相对于其绝对速度向身体施加主动阻尼力来实现的。液压系统具有依赖于道路输入激励频率的被动阻尼特性。这些特性的增强会减少高频路面输入产生的振动。

主动悬架系统中使用的硬件,范围从简单的摆动阻尼器、半主动阻尼器、低带宽/软主动悬架到高带宽/刚性主动悬架。自适应和半主动装置是改善直线行驶和处理瞬态性能的有效手段,虽然它们在行驶中提供的改进不如主动悬架那么大。

慢速主动悬架系统(低带宽)适用于低带宽操作。在该系统中,执行器与弹簧和/或阻尼器串联放置。慢速主动悬架系统(在小于 3 Hz 的低带宽下运行)旨在实现悬架在较低频率范围内的控制策略,特别是在发出嘎嘎声空间频率附近。在较高频率下,驱动器有效地锁定,因此轮跳运动受到被动控制。与高带宽系统相比,低带宽系统可以在机动过程中以更低的能耗实现车身侧倾和俯仰的显著降低。为了提供超出受控带宽的悬挂作用,执行器必须与传统弹簧串联安装,这反过来又降低了系统的能量需求。

目前主要有两种形式的低带宽系统,如图 6-52(b)(c)所示,一种形式是执行器与道路弹簧串联,并具有单独的被动阻尼器(LB1),另一种形式是执行器位于弹簧和阻尼器之间(LB2)。在慢速主动悬架中,被动弹簧在高频下可以提供所需的隔离,而执行器在该频率下可以提供振动控制低频(通常低于 3Hz)。

理论研究表明,有限带宽有源系统的性能与全有源系统相似,但成本和实施复杂性较低。这些基于 1/4 汽车模型的研究表明,当假定组件处于理想化状态且车辆在直线行驶条件下运行时,功率需求将较为适中。该系统的一些可能实施的部分已经通过使用液压气动元件提出,例如用带有阀门的气动弹簧来控制供气和排气。

由于驱动器只需要 3～4 Hz 的窄带宽,因此慢速主动悬架系统比需要宽带驱动器的全主动悬架系统便宜得多。但主动控制仍然包含弹跳、俯仰和侧倾中身体共振频率的正常范围,以及针对转向控制的响应而言感兴趣的频率范围。因此,慢速主动悬架系统是商业上可行的替代方案。

6.5.3　线控悬架系统的主要工作数学模型

1.电液伺服阀的数学模型

由于电液伺服阀(EHSV)的数学模型由 27 个方程描述,为了简化计算和迭代过程,在全主动悬架系统模型中不再使用典型的 EHSV 模型,因此找到 EHSV 的等效传递函数很重要。为此,计算驱动器位移可以进一步得到输入电流的瞬态响应。由于阀芯位移的阶跃响应表现得像一个过阻尼二阶系统,这可以用二阶系统的以下传递函数式(6-2)来描述。

$$G(s) = \frac{k}{\left(\frac{1}{\omega_n^2}\right)S^2 + \left(\frac{2\zeta}{\omega_n}\right)S + 1} \tag{6-2}$$

式中需要计算相应的代表性传递函数的系数 k、ω_n 和 ζ。k 值可以用稳态条件下的阀芯位移除以励磁电流值 10 mA。ω_n 和 ζ 的值可以通过运行 Simulink 程序来计算。

2.液压气动悬架装置的数学模型

液压气动悬架装置方案如图 6-53 所示。该系统的数学模型是通过应用描述悬架单元动态行为的方程式开发的。式(6-3)描述了这个系统。

$$Q_p - A_p \left(\frac{\mathrm{d}x_1}{\mathrm{d}t} - \frac{\mathrm{d}x_2}{\mathrm{d}t} \right) - \frac{V_{p_0} + A_p y}{B} \frac{\mathrm{d}P_p}{\mathrm{d}t} = 0 \tag{6-3}$$

其中：$\dfrac{V_{p_0} + A_p y}{B} \dfrac{\mathrm{d}P_p}{\mathrm{d}t}$ 表示考虑活塞腔压缩性影响的项。

如图 6-54 所示,阻尼系统压缩和回弹冲程中的可变节流孔区域由四个孔组成,孔上覆盖着一块铆接在其中心的圆形薄板。

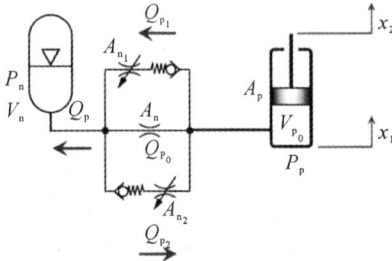

图 6-53　液压气动悬架示意图

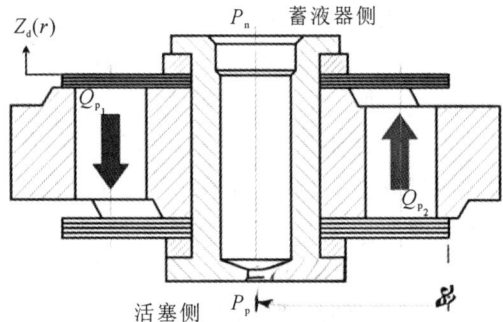

图 6-54　液压气动悬架装置的阻尼系统阀门

3.典型 1/4 车辆悬架数学模型

1/4 车模型的数学描述如下：

$$P_p A_p - M_s g - f_p \left(\frac{\mathrm{d}x_2}{\mathrm{d}t} - \frac{\mathrm{d}x_1}{\mathrm{d}t} \right) = M_s \frac{\mathrm{d}^2 x_2}{\mathrm{d}t^2} \tag{6-4}$$

$$K_t(x_1 - x_0) + C_t \left(\frac{\mathrm{d}x_1}{\mathrm{d}t} - \frac{\mathrm{d}x_0}{\mathrm{d}t} \right) - M_u g - P_p A_p - f_p \left(\frac{\mathrm{d}x_1}{\mathrm{d}t} - \frac{\mathrm{d}x_2}{\mathrm{d}t} \right) = M_u \frac{\mathrm{d}^2 x_1}{\mathrm{d}t^2} \tag{6-5}$$

式中:减振器的阻尼系数 C_t 是根据经过验证的阻尼器仿真模型即时计算的;f_p 是作用在车轮上并由表面不规则引起的激励。如果 x_0 是表面轮廓的高程,$\mathrm{d}x_0$ 则代表轮胎在地面接触点的垂直速度,它是道路轮廓的坡度乘以车辆的前进速度。

6.5.4　主动悬架系统设计

图 6-55 是一种典型的主动悬架工作模型,该模型主要由 EHSV、液压泵、液压执行器、空气弹簧、LVDT(直线位移传感器)等组成。EHSV 广泛用于主动悬架的设计中,从精度和速度的角度来看,EHSV 提供了良好的控制。

选择输出控制变量以实现车身所需的动态响应,构建测量反馈值的控制结构,确定测量装置。设计的主动悬架系统的运行分为三种模式:中性模式,压缩模式和回弹模式。

1.中性模式

当车辆在非常平坦的路面上行驶或车辆停止时,表示没有来自路面的输入位移,车身与

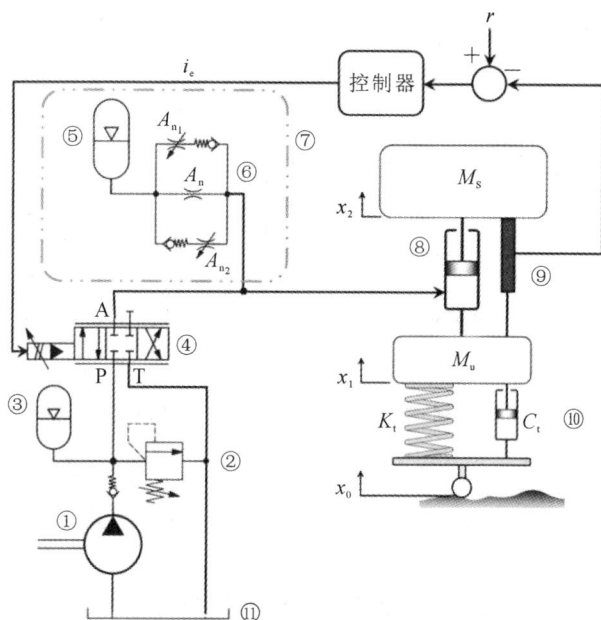

图 6-55　主动悬架工作模型示意图
①液压泵；②溢流阀；③⑤蓄能器；④EHSV；⑥节流阀；⑦空气弹簧；⑧液压执行器；
⑨LVDT；⑩轮胎（弹簧＋减振器）；⑪油箱

车轮总成之间没有任何相对运动。来自 LVDT 和加速度计的反馈电流为零，并且到 EHSV 的误差信号（i_e）为零。如图 6-55 中的④所示，此时 EHSV 的阀芯处于中位。

2. 压缩模式

如果车辆因路面颠簸，车轮组件会向上移动，并且车身与车轮之间的距离会减小。来自 LVDT 和加速度计的反馈电流增加，并且到伺服阀的误差信号也随即增加。压力（P_2）也将同步增加，阀芯向左移动。活塞室部分连接到油箱，以允许油流运动由于活塞的运动被引导到油箱，这一过程中车身几乎要保持在同一水平面上。

3. 回弹模式

在坑洼回弹行程中，车轮总成向下运动，车身与车轮总成的距离增大。结果，反馈电流增加，同时 EHSV 的负误差信号（i_e）也随即增加。

油流运动增加到左侧阀芯室，压力（P_1）增加，因此阀芯向右移动，气缸室与压力管路相连，油流到活塞室以补偿活塞向外运动，这样可以尽量使车身保持在同一水平面上。

6.5.5　线控悬架控制算法

PID（比例、积分、微分）控制是控制领域中应用最广泛、最成熟的控制方法，广泛应用于车辆的主动和半主动悬架中。其中比例（单次调节幅度）、积分（消除静差）、微分（反映输入信号的变化趋势）参数的调节可通过仿真测试和实车测试实现。

1. PID 控制模型

PID 控制模型如图 6-56 所示，PID 控制模型处理流程如图 6-57 所示。

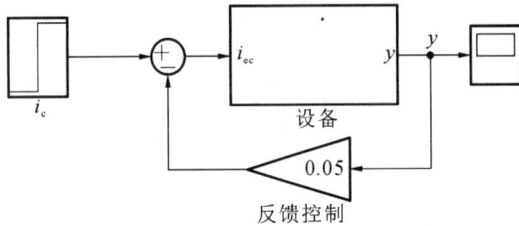

图 6-56 PID 控制模型

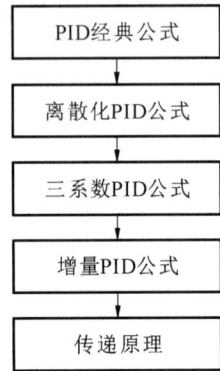

图 6-57 PID 控制模型处理流程图

PID 控制模型公式如式(6-6)所述。

$$F_k(t) = K_p \left[e(t) + \frac{1}{T} \int_0^t e(t) \mathrm{d}t + T_d \frac{\mathrm{d}e(t)}{\mathrm{d}t} \right]$$

$$F_k(t) = K_p e(k) + \frac{K_p T}{T_d} \sum_{n=0}^k e(n) + \frac{K_p T_d}{T} [e(k) - e(k-1)]$$

$$\Delta F_k(k) = K_p [e(k) - e(k-1)] + K_i e(k) + K_d [e(k) - 2e(k-1) + e(k-2)]$$

$$F_k(k) = \Delta F_k(k) + F_k(k-1) \tag{6-6}$$

根据线控悬架的控制机理，$F(k)$ 的变化可以通过控制悬架电磁阀开度来实现。基于 PID 控制原理的仿真模型如图 6-58 所示。

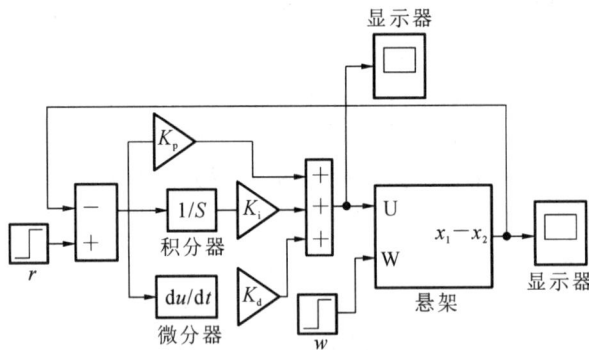

图 6-58 PID 控制仿真模型图

通过调节 K_p、K_i、K_d 三个系数的数值，系统的控制效果和性质也会发生变化。

PID 控制器计算算法涉及三个独立的常量参数，因此有时也称为三项控制：比例值、积分值和微分值，分别表示为 P、I 和 D（见图 6-59）。比例项 P 取决于当前误差，积分项 I 取决于过去误差的累积，微分项 D 是基于当前变化率对未来误差的预测。这三个动作的加权总和用于通过控制元件（例如控制阀或阻尼器的位置）来调整设备或过程。

2.PID 控制器在闭环系统中的连接

选择控制器参数以满足给定性能规范的过程称为控制器调整。建议根据实验阶跃响应或 K_u 值调整 PID 控制器（即设置 K_p、T_d 和 T_i 值）的规则，这会在仅使用比例控制动作时

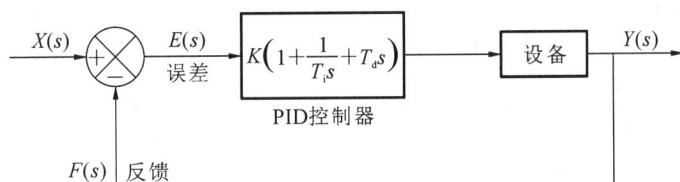

图 6-59　PID 控制示意图

导致边际稳定性。当数学模型未知时,采用 Ziegler-Nichols 规则很有用。此类规则建议用一组 K_p、T_d 和 T_i 值使系统稳定运行。最终系统可能会在阶跃响应中表现出最大过冲,这是不可接受的。在这种情况下,我们需要进行一系列微调,直到获得可接受的结果。事实上,Ziegler-Nichols 调整规则给出了对参数值极有根据的猜测,并提供了微调的起点,而不是一次性给出 K_p、T_d 和 T_i 的最终设置。

使用 PID 控制器参数的第一次估计一般是根据 Ziegler-Nichols 方法进行的。此外,后续的手动进行微调过程也可以找到控制器的参数:K_p、T_d 和 T_i,确保时间绝对误差积分(ITAE)性能指标的最小值。

对应的 ITAE 定义如式(6-7)所示:

$$ITAE = \int_0^\infty t \, |e(t)| \, dt \qquad (6\text{-}7)$$

一些应用程序可能只需要使用一个或两个操作来提供适当的系统控制。这是通过将其他参数设置为零来实现的。如果没有相应的控制动作,PID 控制器将被称为 PI、PD、P 或 I 控制器。PI 控制器相当普遍,因为微分作用对测量噪声很敏感。控制器的常数经过计算和微调。带有比例控制器的系统的阶跃响应表明,适当比例控制器的实施将稳定时间从 5.26 s 减少到 0.65 s。但是,这个结论不能一概而论。比例控制器与不可忽略的稳态误差相关联,除非设备包含积分元件。

3. PDF 控制器的设计

PDF 即为伪微分反馈控制,主要应用在 PID 线控悬架中。对于主动悬架的调节而言,通常也是采用比较典型的比例-积分-微分控制器(PID 控制器)来控制回路反馈。PID 控制过程是将"误差"值计算为测量输出值与所需设定点之间的差值,控制器试图通过调整实际设备控制输入来最小化误差。

对于典型的阶跃输入,包含微分器块的 PID 模块会引起系统响应的突然高幅度峰值。为了消除这种缺点,需要在反馈路径中引入微分操作,并改善系统的响应。PDF 控制的基本思想是避免系统内部出现较大的控制信号,以免引起饱和现象。因此,在 PDF 控制器中,系统响应是高度可接受的,可以设置点跳跃来避免由于传统 PID 控制器的正向路径中存在微分器而产生的脉冲冲击。

此外,该系统可以保证较低的非同步误差。通过将比例和微分控制作用引入反馈路径,可以为 K_p 和 T_d 选择比 PID 控制可能值更大的值。因此,PDF 控制系统可以比 PID 控制的情况更快地衰减干扰的影响。因此,研究主动悬架系统 PID 和 PDF 控制器的动态性能将有利于整个主动悬架系统的应用策略优化。

举例说明,比如一种配备线控悬架系统的四分之一车辆的设计,通过为受控系统开发数学模型和开发计算机模拟程序来评估系统的动态行为。该系统包含一个由 PID 控制器或者使用 PDF 控制器控制的电液伺服系统。两个控制器的参数都经过估计和调整,以最小化平方误差积分(ISE)和时间绝对误差积分(ITAE)为标准。PD(比例-微分)控制器提供最短的稳定时间;PDF 控制器显示可忽略的最大超调百分比,而 PID 显示最大百分比超调在 5% 以内;PI(比例-积分)和 PD 显示出较长的稳定时间。

根据提出了一组用于估计控制器增益常数的第一近似值的 K_p、K_d 和 K_i 的公式,从中开始微调。这些公式是分析和实验结果的组合。这些公式基于需要基本线性输出响应的最大阶跃输入。因此,PDF 控制器的开发需要通过一阶或二阶传递函数进行系统的开环表示。为此,计算了系统对阶跃输入电流 i 的瞬态响应,用于应用阶跃的不同幅度。主动悬架系统呈现的阶跃响应显然类似于二阶元件的阶跃响应,其传递函数式为

$$G(s) = \frac{740}{S^2 + 14.4S + 1} \tag{6-8}$$

从以上方程式可以计算 PDF 控制器常数的一阶近似值。PDF 控制器的调整是通过找到系数 K_p 的计算式(6-9)、K_d 的计算式(6-10)和 K_i 的计算式(6-11)的最佳组合来实现最佳系统响应参数的。

$$K_p = \frac{8m}{j} \tag{6-9}$$

$$K_d = 1.414 \sqrt{B_c T_s K_p} - B_c \tag{6-10}$$

$$K_i = 0.2828 \sqrt{\frac{K_p^3}{B_c T_s}} \tag{6-11}$$

PID 控制器给出了最好的结果,主要是在沉降水平上的时间。并且 PD 控制器给出了最小最大百分比过冲。微分作用可预测系统行为,从而改善系统的稳定时间和稳定性。然而,微分作用很少在实践中使用,因为它对测量噪声具有固有的敏感性。如果这种噪声足够严重,则微分作用将不稳定并且实际上会降低控制性能。测量误差的大而突然的变化(通常发生在设定点改变时)会导致大的、突然的控制动作,源于微分项的跳动变化被称为微分突跳。如果测量误差通过线性低通滤波器或非线性但简单的中值滤波器,则可以在一定程度上改善此问题。

6.5.6 容错技术

汽车电气化、电动化以及电子化之后为了维持系统的安全可靠运行,通常需要进行硬件冗余和软件容错处理,其中硬件冗余主要采用备份方式执行。系统安全可靠性冗余设计方法如图 6-60 所示。

线控悬架系统因为其控制设计特性,发生故障时,PID 悬架前期设定的 K_p、K_i、K_d 的参数为固定值,无法快速适应变化。因此需要容错机制对控制信号做增益和补偿处理。容错机制可以分为被动容错和主动容错。

1. 被动容错系统

被动容错控制主要是针对预先已知的故障类型,设计固定不变的容错控制律,使得在发生预设故障时,系统对其不敏感(例如传感器失效),这种方法不需要预先对故障进行诊断,

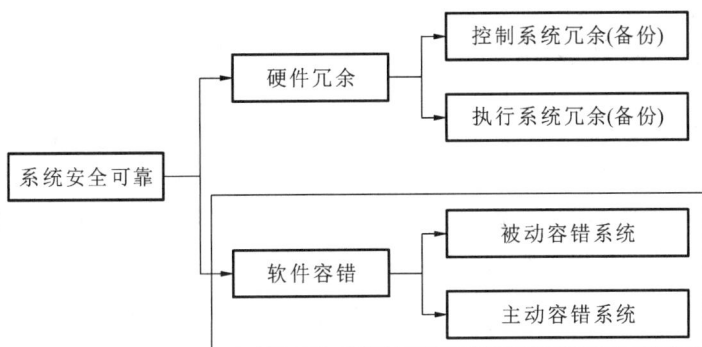

图 6-60　系统安全可靠性冗余设计方法

也不需要实时对控制律进行调整,实施时间及费用均较低,其控制原理如图 6-61 所示。

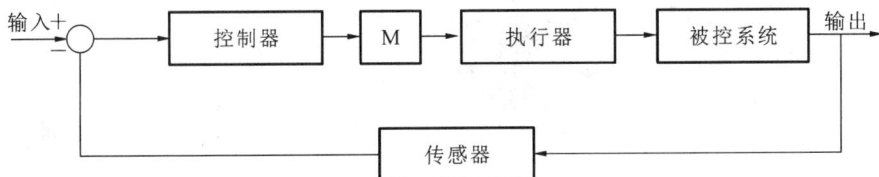

图 6-61　被动容错控制原理

2.主动容错系统

主动容错可以对控制律进行在线诊断、生成、调整,进而将系统性能维持在一个可控的范围内。主动容错技术大大提高了故障处理能力,应用更为广泛,是未来的发展趋势。

主动容错系统的理论基础是故障自检反馈系统(FDD),当系统发生故障时,诊断单元进行检测、诊断,并控制反馈/前馈控制器,获得合适的容错控制律,保证闭环系统的稳定性,主动容错控制原理如图 6-62 所示。

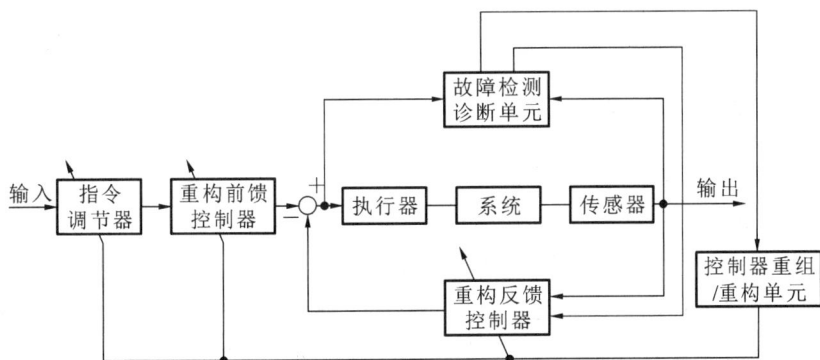

图 6-62　主动容错控制原理

主动容错控制系统在工作过程中,首先建立系统模型,并在此基础上建立系统故障模型,然后根据系统特点设计 FDD 系统,之后设计基于补偿规则的容错控制律。

6.6 智能线控悬架技术的应用

现代智能主动悬架（active suspension）是一种高度先进的汽车悬挂系统，它通过电子控制单元（ECU）和执行器来实时调节悬架的性能，以适应不同的驾驶条件和路况。主动悬架系统的主要特点是能够根据实时数据自动调整悬架的刚度和阻尼，以提供最佳的驾驶体验。目前工程化应用最智能化的主动悬架系统的构成如图 6-63 所示。

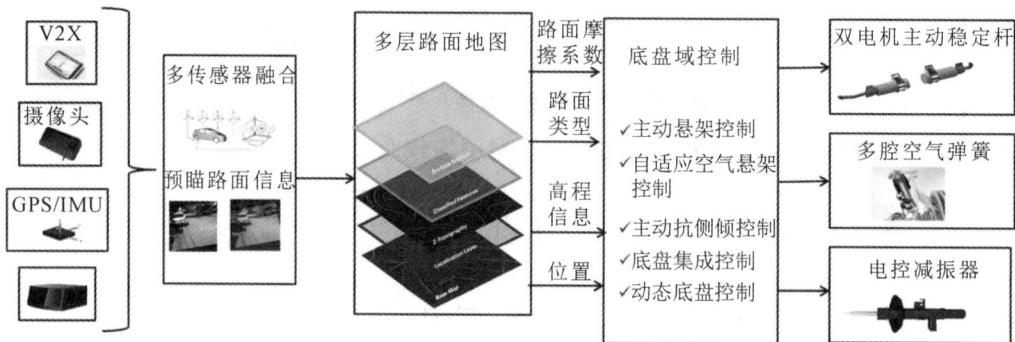

图 6-63 智能化主动悬架系统

环境感知系统：包括摄像头，激光雷达，毫米波雷达等。

电子控制单元：ECU 是主动悬架系统的核心，负责处理来自各种传感器的数据，并根据这些数据决定如何调整悬架设置。

传感器：传感器包括加速度计、陀螺仪、轮速传感器等，用于实时监测车辆的运动和路面状况。

执行器：执行器是主动悬架系统的关键部件，包括电动或液压执行器，用于调整悬架的刚度和阻尼。

控制算法：ECU 使用复杂的控制算法来处理传感器数据，并决定如何调整悬架设置。

6.6.1 奥迪线控悬架技术

1.奥迪汽车悬架组成和原理

奥迪 AI 主动悬架是一种主动式悬架技术，通过使用四个电动执行器与四轮悬架结合，实现对空气悬架的主动拉伸和压缩，以适应不同路况。当摄像头获取到路面信息后，系统会主动调节悬架，以最合适的悬架刚度应对不平路面。此外，该系统还能在车辆转向、加速、刹车时，提前调节扭转刚度，以削减车内人员感受到的振动。这种主动悬架技术的应用，可以提高行驶的舒适性和稳定性。

奥迪 AI 主动悬架系统的工作原理是通过摄像头获取路面信息，然后将这些信息传输给悬架控制系统，以实现对悬架的主动调节。当系统检测到路面不平时，它会自动调节悬架的刚度，以确保车辆的稳定性和乘坐舒适度。此外，该系统还能够根据车辆的转向、加速和刹车等情况，提前调节车身姿态，减少车内人员感受到的振动。这种主动悬架技术的应用，不仅提高了车辆的操控性,还提高了行驶的安全性和舒适性。

奥迪 A8 车型悬架系统主要配备带齿轮的电动机驱动技术。这是一款主动机电悬架系统,它的英文名称为 Fully Active Electromechanical Suspension System,它可以分别驱动 4 个车轮,各车轮均配有一台电机,其可以做到由 48 V 系统进行驱动,而这也是 48 V 系统与悬架配合的有效力证。该系统如图 6-64 所示,由一个高齿轮比的电动机组成,其杠杆臂直接连接到车轮。通过改变电动机的旋转方向,系统可以对车轮施加正向力或负向力。系统通过使用串联弹性配置来自我保护,在齿轮电动机和车轮之间安装一个弹簧,避免来自路面的反向驱动力。尽管这种组合非常可靠且强大,但高齿轮比、电动机反转和串联弹性配置的结合会导致带宽较低。

图 6-64　奥迪 48 V 电机的机电悬架系统

2. 奥迪汽车机电悬架应用效果

奥迪智能主动悬架的控制信号由电控底盘系统每 5ms 发送一次。主动悬架的灵活多变为驾乘体验开辟了新的境界:在加速和制动过程中,车身俯仰运动以及转弯或负载变化过程中的车身侧倾可以最大限度地减少,大大降低了车身运动对驾驶者和乘客的影响。在 80 ~130 km/h 的速度下,车身向拐角内的侧倾斜角度最多为 3°,从而减小了作用在驾驶者和乘客上的横向加速度。

6.6.2　奔驰魔毯悬架技术

1. 奔驰魔毯悬架组成和原理

奔驰魔毯悬架系统由多个传感器和执行器组成。传感器由内后视镜后方的前视双目立体摄像头、三轴加速度传感器和车身高度传感器构成。执行器由弹簧支撑杆、电子控制器和由液压管路、机油泵、冷却器、机油储槽及控制阀组成的液压伺服机构成。

奔驰的魔毯悬架系统的工作原理为:通过车顶的雷达对前方路面凸凹度进行录入,录入的信息会和当时的车速一同经过悬架控制单元预置算法计算处理,之后 ECU 会对各个悬架的刚度和阻尼比(空气弹簧调节刚度,普通悬架调节减振器阻尼比)进行调节,最终实现车身始终水平的目的,如图 6-65 所示。

液压伺服机构可由电子控制器快速地调节车身高度、刚度以及阻尼。具体工作原理是当车轮遇到障碍上升时,通过液压阀调节机油量和压力,从而快速抬高弹簧支撑杆中的活塞,此时车身的垂直运动就被大幅消减了。

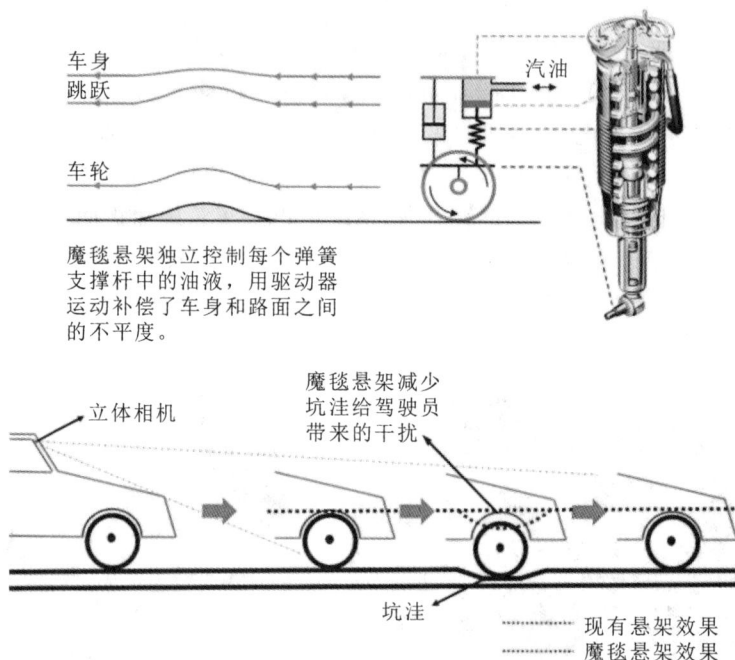

车身
跳跃

车轮

汽油

魔毯悬架独立控制每个弹簧
支撑杆中的油液,用驱动器
运动补偿了车身和路面之间
的不平度。

魔毯悬架减少
坑洼给驾驶员
带来的干扰

立体相机

坑洼

······ 现有悬架效果
······ 魔毯悬架效果

图 6-65　魔毯悬架的工作原理示意图

2.魔毯悬架应用效果

奔驰采用的双目立体摄像头有一定的距离探测能力,原理类似人类用双眼感知位置的过程。通过双目立体摄像头对路面进行 3D 扫描,然后控制魔毯悬架进行相应的响应。比如传统悬架过一个小坡时,前轮势必抬高车身。而魔毯悬架通过双目立体摄像头感知路面高度上升而对应降低悬架,此时车身仍能保持很好的水平姿态。魔毯悬架应用效果如图 6-66 所示。

魔毯悬架

传统悬架

图 6-66　魔毯悬架与传统悬架对比

6.6.3　蔚来汽车智能线控悬架技术

1.蔚来汽车悬架组成和原理

蔚来汽车智能主动悬架系统使用了 ClearMotion 主动悬架技术。蔚来汽车智能主动悬架系统如图 6-67 所示。ClearMotion 主动悬架技术被称为 CM1,核心部件是一个电机驱动的液压泵,由四部分组成:第一部分是噪声消除装置,缓冲技术能够被动调整油液压力、并降低阻抗,防止产生异响;第二部分是内啮合齿轮泵,专门用来调节两个端口之间的压力,紧凑型泵设计也通过了流体动力学优化,减少卡顿或者故障的发生;第三部分是微型无刷直流电机,驱动液压泵;第四部分是微处理器、功率器件和传感器,可检测车轮运动状态,并控制电机和泵产生压力。

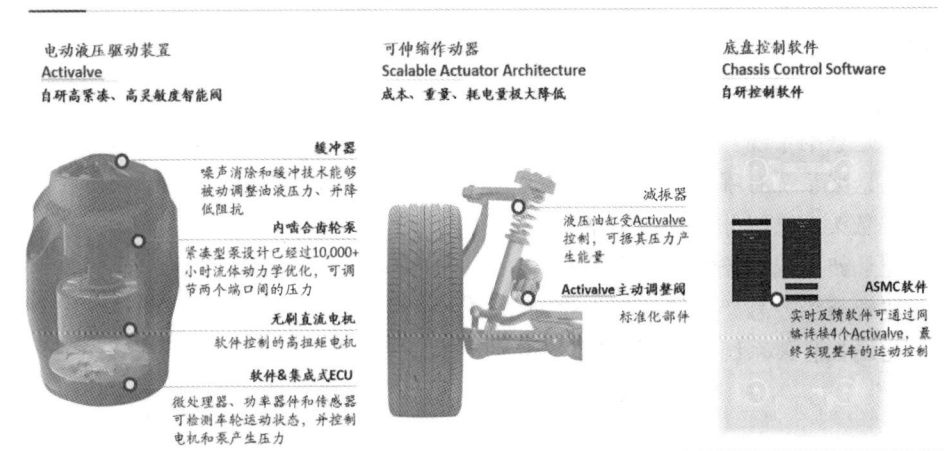

图 6-67　CM1 结构组成与原理

2.蔚来汽车悬架应用效果

电机液压泵的作用就是让弹簧摆脱物理特性的限制,微减振器提供额外的能量,根据车辆姿态和动力请求,动态调整四轮轮荷。传统车型和智能主动悬架车型相比,就类似机械跳远玩具和人类跳远,机械跳远玩具的弹簧有固定的弹力,压缩多少跳多少,而有了外部的能量供应和智能调整,就像人类跳远一样,可以自由控制起跳和落地的姿态,四个轮胎的四根悬架都独立控制,不受牵连。

悬架耗电的问题,ClearMotion 也进行了优化,推出了弹簧动能回收系统,传统悬架在压缩过程中产生的能量都会以热能的方式散发,而有了电机,就可以进行反向发电,动能回收的瞬时功率可达 5 kW,四个小电机自给自足,对车辆的续航没有影响。

蔚来汽车使用的智能悬架系统运行在起伏路上的效果如图 6-68 所示。开启主动悬架系统时,车辆在起伏路面平稳运动;关闭主动悬架系统时,车身侧倾严重。

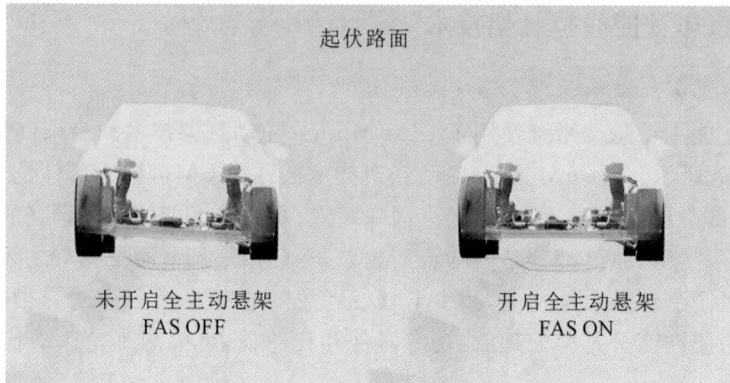

图 6-68　ClearMotion 智能悬架应用效果

练习题

1. 什么是悬架系统？
2. 电控悬架系统有哪些特点？
3. 线控悬架系统可分为哪些类型？
4. 线控悬架系统的控制算法有哪些？
5. 简述智能线控悬架系统的工作原理。
6. 简述线控悬架系统的应用前景。

第7章 智能汽车线控底盘矢量控制技术

【学习目标】

通过对本章的学习,学生能够掌握线控底盘的定义、组成,掌握智能汽车线控底盘全矢量控制技术、全矢量线控制动、全矢量线控驱动,以及线控底盘技术的应用和发展前景,为后续学习奠定基础。

7.1 线控底盘矢量控制技术概述

智能底盘矢量控制是一种先进的智能汽车底盘控制技术,它是通过在车辆四轮上分别安装传感器,实时监控车轮的转速、转向角度、加速度等参数,并通过控制算法进行优化,实时协同优化转向、驱动、制动以及悬架系统刚度和阻尼特性,从而实现更加精准、平稳的驾驶体验。此技术可以有效提升车辆的操控性、稳定性和安全性。全矢量线控底盘结构和控制架构如图7-1所示。

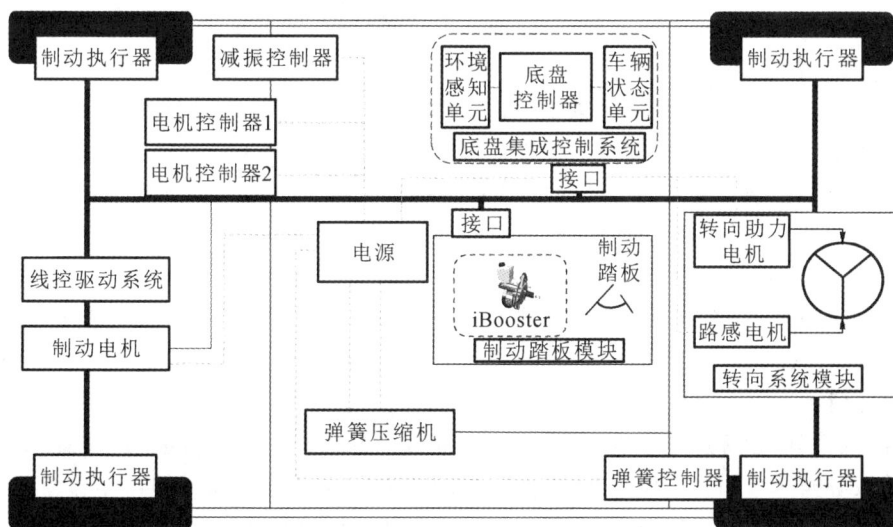

图 7-1 全矢量线控底盘结构和控制架构

7.1.1 线控底盘全矢量控制原理

线控底盘全矢量控制的原理是基于汽车的动力学模型,通过对电子控制单元的算法控制,实时调整每个轮子的扭矩、角度和制动力来达到更好的车辆稳定性和操作性能。该项技术主要包括以下四个方面。

1. 传感技术

借助车辆上装配的传感器,实时检测车辆的加速度、转向角度、车速、转速等数据。

2. 控制算法

通过控制算法分析这些数据,实时计算出车辆当前的转向角度、转速和转向力。

3. 矢量控制

控制每个轮子的转向力矢量,通过调整每个轮子转向角度的大小和方向,使车辆实现更加稳定的行驶状态。

4. 执行机构

该技术还可以根据行驶状态的变化,调整每个轮子的扭矩和制动力,实现更加精准的操控。

智能底盘矢量控制技术已经被广泛应用于高端汽车领域,例如奥迪、宝马、梅赛德斯-奔驰等品牌都采用了该技术。此外,该技术还可用于越野车、运动型汽车、电动汽车、自动驾驶汽车等领域。

目前,汽车底盘全矢量控制技术的工程化应用主要包括:全矢量控制底盘、iCVC智能矢量控制系统、iADC智能漂移控制系统等。

全矢量控制底盘通过获取道路交通环境信息和驾驶员控制指令,确定当前的行驶工况,并根据行驶工况确定控制模式,如直线行驶模式、转向模式和越障模式。基于每种控制模式和当前的行驶工况,对每个车轮进行横向、纵向和垂向的三维度作用力控制,扩展整车动力学可控范围,减少汽车多个性能指标之间的相互制约,提高多目标优化的理论上限。这种底盘通过多种控制模式适应多种行驶工况,提高道路适应性,并在发生故障时提供更多的制动和转向选择,固有安全性较高。

iCVC智能矢量控制系统通过前馈+反馈控制,融合控制制动、驱动、悬架系统,主动改变车辆过弯特性,在保证驾驶安全的基础上,降低ESP(车身电子稳定系统)介入频率,提升整车操控极限。在单变道工况下,开启iCVC后的最大通过速度能提升10 km/h,过弯姿态更稳定。此外,iCVC还能减少ESP触发区域,使驾驶感受更顺畅、动态表现更平稳。

iADC智能漂移控制系统通过对前/后驱动扭矩的智能分配,并融合悬架高度、阻尼以及制动的实时控制,智能辅助驾驶员完成漂移动作,降低漂移操作门槛,实现轻松漂移、安全漂移。在开启iADC后,方向盘平均转幅减少19%,连续过弯转向更精准,响应更灵敏。

线控底盘本质上就是将汽车底盘信号的传导机制进行线控改造,以电信号传导替代机械信号传导。其核心特点是可以实现"人机解耦",即分离执行器与驾驶员所控制的方向盘和刹车踏板等操作结构。具体来看,线控底盘的传导过程是将驾驶员的操作命令以电信号形式传输给控制器,再由电子控制器将指令下达到相应的执行机构,最终由执行机构完成汽车转向、制动、驱动等各项功能。

总之,智能底盘矢量控制技术是当前汽车领域最为先进的底盘控制技术之一,将为驾驶者提供更加精准、稳定和安全的驾驶体验。

7.1.2　线控底盘构成

1.线控转向

线控转向系统主要由方向盘模块、主控制器、执行模块、故障处理系统、电源等部分组成,如图 7-2 所示。其中,方向盘模块、主控制器、执行模块是线控转向的 3 个主要部分,其他模块则均属于辅助系统。从工作原理来看,当驾驶员转动方向盘时,方向盘的转角传感器和扭矩传感器分别将测量的转角与扭矩信息转变成电信号,然后传输给主控制器。与此同时,主控制器还会接收相应传感器采集到的车轮运动状态信号,如车速、纵向加速度、横摆角速度等。基于上述全部电信号的传递和接收,主控制器会对方向盘的转角和扭矩信号进行分析处理,最后再给转向执行电机发送指令,最终完成转向。

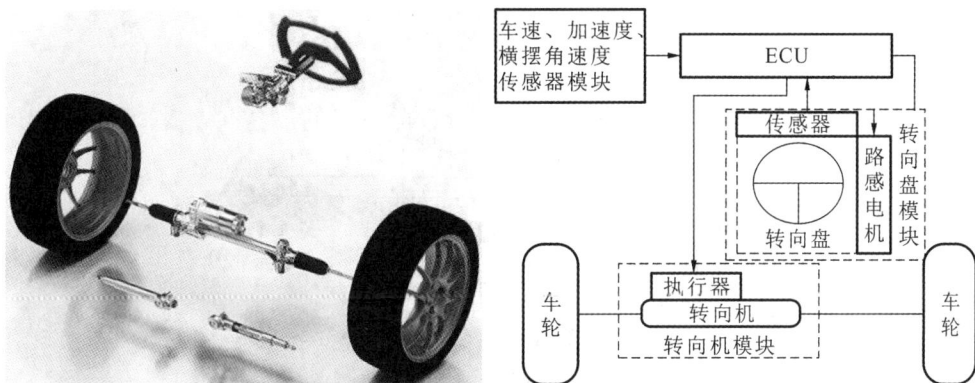

图 7-2　线控转向系统

2.线控驱动

线控油门本质上就是常说的"电子油门",通过电信号传导代替传统拉线或拉杆。当驾驶员踩下油门时,踏板位置传感器会将感知到的信号传递给 ECU,经过分析判断后,指令再给到驱动电机。需要注意的是,这个驱动电机是直接控制节气门开度的单元,因此其可以调整可燃混合气体的流量。众所周知,传统的拉线油门是不能控制"空燃比"或最佳电机高效区的,节气门开度直接与油门踏板硬性挂钩,结合实际使用工况,这对于油耗控制确实并不友好。相比之下,线控油门在传输指令时,ECU 传感器会采集各种数据进行分析,然后直接给节气门发送指令,这样一来就可以将节气门调节至最佳位置,以实现在不同负荷及工况下,都尽可能接近理想状态。详细示意如图 7-3 所示。

3.线控制动

线控制动与线控油门的工作模式比较相似,其核心都是尽量减少机械连接,将踏板和控制器之间的动力传递分离开来。线控制动就是通过制动踏板位置传感器监测刹车踏板开度,将踏板的机械信号转变为电控信号,然后传递给控制系统和执行机构,依靠电控模块来实现制动力释放。此外,其还会基于一定的软件算法,模拟出刹车踏板的阻尼效果并反馈给

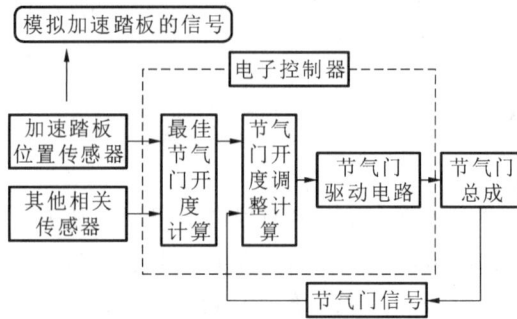

图 7-3　线控驱动

驾驶员。一般来说,如果制动踏板仅连接一个制动踏板位置传感器,且踏板与制动系统之间没有任何刚性连接或液压连接,都可以视为线控制动系统。详细如图 7-4 所示。

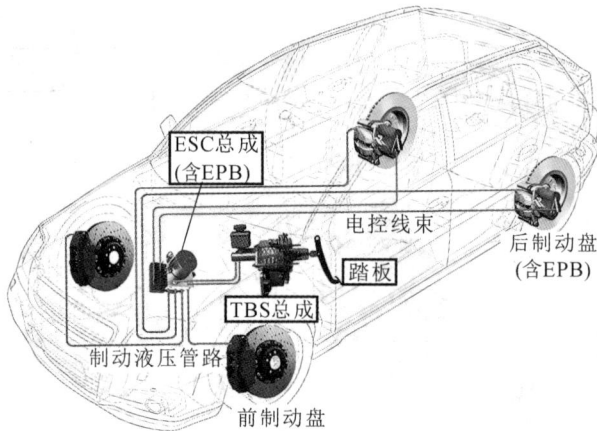

图 7-4　线控制动

注:TBS 表示电动制动助力系统

4.线控换挡

线控换挡(shift by wire)的出现突破了传统换挡杆必须与变速箱硬连接的限制,它不需要任何机械结构,仅通过电控系统就能实现传动。相比于传统换挡机构,由于线控换挡没有了拉线的束缚,因此可以让整个系统变得更轻、更小、更智能。线控换挡主要由换挡杆和传感器控制单元组成(见图 7-5),当驾驶员挂入某一个挡位时,传感器就会将操作请求通过电信号传递给变速箱控制单元。其会根据车辆当前状态,例如发动机转速、车速以及节气门开度等信息进行综合分析,然后再根据通信协议进行判断,决定是否执行换挡请求。一切无误后,TCU(自动变速箱控制单元)会发出通电或断电指令给变速箱内相应的电磁阀,从而实现挡位切换。如果出现误操作,例如在高速行驶时强行挂入倒挡,那么 TCU 还会进行智能判定,一旦某操作被认定为不安全的非正常操作,那么 TCU 就不会给变速箱发送指令,十分智能。

5.线控悬架

汽车悬架系统主要由弹性元件、减振器、导向机构(纵拉杆、横拉杆等)以及横向稳定器组成。对应来看,线控悬架系统则主要由线控弹簧、线控减振器、线控防倾杆组成,可以根据实际路面情况自动调节悬架的高度、刚度、阻尼,进而实现行车姿态的精细化控制。线控悬架控制系统本质上是一种闭环自适应控制系统,可以在不同工况下,满足舒适性和操控性的兼容需求。线控悬架(见图 7-6)采用主动或者半主动弹性元件,由传感器帮助识别车辆行驶状态,处理器输出不同的弹性特性,通过线控方式给弹性元件系统执行,从而实现舒适或运动的悬架特性。主动悬架系统能够带来更好的行驶安全性和舒适性,在智能化时代,已经成为新的发展趋势。

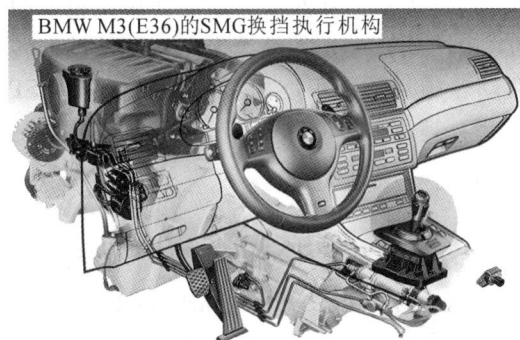

图 7-5　线控换挡

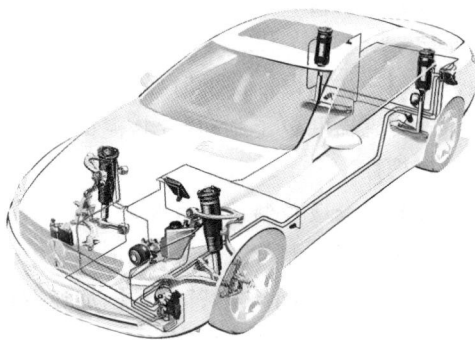

图 7-6　线控悬架

7.2　线控驱动转矩矢量控制技术

　　在智能汽车底盘架构中,转矩矢量控制技术主要用于调整汽车的驾驶行为,各个车轮的驱动转矩和制动转矩都会受到特定的控制。为了实施转矩矢量技术,车辆动力学测试是必不可少的环节,其重点在于获取精确和同步的数据。车辆动力学涉及多个方面,包括横向动力学、纵向动力学和垂直动力学,它们共同影响着车辆的行驶稳定性、偏航、侧倾以及驾驶和乘坐舒适性。此外,驾驶滑移和制动滑移的研究也关注车辆纵向方向上的车轮行为,以提高驾驶和制动效率。线控驱动转矩矢量控制示意如图 7-7 所示。

　　转矩矢量控制的核心在于优化车轮的转矩分配。通过电子调校,可以对车辆施加转矩以修正其行驶路线。例如,通过在极限状态下向内侧车轮施加比外侧车轮更大的驱动转矩,可以纠正车辆的转向过度行

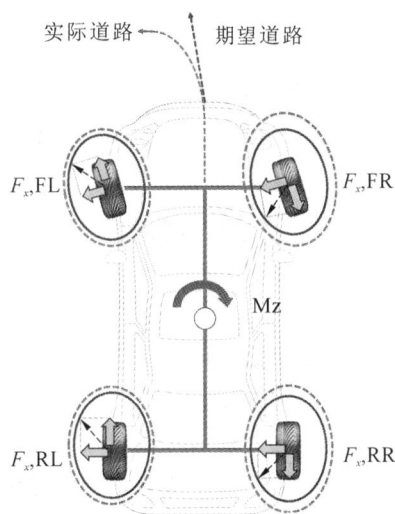

图 7-7　转矩矢量控制示意图

为,使其回归至理想的行驶路线。这种干预方式不需要对车辆进行机械改动,而是通过对车轮转矩的精确分配来实现操控性的调整。

　　转矩矢量控制所需的车辆动力学测试需要全面、准确和同步的数据采集。这些数据不仅用于评估和调整车辆的驾驶行为,还是后续模拟和试验台测试的基础。由于车辆上的移

动测试成本高昂且时间有限,因此测量技术必须具备坚固耐用、设计简单、操作安全等特点。此外,测量技术还应具备低培训要求、易于安装和校准的机制,以节省时间和成本。

7.2.1 转矩矢量控制原理

DVT 的全称为 Dynamic Torque Vectoring,直译为动力转矩矢量分配,而转矩矢量分配的叫法出自美国,2006 年,由 Ricardo 首次用于其传动系统技术。转矩矢量化的思想建立在标准差速器的基本原理之上,转矩矢量分配差速器执行基本的差速器任务,同时还在车轮之间独立地传递转矩。这项技术最早运用在赛车上,三菱拉力赛车就是最早使用该技术的汽车之一,这项技术是汽车差速器中运用较多的一种,通过电子系统改变每个驱动轴的转矩。在每一次脚踩油门的时候,给容易打滑的驱动轮施加一定程度的"制动力",利用 ESP 的轮速传感器和电子制动控制,模拟出一种类"限滑差速器(LSD)"的效果,从而带来更为优秀的操控性。

1. 转矩矢量控制的技术原理

转矩矢量控制(torque vectoring control)技术的工作原理是通过传感器实时监测车辆的行驶状态,包括车速、转向角度、加速度等,再通过电子系统改变每个车轮的转矩分配,从而优化车辆的操控性和稳定性。这种技术主要应用于四轮驱动车辆,根据这些数据计算出最佳的扭矩分配方案,通过独立控制每个车轮的转矩,从而提高车辆的操控性和稳定性。

动态转矩矢量控制技术的工作原理可以分为以下几个步骤。

1）传感器监测

通过安装在车辆上的各种传感器(如轮速传感器、加速度传感器等)实时监测车辆的状态和路况。

2）转矩分配

根据传感器的数据,系统会计算出每个车轮需要的转矩,并通过电子控制系统调整每个驱动轴的输出转矩。

3）独立控制

系统可以独立控制每个车轮的转矩,使得外侧车轮在转弯时获得更多的转矩,以优化车辆的操控性和稳定性。

4）反馈调节

系统会根据车辆的实时反馈进行调节,确保车辆按照驾驶员的意图行驶,减少转向过度或转向不足的情况。

2. 转矩矢量控制的实现过程

转矩矢量控制系统首先会通过传感器,对路面进行每秒 100 次的扫描(见图 7-8),并判断出车辆在弯道中是否出现了转向不足的情况。随后,系统通过制动系统和电子控制系统来控制差速器齿轮,让引擎动力能更合理地分配到两个驱动轮上,以提升转弯时的性能。

针对性能车辆的转矩矢量分配装置会在差速器中至少安装一组超速齿轮组(通常会安装两组)。与传统的差速器相比,它们能更快地锁止车轮。

当电脑发出分配转矩的指令后,差速器选择超速齿轮来控制动力输出,通过改变咬合力来调节左右车轮间的推力。由于齿轮组并未完全啮合,外侧的车轮并不会因此转得更快。

相反,部分咬合的超速齿轮组提供了额外的推力,这就好比在划独木舟时要更有力地而不是更快地摇桨。

转矩矢量分配源于拉力赛车,比如赫赫有名的三菱 EVO 系列,但是如今却多见于昂贵、配置较高并采用四轮驱动的性能车辆。转矩矢量分配差速器的结构如图 7-9 所示。

图 7-8　转矩矢量控制的实现

图 7-9　转矩矢量分配差速器

正是由于转矩矢量分配差速器的作用,笨重的宝马 X5 M 和 X6 M 才出乎意料地具有驾驶乐趣。奥迪的运动差速器则让车头偏重、四轮驱动的 S4、S5 和 S6 变得更像后轮驱动的性能车。

3. 转矩矢量分配的作用

在车辆转弯行驶时,两侧车轮由于离心力的关系,会发生垂直载荷的转移,在弯内侧车轮的垂直载荷相对于外侧车轮的较小,导致车轮与地面的摩擦力发生变化。

在转弯时,虽然内侧车轮的摩擦圆变小,但差速器仍采用转矩平分的方式分配转矩,这就造成了内侧车轮转矩过大,而外侧车轮转矩不足的情况。这时我们从摩擦圆中可以发现,外侧车轮得到的驱动力与转向所需的侧向力之和仍未达到摩擦力极限,也就是摩擦力没有得到充分的利用,如果增加动力的输出,可能会导致内侧车轮出现打滑。转矩矢量控制协助转向如图 7-10 所示。

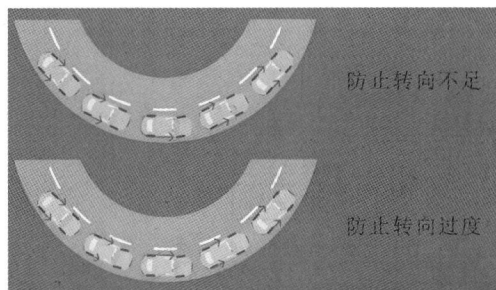

图 7-10　汽车转弯转矩矢量控制

当汽车转向不足时,转矩矢量分配控制将更多的转矩给外侧车轮,以帮助车辆的操控,从而优化车辆的转向能力,使车辆按照驾驶员的意图行驶。如果汽车过度转向,它会将更多转矩传递给内侧车轮,帮助驾驶员修正转向。

转矩矢量分配在不需要刹车的情况下,车辆也可以在高速转弯时保持稳定,在转矩矢量分配的作用下,外侧车轮可以获得内侧车轮的部分转矩,两侧车轮的摩擦力得到充分利用,大家各取所需。

通过增加外侧车轮的转矩可以提升操控稳定性、提高安全性。当驾驶者对弯道预判出现偏差,转矩矢量分配可以让驾驶者尽量减少慌乱和做更少的转向修正,以降低事故的发生。

7.2.2 转矩矢量控制系统的组成

1.集中驱动转矩矢量控制系统

集中驱动转矩矢量控制系统可用于四轮驱动以及后轮驱动车辆。集中驱动转矩矢量控制系统中主要包括了行星齿轮组、多片湿式制动器以及驱动控制装置等部件,如图 7-11 所示。

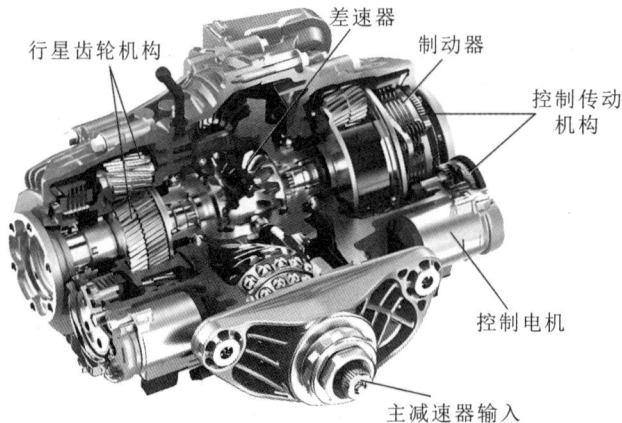

图 7-11 集中驱动转矩矢量控制系统

2.分布式驱动转矩矢量控制系统

分布式驱动电动车是在两轮及以上车辆上装备两台或两台以上驱动电机,每个驱动电机通过一定的传递路径将动力传递到各自对应的驱动轮。目前,分布式驱动转矩矢量控制系统如图 7-12 所示。

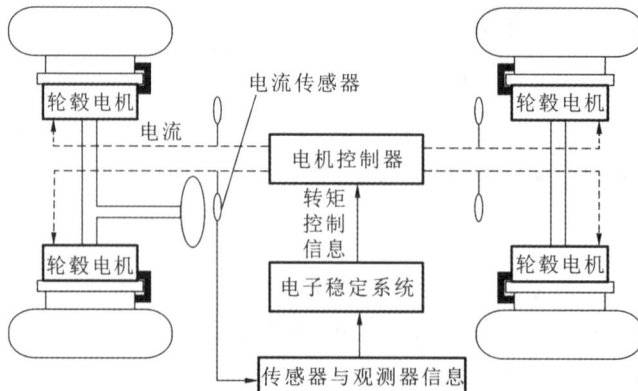

图 7-12 分布式驱动转矩矢量控制系统

7.2.3　转矩矢量控制策略

分布式驱动车辆的差动转向离不开转矩分配,转矩分配通常基于期望的附加横摆力矩进行,合理的转矩分配策略是达到理想的直接横摆力矩控制效果的关键。根据控制分配层所采用的算法的差异,可以将转矩分配策略划分为多种类型,其中最主要的两种方法分别为基于规则的和基于模型的分配策略。

基于规则的分配策略通过对各执行器进行既定规则的控制,达到控制效果。虽然相较于最优控制,其控制精度与对环境的适应性均较差,但其由于对控制器运算量要求较低,实时性好,仍得到了众多研究者的青睐。

该类策略通常分为上下两层控制器:上层控制器根据实际状态量与期望状态量的偏差进行期望附加横摆力矩决策;下层控制器根据其对车轮转矩进行合理的分配,最后执行器按所分配的转矩进行执行输出。具体流程如下所述。

上层控制器:输出与车身控制目标相符合的力,如力、力矩。

下层控制器:通过算法策略将期望力矩向各个车轮进行分配。

底层执行器控制:通过执行器来对所分配的力进行跟随控制。

基于现代控制理论的最优控制策略,关键在于设计合理的约束条件和目标函数。当前依据分配目的进行设计的目标函数有两种:保证车辆经济性和保证车辆稳定性的函数。

轮胎利用率表征车辆稳定性的方法最早由国外的 Mokhiamar 团队提出。轮胎侧向力实际值距轮胎极限力越大,则轮胎利用率越小,表示车辆的稳定性越好,轮胎利用率公式如式(7-1)所示。

$$J = \min \sum_{i=1}^{4} \frac{F_{uxi}^2 + F_{wyi}^2}{(\mu F_{uxi}^2)} \tag{7-1}$$

能耗是电动汽车的一个重要指标,如何通过合理的分配四个车轮的转矩来降低分布式驱动车辆的能耗一直是研究的热点之一。我们可以将能量效率最优设计为目标函数,通过全局最优和自适应的方法,在驱动和制动模式下,针对分布式驱动车辆转矩分配对能耗的优化进行了研究,其设计的目标函数如式(7-2)所示:

$$\min J = \sum_{i=1}^{4} \frac{P_i(u_i)}{\eta_i(\mu_i)} \tag{7-2}$$

通过采用模型预测技术,可以更好地预测和控制系统的未来行为,这是一种高效的、可靠的控制策略,已被广泛应用于多个领域。预测控制可以有效地抑制模型误差和外界干扰的影响,通过在未来的输入输出和状态量中加入约束,将优化问题在约束下进行建模,通过对最优问题的求解得到控制输出。通过研究发现,模型预测算法有着许多优点,但是模型预测算法的局限性也不可忽略。目前的模型预测算法需要在线求解,算法运算时间久,在当前的车用控制器运算能力下,模型预测算法的实时性相对较差。

1. 基于车辆稳定性判断控制模式

使用稳定性判据可以判断当前模式是正常的驱动模式或横摆稳定性控制模式。常用的稳定性判断方法如下:①通过横摆角速度真实值与期望值之间的偏差和质心侧偏角真实值与期望值之间的偏差,可以准确地评估系统的稳定性;②使用横摆角速度-质心侧偏角作为衡量平面稳定性的标准,但是在低附着系数的道路上,这种方法的准确性不够理想;③采用侧偏角-侧偏角速度相平面作为衡量稳定性的依据对稳定性进行判断,可以较好地识别车辆的稳定性条件,对稳定性进行判定;④由后轮先打滑得到的稳定性包络图,也可以准确对稳定性进行判定。

图 7-13 所示的车辆稳定性判断原理图采用侧偏角-侧偏角速度相平面法进行判断,同时考虑横摆角速度对稳定性的影响。

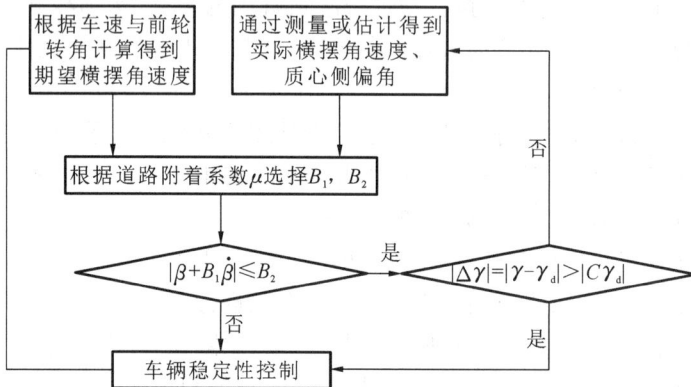

图 7-13　稳定性判断原理图

相平面法可以表示为

$$|B_1\dot\beta + \beta| \leqslant B_2 \tag{7-3}$$

其中:β 和 $\dot\beta$ 分别表示车辆的侧偏角和侧偏角速度。B_1 和 B_2 是边界参数,$\Delta\gamma$ 和 γ 分别为 γ 的误差和期望值,γ 为车辆的横摆角速度。

根据期望车速和前轮转角得到期望横摆角速度,经过精确的测量和评估状态,可以获取车辆的实际横摆角速度以及其相应的质心侧偏角度,从而计算出预期的横摆角速度与实际情况之间的差异,根据边界参数计算实际侧偏角和侧偏角速度的关系式。如果不满足,相平面法关系式,稳定性控制算法将被激活;如果满足,则将期望横摆角速度与实际横摆角速度之间的差值与 $C\gamma$ 进行比较,C 为常系数。

2.横摆力矩分配控制策略

执行器优先级的确定为了满足分布式电驱动汽车在极端行驶条件下的转矩控制需求,横摆力矩分配控制策略,如图 7-14 所示。首先对车辆前后轴的侧偏角进行对比,以确定应该优先向前轴还是后轴进行转矩分配,该策略会优先向侧偏角较小的轴上进行转矩分配。确定好前后轴优先级后选择其中一侧车轮进行优先控制,如图 7-14 所示,若主动横摆力矩为正则说明车辆处于转向不足的状态,此时应优先对车辆内侧车轮进行控制,若主动横摆力矩为负则说明车辆处于过度转向状态,此时应对车辆外侧车轮进行控制。

以左转时的不足转向状态为例对转矩分配策略进行说明,对方向盘的转角正负值与期望附加横摆力矩正负值进行规定。在 CarSim 等仿真软件或实车台架中,方向盘转角通常以向左为正,此处同样使用向左为正的规定。附加横摆角速度的正负值与转向特性有关,即转向不足时 ΔM 为正,转向过度时 ΔM 为负。在左转不足时,首先对车辆前后轴侧偏角进

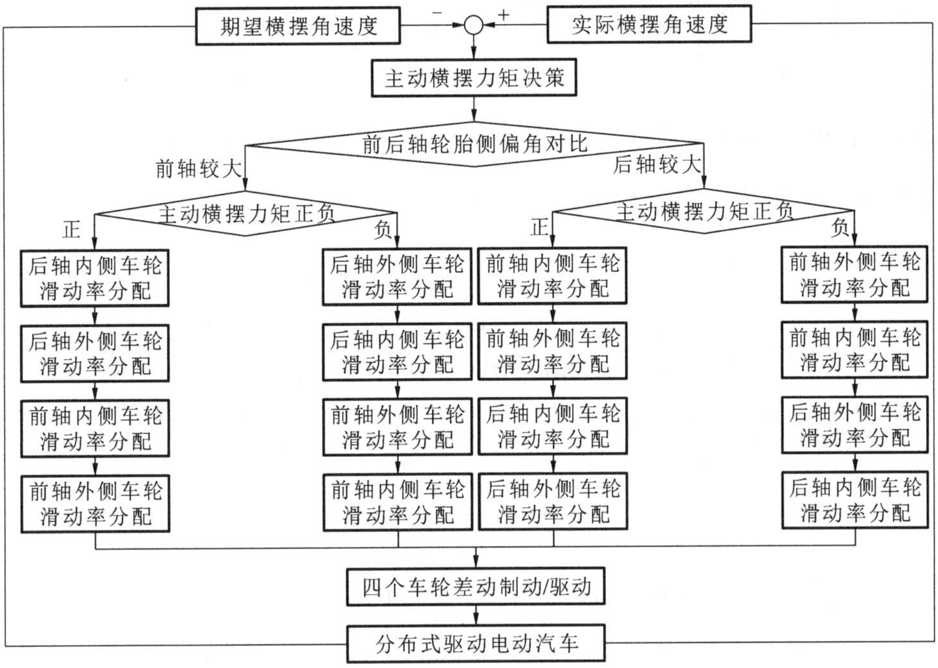

图 7-14　分布式驱动主动横摆力矩分配控制策略

行比较,若前轴侧偏角较大,根据优先向侧偏角较小的轴上进行转矩分配的原则,控制器应优先向后轴进行转矩分配。

ΔM 为正,则需要对车辆内侧车轮进行优先控制,此时车辆为左转状态,故后轴内侧车轮为左后轮。此时策略优先对左后轮进行任务分配,让左后轮进行制动。若左后轮不能满足总的附加横摆力矩需求,则将剩余分配任务向同轴另一侧车轮进行转移,对另一侧车轮进行驱动控制。若后轴仍不能满足分配需求,则将剩余分配任务向前轴进行转移,优先对前轴内侧即左前轮进行制动控制,若仍不满足需求,最后将剩余分配任务分配至右前轮,进行驱动控制。综上所述,转向状态为左转不足时,对车轮的控制顺序为左后、右后、左前、右前。同理可得其他转向特性时,分配策略中车轮的控制顺序。

3.轮胎滑动率分配策略

此处所提的分配策略是优先向选定车轮进行期望滑动率的分配,再通过滑动率跟踪得到该车轮的转矩,对该车轮进行控制。所以需要得到车轮处滑动率的变化值 ΔM 与车辆绕 z 轴的横摆力矩变化值之间的关系。下面以左前轮为例,对 ΔM 与 $\Delta \lambda$ 之间的关系进行推导。

在左前轮处车轮的横纵向力对于整车绕 z 轴的横摆力矩的影响如下:

$$M_1 = F_{x1}\left(\alpha\sin\delta - \frac{l_s}{2}\cos\delta\right) + F_{y1}\left(\frac{l_s}{2}\sin\delta + \alpha\cos\delta\right) \tag{7-4}$$

基于魔术轮胎公式,式(7-4)中的 F_{x1} 和 F_{y1} 可以由式(7-5)、式(7-6)进行描述:

$$F_x = f_x(\lambda, \alpha, F_z) \tag{7-5}$$

$$F_y = f_y(\lambda, \alpha, F_z) \tag{7-6}$$

在式(7-4)的等号两边对滑动率求偏导可得

$$\Delta M_1 = \left[\frac{\partial F_{x1}}{\partial \lambda_{10}}\left(\alpha\sin\delta - \frac{L_s}{2}\cos\delta\right) + \frac{\partial F_{y1}}{\partial \lambda_{10}}\left(\frac{L_s}{2}\sin\delta + \alpha\cos\delta\right)\right]\Delta\lambda_1 \tag{7-7}$$

由此得到滑动率变化值与主动横摆力矩变化值之间的关系,式(7-7)中存在 F_{x1} 和 F_{y1} 对滑动率的偏导数$\frac{\partial F_{x1}}{\partial \lambda_{10}}$和$\frac{\partial F_{y1}}{\partial \lambda_{10}}$,其表达式如式(7-8)、式(7-9)所示:

$$\frac{\partial F_{x1}}{\partial \lambda_{10}} = D_{xa10}\cos\left[C_{xal}\arctan(B_{xa10}\alpha_{\mu l})\right]R_{\mu l}\mu_0 F_{zl}\cdot$$

$$\cos\left\{C_{xl}\arctan\left[\begin{matrix}B_{x10}(\lambda_{10}/R_{\mu 10} + S_{hx10}) - E_{x10}(B_{x10}(\lambda_{10}/R_{10} + \\ S_{hx10}) - \arctan(B_{x10}(\lambda_{10}/R_{\mu 10} + S_{hx10})))\end{matrix}\right]\right\}\cdot$$

$$C_{x10}\Big/\left\{1 + \left[\begin{matrix}B_{x10}(\lambda_{10}/R_{\mu 10} + S_{hx10}) - E_{x10}(B_{x10}(\lambda_{10}/R_{10} + \\ S_{hx10}) - \arctan(B_{x10}(\lambda_{10}/R_{\mu 10} + S_{hx10})))\end{matrix}\right]^2\right\}\cdot$$

$$\left\{\frac{B_{xi}}{R_{\mu l}} - \frac{E_{xi}B_{xi}}{R_{\mu l}} + \frac{E_{x10}B_{x10}/R_{\mu 10}}{1 + [B_{x10}(\lambda_{10}/R_{\mu 10} + S_{hx10})]^2}\right\} \tag{7-8}$$

$$\frac{\partial F_{y1}}{\partial \lambda_{10}} = -D_{ys10}\sin\left[C_{ys10}\arctan(B_{ys10}\lambda_{10}/R_{\mu 10})\right]C_{ys10}B_{ys10}\{\mu_0 F_{z10}\cdot$$

$$\sin\{C_{y10}\arctan[B_{y10}\alpha_{\mu y10} - E_{y10}(B_{y10}\alpha_{\mu y10} - \arctan(B_{y10}\alpha_{\mu y10}))]\}\} +$$

$$S_{vy10}\}\big/[1 + (B_{ys10}\lambda_{10}/R_{\mu 10})] \tag{7-9}$$

基于选择轮胎垂向力、轮胎侧偏角、车辆纵向速度、路面附着系数等条件下,得到 F_x 与 F_y 对滑动率的偏导数随 λ 变化的关系。

综合得到左前轮处 $\Delta\lambda_1$ 与 ΔM_1 之间的关系,同理可得其他车轮处 $\Delta\lambda_i$ 与 ΔM_i 的关系式,如式(7-10)所示:

$$\Delta M_2 = \left[\frac{\partial F_{x2}}{\partial \lambda_{20}}\left(\alpha\sin\delta + \frac{l_s}{2}\cos\delta\right) + \frac{\partial F_{y2}}{\partial \lambda_{20}}\left(-\frac{l_s}{2}\sin\delta + \alpha\cos\delta\right)\right]\Delta\lambda_2$$

$$\Delta M_3 = \left[\frac{\partial F_{x3}}{\partial \lambda_{30}}\left(-\frac{L_s}{2}\cos\delta\right) + \frac{\partial F_{y3}}{\partial \lambda_{30}}(-b)\right]\Delta\lambda_3$$

$$\Delta M_4 = \left[\frac{\partial F_{x4}}{\partial \lambda_{40}}\left(\frac{L_s}{2}\cos\delta\right) + \frac{\partial F_{y4}}{\partial \lambda_{40}}(-b)\right]\Delta\lambda_4 \tag{7-10}$$

其中,$\lambda_i(i=1,2,3,4)$ 为四个车轮的滑动率。$i=1,2,3,4$ 分别代表左前、右前、左后、右后。

至此,四个车轮处建立了 $\Delta\lambda$ 与 ΔM 之间的关系,表达式如式(7-11)所示:

$$\Delta M = \frac{\partial M}{\partial \lambda_0}\Delta\lambda \tag{7-11}$$

其中$\frac{\partial M}{\partial \lambda_0}$并不是任何值都是有效值,在当前 λ 的附近处是有效的。因为车辆失稳时的期望角速度与实际值偏差较大,导致比较大的 ΔM 出现,此时对于 $\frac{\partial M}{\partial \lambda_0}$ 的计算值可能有无效值出现的情况,以下将对各轮滑动率分配限制进行分析。

如图 7-15 所示,车辆处于左转状态,以其处于不足转向状态为例,且此时前轴侧偏角大于后轴侧偏角,对四个车轮处的滑动率有效值界限进行分析。不足转向状态时的上层控制器将产生大于零的附加横摆角力矩,由分配策略可知,此时优先对左后轮进行控制,向左后轮发送滑动率减小值,从而让车轮进行滑动率跟踪并产生制动力。因此需要对左后轮 $\Delta\lambda$ 进行计算。

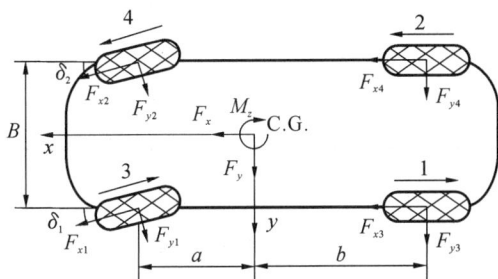

图 7-15　执行器优先级示意图

在左后轮处,随着滑动率的降低,偏微分值一直增大,说明此时横摆力矩一直具有变大的趋势。在此情况下,左后轮的滑动率最小值应在纵向力对滑动率偏导为零处取得,如式 (7-12)所示:

$$\frac{\partial F_{x3}}{\partial\lambda_{3min}} = 0 \tag{7-12}$$

同理可得右后轮处的滑动率最大值应在纵向力对滑动率偏导为零时求得,如式(7-13)所示:

$$\frac{\partial F_{x4}}{\partial\lambda_{4min}} = 0 \tag{7-13}$$

由分配策略可得,在左转向不足且前轴侧偏角大于后轴侧偏角时,优先对后轴车轮进行控制。上述得到的后轴两车轮的滑动率分配限制,在后轴难以满足控制任务时,需要将剩余控制任务向前轴进行分配。下面对前轴左右两侧车轮处的滑动率分配限制进行计算:随着左前轮滑动率的降低,偏微分并非单调递增,说明此时横摆力矩的变化情况不随滑动率的变化单调变化,这是由于左前轮 F_x 与 F_y 的变化情况不一致,即 $\dfrac{\partial F_x}{\partial\lambda}$ 和 $\dfrac{\partial F_y}{\partial\lambda}$ 异号导致的,如果 $\dfrac{\partial F_x}{\partial\lambda}\dfrac{\partial F_y}{\partial\lambda}<0$,此时滑动率最小值可以由式(7-14)求得

$$\frac{\partial M_1}{\partial\lambda_{min}} = 0 \tag{7-14}$$

同理可得到在此工况下右前轮的滑动率最大值为 $\dfrac{\partial M_2}{\partial\lambda_{max}}=0$。类比左转向不足工况,其他工况下的各车轮分配值约束可以被求得。

4. 轮胎滑动率追踪控制策略

在获得滑动率的预期值之后,将开始对其进行持续跟踪。利用滑模控制算法可设计一种滑移率追踪控制器,其具体推导如下。

1) 车轮制动时的滑移率跟踪控制策略

车辆制动时,采用如图 7-16 所示的车辆车轮受力模型,忽略空气阻力和滚动阻力。

对车轮进行受力分析可得

$$I\dot{\omega} = F_r - T \tag{7-15}$$

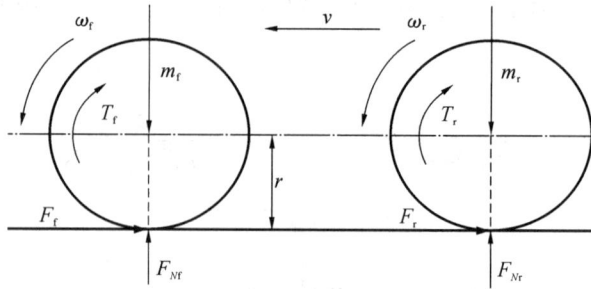

图 7-16　车辆制动时的车轮受力示意图

计算滑移率可得

$$\lambda = \frac{v - \omega r}{v} \tag{7-16}$$

对式(7-16)进行求导可得

$$\dot{\lambda} = \frac{(\dot{\omega} v - \dot{\omega} v) r}{v^2} \tag{7-17}$$

整理得到制动时车轮转动的角加速度表达式为

$$\dot{\omega} = \frac{1}{v} \left(\dot{\omega} v - \frac{\lambda v^2}{r} \right) \tag{7-18}$$

可得到关系式：

$$T = \frac{I}{v} \left(\frac{\lambda v^2}{r} - \dot{\omega} v \right) + F_r \tag{7-19}$$

设置滑模面：

$$S = \lambda - \lambda_0 + c \int_0^t (\lambda - \lambda_0) \mathrm{d}t \tag{7-20}$$

对式(7-20)进行求导可得

$$\dot{S} = \dot{\lambda} + c(\lambda - \lambda_0) \tag{7-21}$$

设置切换函数为

$$\dot{S} = -\varepsilon \mathrm{sgn}(s), \dot{\lambda} = -\varepsilon \mathrm{sgn}(s) - c(\lambda - \lambda_0) \tag{7-22}$$

进而得到公式：

$$T = -(\varepsilon \mathrm{sgn}(s) + c(\lambda - \lambda_0)) \frac{Iv}{r} - \dot{\omega} v \frac{I}{v} + F_r \tag{7-23}$$

忽略空气阻力和滚动阻力，有 $m\dot{v} = mg\mu$，代入式(7-23)得

$$T = -(\varepsilon \mathrm{sgn}(s) + c(\lambda - \lambda_0)) \frac{Iv}{r} - \omega g\mu \frac{I}{v} + F_r \tag{7-24}$$

2)车轮驱动时的滑移率跟踪控制策略

车辆驱动时,采用如图 7-17 所示的车辆车轮受力模型,忽略空气阻力和滚动阻力。

$$I\dot{\omega} = T - F_r \tag{7-25}$$

计算滑移率的公式：

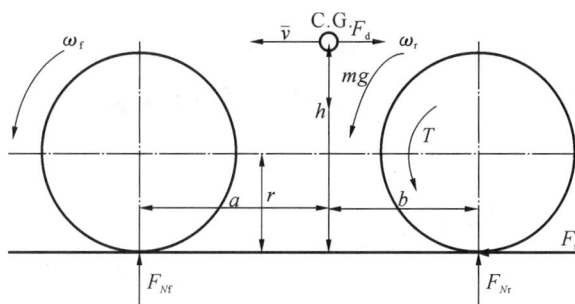

图 7-17　车辆驱动时的车轮受力示意图

$$\lambda = \frac{\omega r - v}{\omega r} \tag{7-26}$$

对式(7-26)进行求导:

$$\dot{\lambda} = \frac{(\dot{\omega}v - \omega\dot{v})r}{\omega^2 r} \tag{7-27}$$

整理得到驱动时车轮转动的角加速度表达式:

$$\dot{\omega} = \frac{1}{v}(\omega^2 r \dot{\lambda} + \dot{v}\omega) \tag{7-28}$$

进而得到

$$T = \frac{I}{v}(\omega^2 r \dot{\lambda} + \dot{v}\omega) + F_r \tag{7-29}$$

设置滑模面:

$$S = \lambda - \lambda_0 + c\int_0^t (\lambda - \lambda_0)\,\mathrm{d}t \tag{7-30}$$

对式(7-30)进行求导可得

$$\dot{S} = \dot{\lambda} + c(\lambda - \lambda_0) \tag{7-31}$$

设置切换函数为

$$\dot{S} = -\varepsilon \mathrm{sgn}(s), \quad \dot{\lambda} = -\varepsilon \mathrm{sgn}(s) - c(\lambda - \lambda_0) \tag{7-32}$$

得到公式:

$$T = -(\varepsilon \mathrm{sgn}(s) + c(\lambda - \lambda_0))\frac{I\omega^2 r}{v} + \omega\dot{v}\frac{I}{v} + F_r \tag{7-33}$$

忽略空气阻力和滚动阻力,有

$$m\dot{v} = mg\mu \tag{7-34}$$

代入式(7-33)可得

$$T = -(\varepsilon \mathrm{sgn}(s) + c(\lambda - \lambda_0))\frac{Iv}{(1-\lambda)^2 r} + g\mu\frac{I}{(1-\lambda)r} + F_r \tag{7-35}$$

7.2.4　转矩矢量控制技术应用

操控性如何是评价一台车好不好开的重要标准之一,随着人们对车辆操控稳定性和灵活性需求的提高,目前已经有许多车辆运用了转矩矢量分配技术,这种技术能有效地实现人们对车辆操控性的苛刻的需求。

转矩矢量控制技术已应用于诸多车型,例如奥迪 S4、S5 和 S6,宝马 X5 和 X6 等。

这节重点介绍奥迪广泛应用的多片离合器式适时四驱 Quatrain-ultra 技术,如图 7-18 和图 7-19 所示。

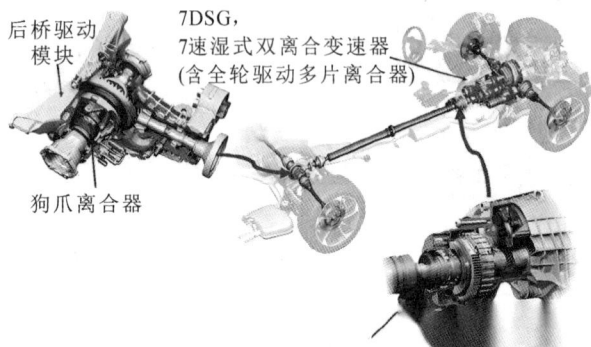

图 7-18　四驱系统结构简图

图 7-19　带运动差速器的四轮驱动系统

Quatrain-ultra 是一款全时四驱系统(实际更接近基于四驱为主的适时四驱),具有主动后轴扭矩矢量控制功能。集成在 ESP 控制单元中的电子差速锁(EDS)(作用于所有驱动轮)和车轮选择性扭矩控制可提供增强的牵引力和车辆行驶动力。

该系统包括一个电控多片式离合器,带离合器执行器的全轮驱动控制单元以及后桥驱动器中集成执行器的牙嵌式离合器。

扭矩矢量控制在转弯时可提供更好的牵引力,从而让你感觉到足够的驾驶动力。扭矩矢量控制是 ESP 控制单元中的一项软件功能。

由驱动动力学原理可知,可传递给弯道外侧车轮的最大驱动转矩随横向加速度的增加而增加,而可传递给弯道内侧车轮的最大驱动转矩则减小相同的量,如图 7-20 所示。

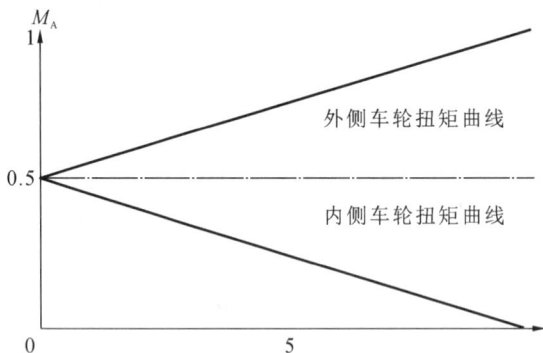

图 7-20　弯道行驶效果

由于离心力作用于车辆的重心,其作用线朝向弯道的外侧,这就产生了侧倾扭矩,该扭矩通过车轮得以稳定。该侧倾扭矩减小了内轮上的负荷并增加了外轮上的负荷。因此,弯道内侧车轮无法传递与弯道外侧车轮相同的扭矩,如图 7-21 所示。

开放式差速器始终以大约 1:1 的比例将驱动扭矩分配到轴上的两个车轮。如果在转

图 7-21 离心力作用

弯时传递给弯道内侧车轮的最大驱动扭矩减小,弯道外侧的车轮也只能获得相同的扭矩传递,虽然外侧车轮上的较高有效负载将允许你加载更高的驱动扭矩。弯道内侧的车轮决定了可传递的驱动扭矩,如果在弯道内侧的车轮发生驱动扭矩损失,如打滑空转,则驱动扭矩通过动力传动系统的传输将被中断。

通过控制弯道内侧车轮的制动力产生额外的扭矩。这样,额外的驱动扭矩将被传递到弯道外侧的车轮上。

该系统对车轮负载的变化做出反应,而不会对车轮打滑做出反应。系统在转弯时处于激活状态,并在车轮出现严重打滑之前进行干预。该系统通过计算转弯时弯道内侧车轮上负载的减少量和弯道外侧车轮上负载的增加量来实现。该计算主要基于转向角和横向加速度传感器产生的测量数据。

由此,ESP 控制单元确定了弯道内侧车轮所需的制动压力。所需的制动压力相对较低,为 5～15 bar(1 bar＝0.1 MPa),最大限度地降低了制动负载。

扭矩矢量控制可提供高水平的驾驶动力,同时将系统复杂性降至最低,并提供出色的乘坐舒适性。

1. 转矩矢量控制下的两种模式

1)转弯时无制动干预

由于可传递的驱动扭矩的大小取决于弯道内侧的车轮,因此可传递给弯道外侧的车轮的扭矩不能超过内侧。

2)转弯时有制动干预

通过主动制动干预,在减小弯道内侧载荷的情况下,车轮上会产生制动扭矩。该制动扭矩用作附加扭矩,因此增加了传递到弯道内侧车轮的总扭矩,增加的驱动扭矩用来克服制动扭矩。

增加的驱动扭矩也可以施加在弯道外侧的车轮上。该扭矩在大小上等于传递到弯道内侧车轮的总扭矩(制动扭矩＋驱动扭矩)。

2. 转矩矢量控制作用

1)直线行驶

车轮负载和驱动扭矩在两侧均匀分布,如图 7-22 所示。

2)负载转弯

由于离心力的作用,车轮负载向弯道外侧移动(见图 7-23)。外侧轮上较高的驱动扭矩

图 7-22　直线行驶图

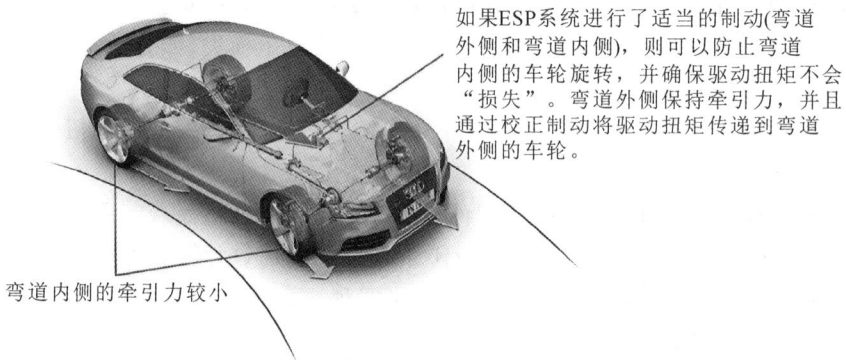

如果ESP系统进行了适当的制动(弯道外侧和弯道内侧)，则可以防止弯道内侧的车轮旋转，并确保驱动扭矩不会"损失"。弯道外侧保持牵引力，并且通过校正制动将驱动扭矩传递到弯道外侧的车轮。

弯道内侧的牵引力较小

图 7-23　负载转弯行驶

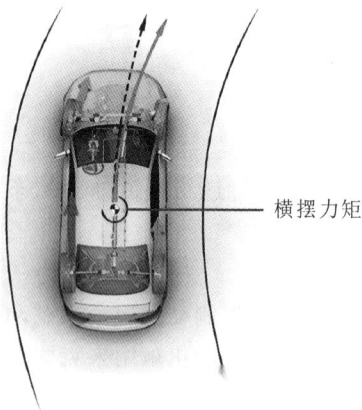

横摆力矩

图 7-24　附加横摆力矩示意图

会产生围绕车辆垂直轴的附加扭矩(横摆力矩)。该横摆力矩具有将车辆转向弯道的作用。因此,车辆可实现更高的转弯速度,并具有敏捷和更精确的操控性(行驶动态),改善了行驶动态,如图 7-24 所示。

Quatrain-ultra 技术的特点是后轮驱动中多片式离合器和狗爪离合器之间的巧妙配合。为了减少阻力损失,可以通过打开这两个离合器来停用传动轴和后桥驱动器的各个部分。

全轮驱动控制单元中的智能全轮驱动控制策略会连续计算车辆的行驶状态,并向后桥分配驱动扭矩。为了便于计算,全轮驱动控制单元通过 Flex-Ray 总线与多个其他控制单元联网。在此技术的基础上,控制单元以 10 ms 的时间间隔记录并评估与车辆行驶状态相关的所有数据。

如果控制单元检测到不需要全轮驱动,即此时全轮驱动没有任何优势的驾驶工况下,它会转换为前轮驱动。如果控制单元检测到全轮驱动具有明显优势的驾驶工况,后桥将在大约 200 ms 内被激活,并提供足够的驱动扭矩。

7.3 线控制动矢量控制技术

制动矢量控制是一种通过在车辆行为受到干扰之前,施加弱制动来保持车辆行为稳定的技术,实现这一控制行为的装置通常称为电子车身稳定系统(ESP 或 ESC)。通常检测到车辆正在接近弯道,然后在驾驶员不知情的情况下轻微制动,从而稳定车辆。可以说正常运行时总是启动矢量控制,而在紧急情况下会临时启动稳定控制。矢量控制通过在车辆行为受到干扰之前施加弱制动来保持车辆稳定,而稳定性控制则是在车辆开始打滑后通过强烈制动来防止失控。因此,矢量控制更注重预防性控制,而稳定性控制更注重应对突发情况。

电子车身稳定系统 ESP 的英文全称为 Electronic Stability Program,是 ABS、ASR(TCS)、EBD(EBV)功能的综合与延伸。主要实现车辆制动、转弯时稳定性的控制,防止制动甩尾、转向偏移,是一种主动安全控制。

7.3.1 电子车身稳定系统的工作原理

转速传感器不断给每只车轮提供转速数据,转向盘转角传感器将它得到的数据直接通过 CAN 总线传给控制单元。由这两种信息控制单元算出车辆所需的转向和驾驶操作。

横向加速度传感器向控制单元传送侧向的偏转信息。角速度传感器传送车辆的离心趋势。从两种信息控制器算出车辆的实际状态。

如果算出的所需值和实际值有偏差,控制系统会进行调节,详细原理如图 7-25 所示。

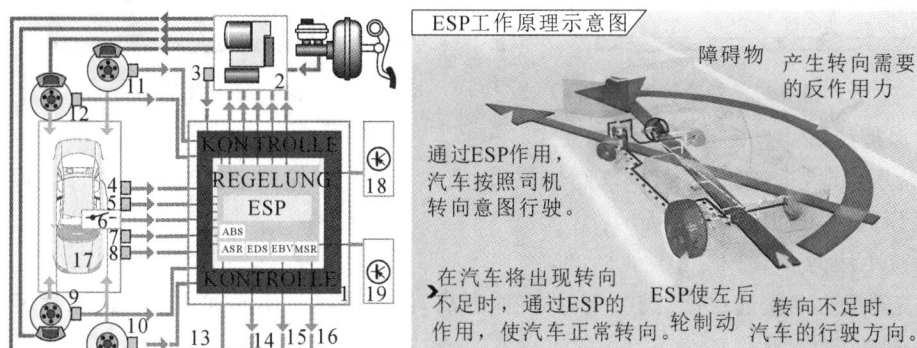

图 7-25 ESP 工作原理示意图

ABS—防抱死系统;ASR—防滑控制系统;EDS—电子差速锁;EBV—电子制动力分配装置;
MSR—发动机牵引扭矩调节装置;ESP—电子车身稳定系统

ESP 能够决定哪只轮子应制动或加速,动力系统的力矩是否该减小,在自动变速车辆上是否需要使用变速器控制单元,然后根据传感器传输的数据,检查调节作用是否有效。如果有效,则调节系统停止工作,并继续观察车辆的运行状态;如果无效,则调节系统重新工作。调节系统工作时,ESP 信号灯亮,提示驾驶员注意。

1. ESP 液压单元

液压单元安装在发动机室的支架上。它在各车型上的安装位置不尽相同。液压单元和

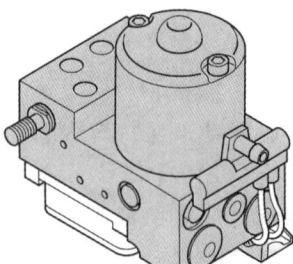

图 7-26　液压控制单元

两个呈对角线排列的刹车管路一起工作。液压控制单元如图 7-26 所示。

由于液压单元里的阀门的作用，各个轮制动缸得到控制。通过控制液压单元里车轮制动缸的进气阀和排气阀，可以做到以下三点：增加压力，保持压力，减少压力。如果阀坏了，整个系统停止工作。

2. ESP 车轮调节原理

1）管路组成

制动总管只有一只车轮，制动总管部分包括：开关阀（a 在液压单元内），高压阀（b），进气阀（c），排气阀（d），车轮制动缸（e），回油泵（f），行驶动力液压泵（g），制动助力装置（h）。如图 7-27 所示。

2）增加压力

ESP 开始生效，行驶动力液压泵就会把储油罐中的制动液输送到制动管路中。这样车轮制动缸和回油泵中很快就有了压力。回油泵开始工作，制动压力继续加大，如图7-28所示。

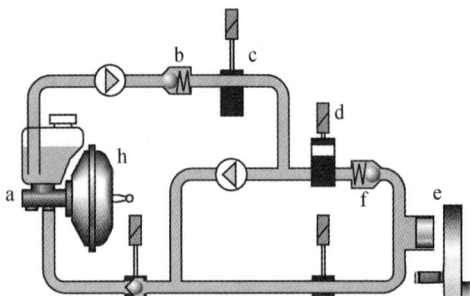

图 7-27　制动管路

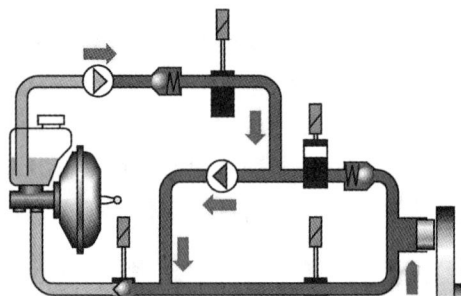

图 7-28　增压过程

3）保持压力

保持压力时，进气阀关闭，排气阀也关闭，压力不会从车轮制动缸泄露出去；回油泵停止工作，高压阀关闭，如图 7-29 所示。

4）减小压力

开关阀反方向接通；进气阀关闭，排气阀开启，制动液通过串联式主缸流回储油罐中，压力减小，如图 7-30 所示。

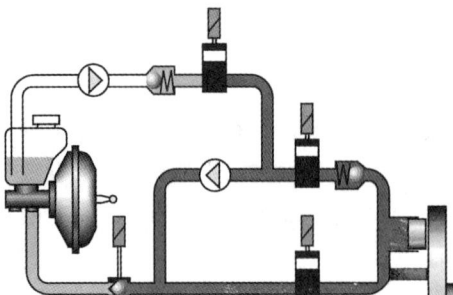

图 7-29　保压过程

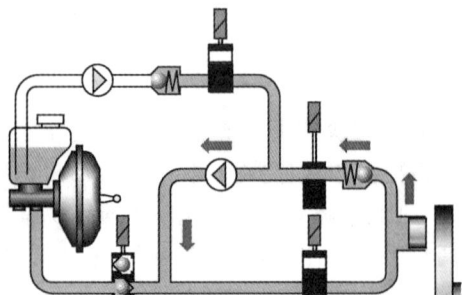

图 7-30　减压过程

7.3.2　电子车身稳定系统的功能与实现

1. EBD(electronic brake distribution)

EBD(调节制动力分配)系统可以防止车辆后轮先抱死,一般情况下只有模块硬件出现故障时才会出现后轮抱死。

电子控制单元根据轮速信号计算车轮的转速及滑移率,如果后轮有抱死倾向,则由液压控制单元调节后轮制动压力,使后轮制动力降低,以保证后轮不会先于前轮抱死。

同传统制动力分配方式(如比例阀、感载阀)相比,EBD 功能保证了较高的车轮附着力及合理的制动力分配。尤其在汽车制动时,根据轴荷转移的不同,自动调节前后轴制动力比例,提高制动效能。

EBD 的主要功能包括:在制动过程中保持稳定性;提供与机械液压比例阀同样的功能;防止后轮比前轮先抱死;当汽车载荷变化时,对汽车平衡进行改良。

2. ABS(anti-lock brake system)

ABS(防止车轮抱死系统)通过计算出车辆滑移率,将其控制在峰值附着系数附近,它属于被动安全控制系统。

当车轮制动时,由装在车轮上的轮速传感器采集四个车轮的转速信号,送到电子控制单元计算出车辆的减速度及车轮的滑移率。电子控制单元根据计算结果调节车轮的制动力,让车轮达到一个最佳制动状态(滑移率处于最理想状态),并防止车轮抱死,使汽车在制动状态下仍能转向。

ABS 的主要功能包括:保持车辆稳定性,即防止后轮抱死;保持转向功能,即防止前轮抱死;减小制动距离;减少驾驶员工作量。

当 ABS 生效时,EBD 停止工作。ABS 与 EBD 的调节过程对比如下:ABS 是前后桥控制,EBD 是后桥控制;ABS 在紧急制动情况下工作,EBD 在普通制动情况下工作;ABS 工作时的调节转换频繁,EBD 的调节过程比较缓和。

3. TCS (traction control system)

TCS(牵引力控制系统)的作用工况通常为低附路面车辆起步时,深度油门,驱动轮滑转,TCS 发出请求,发动机降扭同时轻微施加制动,使得车辆平顺起步。目前,标定车辆可以达到在冰雪路面上全油门平顺起步的水平。

汽车在光滑路面制动时,车轮会打滑,甚至方向会失控。同样,汽车在起步或急加速时,驱动轮也有可能打滑,在冰雪等光滑路面上还会出现方向失控的危险情形。TCS 依靠轮速传感器监测到从动轮速度低于驱动轮速度(打滑特征)时,就会降低驱动轮上的有效驱动力,使驱动轮不再打滑。

TCS 的主要功能包括:保持稳定性;保持转向性;改进易打滑路面的车辆加速;减少驾驶员的工作量。

4. VDC (vehicle dynamics control)

VDC(车辆动态稳定控制)系统主要通过对单个车轮主动增压以纠正车轮的不足转向和过度转向。TCS 和 VDC 都属于主动增压,即不用施加制动踏板力即可以对制动管路施加压力。

当车辆出现非预期的过度或不足转向时,通过采集到的信号判断理论与实际的差异,主动对某个车轮施加制动力,使车辆运行状态符合驾驶员的期望,避免车辆的不稳定状态。

VDC 的主要功能包括:维持车辆行驶的稳定性;消除避让动作和路况改变所产生的险情;过弯时保持正确的路线;提供最佳的驾驶条件,提高驾驶安全性。

7.3.3　电子车身稳定系统的组成

电子车身稳定系统的组成如图 7-31 所示,现分述如下。

1. 液压控制单元(HCU,见图 7-32)

组成:电磁阀,用来控制制动液流动路径;泵,用来配合阀控制轮缸压力;蓄能器,用来储存不能被泵掉的残余制动液;压力传感器,用来监测制动主缸压力。

功能:快速精确地控制每个车轮的制动压力,实现 ABS/TCS 等功能。

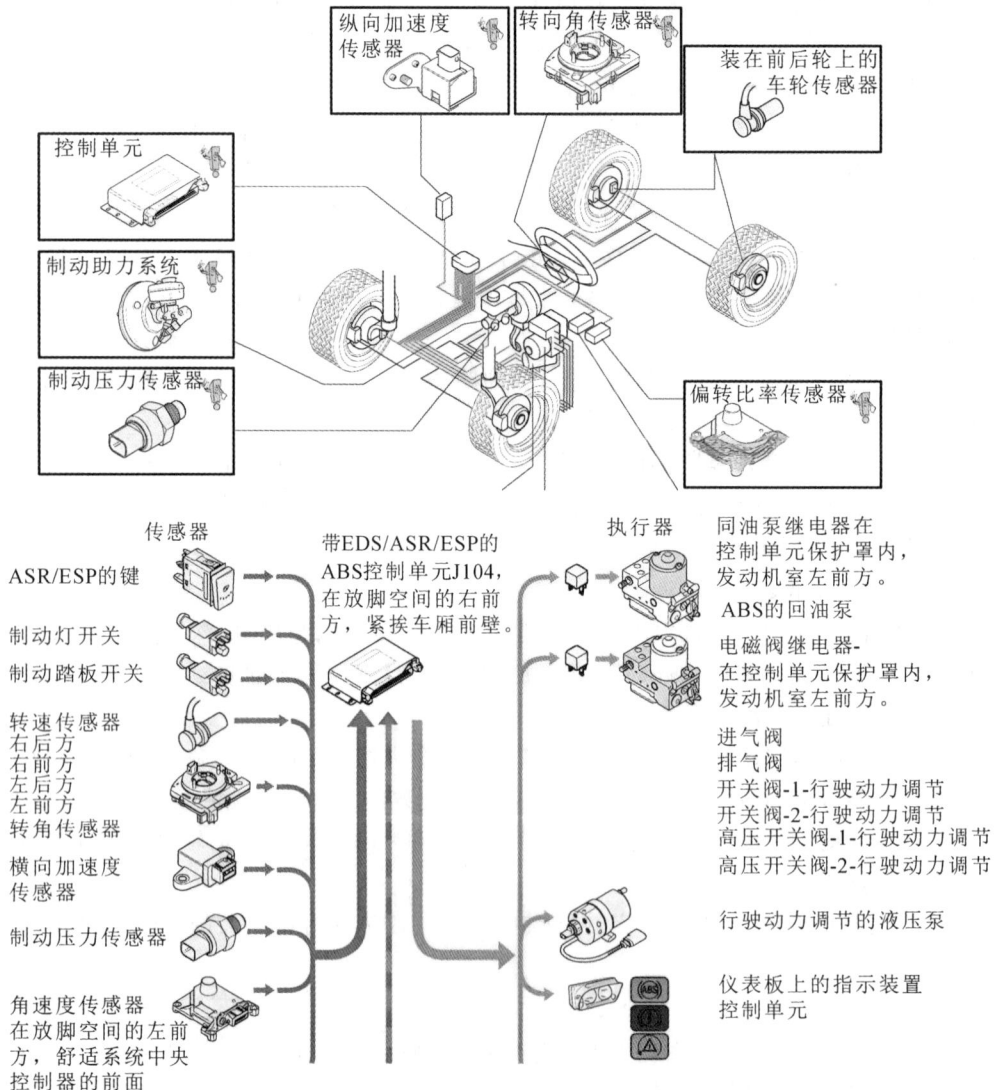

图 7-31　ESP 系统组成

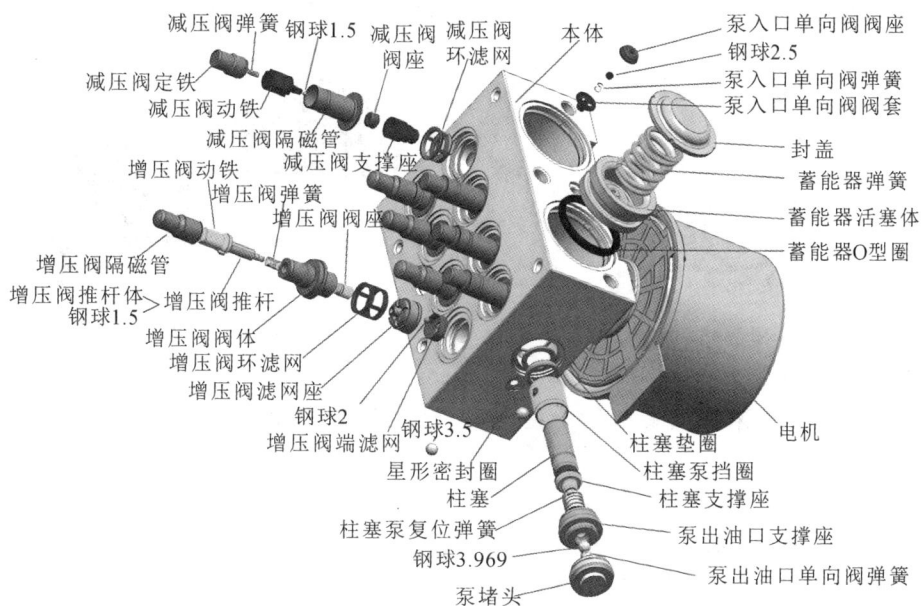

图 7-32　液压控制单元

2.电子控制单元(ECU,见图 7-33)

组成:微处理器,用来处理传感器数据,驱动阀和电机;存储器,用来存储控制软件和参数信息;输入/输出接口,用来与传感器和执行器通信。

功能:实时分析车辆状态和驾驶员输入,计算干预措施,向 HCU 发送控制指令,与其他控制器协调工作。

3.车轮速度传感器(WSS)

组成:霍尔传感器(见图 7-34)。

功能:通过传感器扫过齿圈获得脉冲信号,进而计算轮速、轮速方向、气隙等。

图 7-33　电子控制单元

图 7-34　霍尔传感器

4.齿圈

组成:各种类型的齿圈(见图 7-35),均匀排布的齿。

功能:提供车轮转动信息。

5.横摆和加速度传感器(IMU,见图 7-36)

组成:加速度传感器、陀螺仪。

功能:测量车辆的 A_x,A_y,A_z,Yaw(偏航角),Pitch(俯仰角),Roll(翻滚角)。

图 7-35　齿圈

图 7-36　IMU

6.转向角传感器(SAS,见图 7-37)

组成:编码器,用来检测转向轮位置;信号处理电路,用来将编码器信号转换为数字信号。

功能:测量驾驶员的转向输入角度。

7.制动踏板开关(BLS,见图 7-38)

组成:机械开关或压力传感器。

功能:检测驾驶员是否踩下制动踏板。

图 7-37　转向角传感器

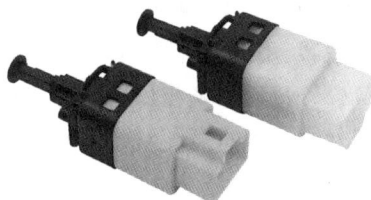

图 7-38　制动踏板开关

7.3.4　ESP 控制策略与算法

1.ESP 系统功能

ESP 系统的主要功能如下所述。

1)防抱死制动系统(ABS)

通过控制刹车力度,避免车轮被抱死,从而提高车辆在湿滑路面上的行驶稳定性。

2)牵引力控制系统(TCS)

当驱动轮打滑时,ESP 会限制发动机的扭矩输出,防止驱动轮继续打滑,提高车辆的行驶稳定性。

3)车身动态控制系统(VDC)

VDC 可以防止车辆在转弯过程中出现转弯不足(推头)或者转向过度(甩尾)的情况。另外,当车辆出现侧滑趋势时,ESC 会通过控制单个车轮的刹车力度来纠正车辆的行驶方向,防止车辆发生侧滑。

2.ABS(anti-lock braking system)

ABS 系统功能:在制动过程中通过对各个车轮的角速度和滑移率进行监控,主动调节各个车轮上的制动力防止车辆在制动过程中出现抱死侧滑现象,来确保车辆的可转向性和缩短制动距离。

了解 ABS 系统的功能后,我们通过数学模型来进行分析,制动力是如何影响车轮的角速度和滑移率的。通过单轮运动模型(见图 7-39)进行分析:

针对单车轮分析有如下方程:

车辆运动方程:

$$F = m \cdot \frac{\mathrm{d}v}{\mathrm{d}t} \qquad (7\text{-}36)$$

车轮运动方程:

$$F \cdot R - Tb = J \frac{\mathrm{d}\omega}{\mathrm{d}t} \qquad (7\text{-}37)$$

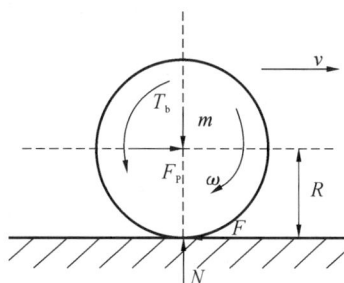

图 7-39　简化单轮运动模型

车轮纵向摩擦力:

$$Fs = \mu \cdot N \qquad (7\text{-}38)$$

垂直平衡方程:

$$N = G = mg \qquad (7\text{-}39)$$

式中:F 为地面制动力,N;m 为整车 1/4 质量,kg;v 为车辆运动速度,m/min;R 为轮胎滚动半径,m;T_b 为车轮制动力矩,N·m;J 为车轮转动惯量;ω 为车轮角速度,r/min;N 为垂向力,N;μ 为摩擦附着系数。

通过上述一系列公式即可得出,通过调节车轮的制动力矩就可以控制车轮的角速度和车速的变化,从而控制滑移率。

ABS 控制的核心是对各个车轮滑移率的控制,使其处于临界滑移率附近;滑移率控制在 20%～30% 之间车轮的附着系数最大,产生的减速性能最好。

当前 ABS 控制车轮制动力的主要控制策略分别是:低选控制、高选控制以及单轮控制。

1)低选控制

对同轴两侧车轮同时施加制动压力控制,大小由附着较低的那侧车轮来决定。采用低选控制策略,虽不能充分发挥行驶于高附着系数路面上的那侧车轮的附着能力,但却能获得较大的转弯侧向力。并且由于左右车轮的制动力相差不多,车辆不会产生横摆,保证了车辆的稳定性。由于上述优点,低选控制广泛适用于后轴车轮的制动控制。

2)高选控制

对同轴两侧车轮同时施加制动压力控制,大小由附着较高的那侧车轮决定。与低选控制相比,高选控制可获得更高的制动强度,因此常用于前轴车轮的制动控制。在低附着路面上的那个车轮可能会抱死,因而导致车辆丧失转向能力,又由于作用于两侧的制动力不等,因此还会产生横摆力矩。

3)单轮控制

保证每个车轮都最大限度地利用各自可用的附着系数,实现最大的制动强度。

EBD 是 ABS 的一个子功能,当车辆紧急制动时,ABS 不足以触发但整车载荷由于制动缘故已经从后轮向前轮转移,由于后轮与前轮相比更加容易出现抱死现象,所以 EBD 只控制后轮制动力来防止后轮在前轮之前出现抱死滑动。

3. TCS(traction control system)

牵引力控制系统(TCS)的原理建立在驱动轮最优滑转率基础之上。理论研究证明,轮胎与路面之间的纵向附着特性决定汽车的加速和制动能力,轮胎滑移率与路面附着之间存在一定的关系,驱动轮的滑移率 λ 可以表示为

$$\lambda = \begin{cases} \dfrac{\mu - \omega R_1}{\mu}(\mu > \omega R_1, \mu \neq 0),制动情况下的滑移率 \\ \dfrac{\omega R_1 - \mu}{\omega R_1}(\mu < \omega R_1, \mu \neq 0),驱动情况下的滑移率 \end{cases} \tag{7-40}$$

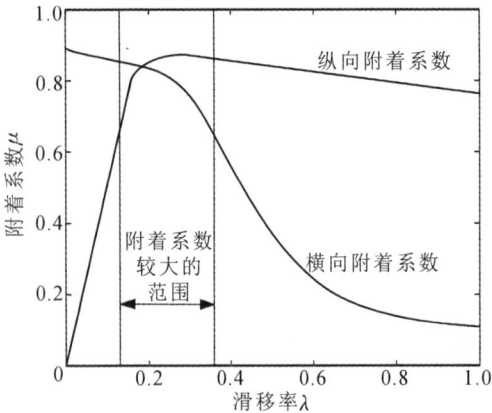

图 7-40 附着系数与滑移率的关系

由图 7-40 可知,纵、横向附着系数是随车轮滑移率变化的,在滑移率为 15%～35% 时,二者都处于较高水平,把汽车驱动时处于这一区域的车轮滑移率称作最优滑移率。牵引力控制系统是通过控制驱动车轮的滑移率,使其保持在最优滑移率附近的稳定区域以充分利用路面的最大附着,防止驱动轮打滑或者侧滑失稳现象发生,从而使车辆在加速、转向、爬坡时获得最大牵引力和操纵稳定能力的。

驱动轮打滑是由于发动机提供给车轮的驱动力超过路面附着所能够提供的摩擦力极限而造成的。当汽车在泥沙、冰雪等低附着路面起步时,由于轮胎与路面附着系数很低,驱动轮极易发生过度滑转。根据附着特性曲线,较高的车轮滑移率会导致轮胎与路面间的纵向力以及横向力降低,影响汽车的起步加速能力和横向稳定性,此时车辆容易发生驱动侧滑失稳现象。TCS 的主要作用在轮胎附着特性曲线的非线性区域,通过采用合适的控制算法将驱动车轮的滑移率维持在最佳范围内,从而提高车辆的动力性能和驱动稳定能力。

TCS 是在 ABS 的基础上发展而来的,后者在过度制动时起作用,前者在过度驱动时起作用。由于 TCS 不仅可以调整制动压力,也可以调节发动机或者驱动电机的驱动力,因此 TCS 的组成部分相对 ABS 要更多,除了执行机构增加了驱动力控制单元(发动机 ECU 或电机 ECU)外,还增加了方向盘转角传感器和惯性传感器。

TCS 通过发动机或者驱动电机的输出扭矩和轮缸压力的协调控制,调节驱动轮的滑移率,从而改善轮胎和路面间的附着特性,提高车辆的动力性和稳定性。目前主流的 TCS 架构如图 7-41 所示。TCS 控制器主要包括三个部分:道路状况识别、扭矩控制、压力控制。

道路状况识别模块主要包括附着识别和纵坡识别,根据车辆状态参量,识别出附着和纵坡,给扭矩控制和压力控制提供数据支持。驱动扭矩控制模块包括 PID 的扭矩控制和模糊逻辑扭矩控制两部分,其输入参量为车辆状态以及用道路状况识别模块识别的路面附着情况和坡度,其输出参量为目标扭矩以及降扭不足部分。压力控制模块的输入为车辆状态、道路状况、以及扭矩控制模块输出的降扭不足部分。压力控制模块包括上层压力控制和底层

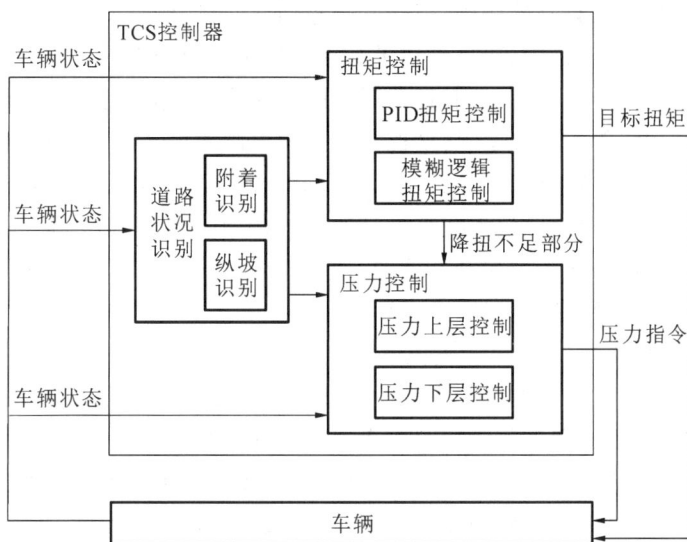

图 7-41 TCS 架构

压力控制,上层压力控制给出目标压力,底层压力控制负责目标压力的实现。

目前 TCS 的控制算法总结如下:

1)逻辑门限值控制方法

逻辑门限值控制方法的基本原理是采用驱动轮的加速度和滑移率作为控制门限,控制逻辑要考虑到所有可能遇到的工况,当加速度或者滑移率超过设定的门限时才进行 TCS 干预,最终能使车轮的滑移率在最优滑移率附近波动,以获得最大的车轮纵向力和侧向力。

该方法虽然不需建立精确的数学模型,但是控制逻辑设计非常复杂,并且需要进行大量的匹配试验来调整出一组最优的门限值,开发周期一般较长。

2)PID 控制方法

PID 控制也是当前工程中应用较多的方法。该方法无须了解系统详细的数学模型,只需将实际值与目标值之间的偏差作为系统的输入量,通过调整合适的 PID 参数,来获得系统的发动机最优转矩和主动制动压力。

由于汽车是个复杂的非线性系统,经常工作在复杂的路面条件下,应用 PID 控制往往会出现系统鲁棒性较差的问题,并且不同的路面条件下其控制参数需要进行相应的调整以获得最佳的目标值。因此在应用 PID 控制时,往往需要考虑一些外加条件对 PID 参数进行自适应的修正或者与其他的控制方法结合使用。

3)滑模变结构控制

滑模变结构控制最大的优点就是其具有非常好的系统鲁棒性特点,并且非常适用于非线性系统。基本原理是先设计系统的滑模平面,该超平面设计与系统所期望的动态特性相关,然后通过设计好的滑动模态控制器使系统状态从滑模平面之外的空间向滑模平面上收敛。系统一旦到达该平面,控制作用将保证系统沿滑模平面到达系统原点。

滑模控制能够克服系统的不确定性,其对干扰和未建模动态具有很强的鲁棒性,尤其是对非线性系统的控制具有良好的控制效果。滑模变结构控制系统算法简单,响应速度快,对外界噪声干扰和参数摄动具有鲁棒性,但是其缺点同样明显,就是控制过程中出现了开关函数,系统输出会出现高频抖振现象,这制约了其在工程实际中的应用。

随着对滑模控制的研究深入,抑制切换震颤已成为重大研究分支,这方面已取得了较大进展,提出了等效控制、趋近率控制、切换控制与模糊控制的组合模糊调整控制方法。

汽车驱动轮滑移率的控制与驾驶员输入、轮胎特性、车辆类型、路面条件和车辆的运行状态等多方面因素有关。很显然,这些因素具有明显的时变性、非线性和不确定性,这就要求采用的控制理论要尽可能与被控制系统的参数变化及外部扰动无关,且具有良好的鲁棒性,而滑模变结构控制的特性满足这种要求。

4)模糊逻辑控制方法

模糊逻辑控制方法主要是把人的主观经验数学化并引入控制过程,运用模糊数学把人工控制策略用计算机实现,以达到满意的效果。它首先将精确的数字量转换成模糊集合的隶属函数,然后根据控制器制定的模糊控制规则,进行模糊逻辑推理,得到一个模糊输出隶属函数,用恰当的方法找出一个合理的精确值作为控制量,加到执行器上实现控制。

模糊推理是人类思想表达的数学化过程,其通常包括 3 个重要部件:模糊规则库,包含若干模糊(if-then)规则;隶属函数库,定义模糊规则涉及的隶属函数;模糊推理机,根据模糊规则执行从输入到输出的推理过程。其中,模糊规则库是模糊推理系统的关键,模糊规则通常来源于专家经验或者专业知识。由于模糊逻辑控制的拟人特点,近些年其在 TCS 的控制中也被广泛研究。

4. VDC(vehicle dynamic control)

VDC(车身动态控制)系统作为 TCS 和 ABS 的补充,转向量和制动操作量是通过转向角传感器和制动开关被检测到的,并通过 G 传感器、车辆速度传感器等,确定车辆驾驶状态(转向不足/转向过度)。当车辆急拐弯或在光滑路面上行驶时,VDC 系统改变动力系统的转矩或者对各车轮实施独立制动,以在急转弯或光滑路面上保持车辆的行驶稳定性,避免出现转向不足或转向过度的现象。VDC 系统的功能架构如图 7-42 所示。

VDC 系统的实现条件主要包括控制器、控制算法、执行机构以及系统匹配标定等,其中控制算法是 VDC 系统的核心。控制算法的实现需要解决三个方面的问题:驾驶员驾驶意图的识别、汽车动力学状态的观测以及针对不同动力学状态的控制方法。

VDC 系统的控制策略主要是接收车身物理状态信息如速度、横摆角速度、侧向加速度;车轮的物理特性如车轮滑移率;方向盘转角信号和发动机转矩,并在极端工况下通过发动机扭矩调节与横摆力矩修正共同用于调节车辆的横向稳定性。首先根据质心侧偏角、侧向加速度、方向盘转角和车速的门限设定以识别车辆是否存在侧滑危险,并将其作为 VDC 系统介入的判断办法;然后,在不同工况下修正并计算目标横摆角速度,并与车辆实际横摆角速度差值和质心侧偏角结合,将失稳工况区分为过度转向、不足转向、反舵和激转;车辆处于不足转向情况下,制动内后轮,如果内后轮出现抱死,则协调制动内前轮;车辆处在过度转向情况下,制动外前轮,如果外前轮出现抱死,则协调制动内前轮。最后,根据车辆横摆力矩与制动力的动力学关系,确定被控车轮的制动力矩以产生目标横摆力矩。VDC 系统的详细控制策略流程如图 7-43 所示。

主控循环：汽车运动控制

传感器以及CAN信号

信号处理，状态观测

状态参量识别

汽车运动状态名义值

横摆角速度　侧偏角

汽车运动的控制

横摆力偶矩控制

计算和分配内部
控制循环的名义变量

微控循环：
车轮/发动机控制　制动滑移　制动力矩　　　驱动滑移

制动滑移率控制，纵向速度，
轮胎侧偏以及制动力估计

驱动滑移率的控制

制动力矩　　　　　驱动力矩

液压和力的模型

发动机扭矩　　　阀，泵执行机构　　　发动机扭矩

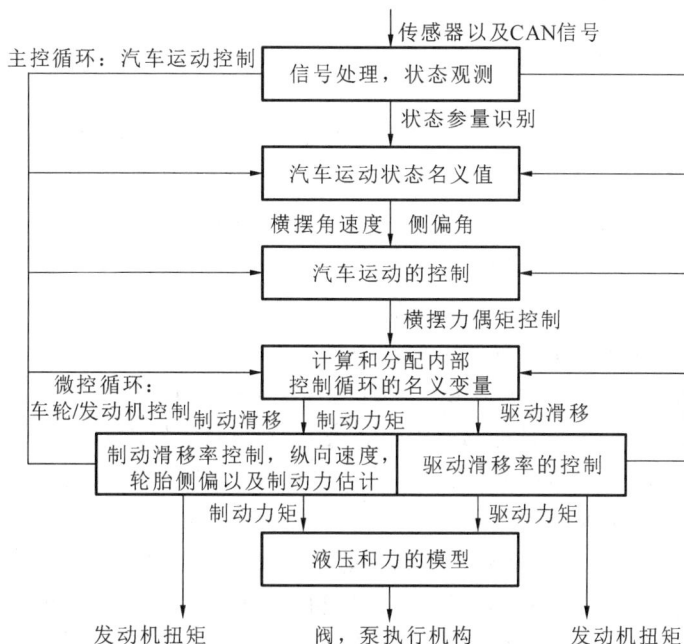

图 7-42　VDC 系统的功能架构

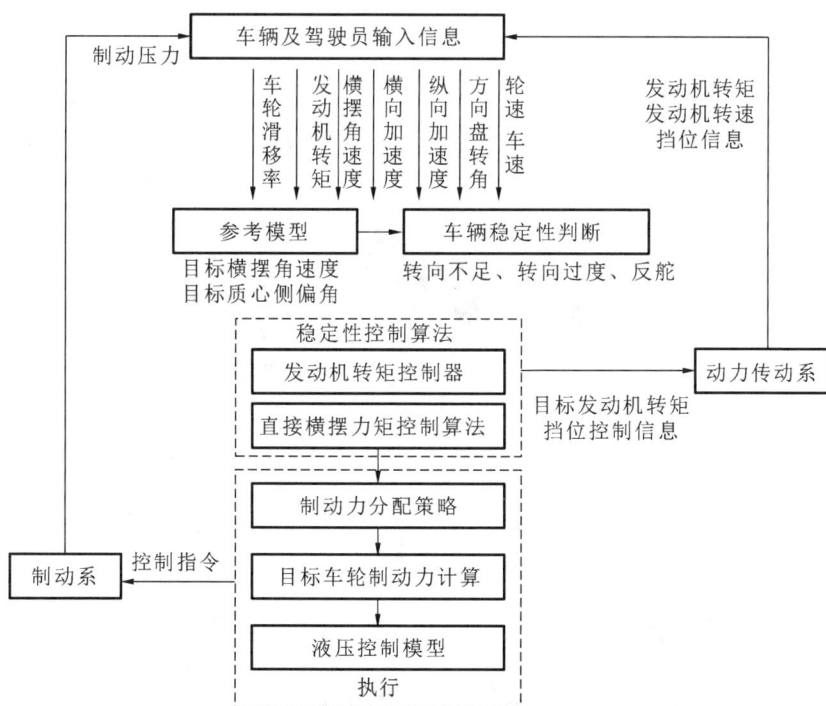

车辆及驾驶员输入信息

制动压力

车轮滑移率　发动机转矩　横摆角速度　横向加速度　纵向加速度　方向盘转角　轮速车速　　发动机转矩 发动机转速 挡位信息

参考模型　　车辆稳定性判断

目标横摆角速度
目标质心侧偏角　　转向不足、转向过度、反舵

稳定性控制算法

发动机转矩控制器　　　　　动力传动系

直接横摆力矩控制算法　　目标发动机转矩
挡位控制信息

制动力分配策略

目标车轮制动力计算

液压控制模型

执行

制动系　控制指令

图 7-43　VDC 系统的控制策略流程

7.4 矢量协同控制技术

随着自动驾驶技术的发展,自动驾驶汽车需要精确的运动控制系统来确保车辆在复杂的交通环境中能够安全、稳定地运行。集成驱动-制动-转向-悬架矢量协同控制技术作为一种面向未来的主动干预协同控制系统非常有助于自动驾驶汽车精准的运动控制。这种模式能够将转向、驱动、制动等执行微动作,与实时轨迹目标进行统一,充分考虑执行系统之间的协同配合,将四驱分配、线控制动等系统之间的"协同作战"性能发挥到极致,实现灵活操控。自由度更高,能提升全工况下车辆的系统可靠性和控制精度,可极大地提高驾驶性能,带来更舒适安全的驾乘体验的系统统称为 VMC(车辆运动控制)系统。VMC 系统通过实时感知道路状况和交通信息,做出精准的运动控制决策,实现自动驾驶的核心功能。自动驾驶技术的发展直接推动了人们对高性能 VMC 系统的需求。VMC 系统通过实时监控和控制车辆的动态行为,能够有效降低交通事故的发生率,提高驾驶安全性,而且电动汽车和混合动力汽车的增长也推动了对高效能源管理和运动控制系统的需求。

VMC 系统是一种集成多种传感器、控制器和执行机构,通过对车辆的加速、制动、转向等功能进行综合控制,以提升车辆的操控性、安全性和舒适性。随着自动驾驶技术的发展、车辆智能化的推进以及电动汽车市场的快速扩展,VMC 系统的重要性愈发凸显。

7.4.1 VMC 和底盘的关系

车辆底盘(chassis)是汽车的重要组成部分,承担着支撑、承载、动力传递和控制车辆行驶的任务。底盘系统包括多种执行器,这些执行器在车辆运动控制中起着关键作用,如图7-44 所示。

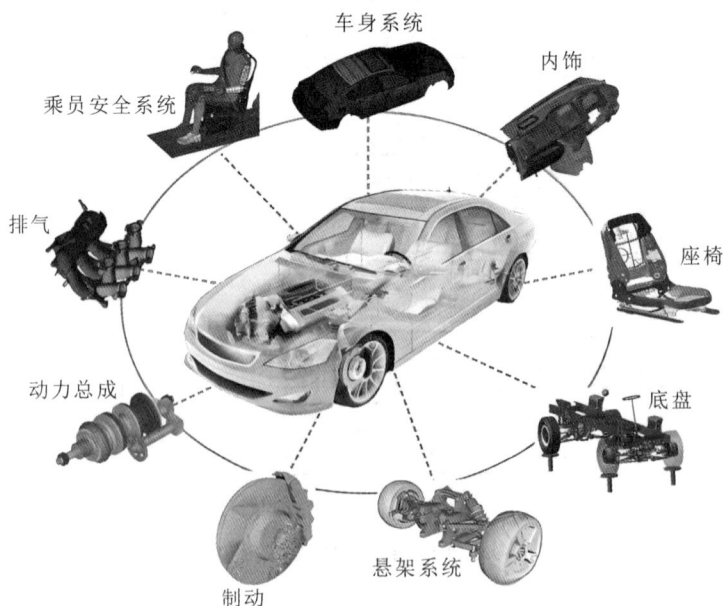

图 7-44 VMC 系统车辆底盘系统组成

车辆底盘中常见的执行器及其功能,按整车横向、纵向和垂向可做如下分类。

1. 横向控制执行器

1) 电动助力转向(EPS)执行器

功能:电动助力转向系统通过电动机提供转向助力,减少驾驶员的转向力。

应用:提高车辆操控性和驾驶舒适性,同时可以集成主动转向控制功能。

2) 四轮转向(4WS)执行器

功能:四轮转向系统通过独立控制前后轮的转向角度,提高车辆在低速时的机动性和高速时的稳定性。

应用:提升车辆操控性能,尤其是在狭窄空间和高速行驶时的操控性能。

3) 主动侧倾控制(active roll control)执行器

功能:主动侧倾控制系统通过调整防倾杆的刚度,减少车辆在转弯时的侧倾。

应用:提高车辆在弯道中的稳定性和乘坐舒适性。

2. 纵向控制执行器

1) 制动控制系统

(1) 电子车身稳定控制系统(ESP)执行器。

功能:电子车身稳定控制系统通过独立控制每个车轮的制动力来防止车辆失控和侧滑。

应用:提高车辆在紧急情况下的稳定性和安全性。

(2) 防抱死制动系统(ABS)执行器。

功能:防抱死制动系统在紧急制动时可防止车轮抱死,保持车辆的方向控制能力。

应用:提高制动安全性,缩短制动距离。

(3) 自动紧急制动(AEB)执行器。

功能:自动紧急制动系统在检测到碰撞风险时可自动施加制动力,以避免或减轻碰撞。

应用:提升车辆的安全性,减少交通事故。

2) 动力传动系统

(1) 电子差速锁(e-LSD)执行器。

功能:电子差速锁通过控制左右车轮的扭矩分配,优化车辆的牵引力和稳定性。

应用:提高车辆在各种路况下的通过性和操控性。

(2) 扭矩矢量控制(torque vectoring)执行器。

功能:扭矩矢量控制系统通过调整各车轮的扭矩输出,改善车辆的转向性能和稳定性。

应用:增强车辆的弯道性能和动态响应。

(3) 能量回收系统(regenerative braking)执行器。

功能:能量回收系统在制动时将动能转化为电能储存于电池中,用于辅助驱动。

应用:提高车辆的能源效率,延长电动车的续航里程。

3. 垂向控制执行器

1) 主动悬架系统(active suspension)执行器

功能:主动悬架系统通过电动机或液压装置调整悬架的刚度和阻尼,实时响应路面条件和驾驶需求。

应用:提高车辆的乘坐舒适性和操控稳定性。

2) 自适应悬架系统(adaptive suspension)执行器

功能:自适应悬架系统通过调整悬架阻尼系数适应不同的路况和驾驶模式。

应用:提供更好的乘坐体验和车辆动态响应。

3) 气动悬架系统(air suspension)执行器

功能:气动悬架系统通过空气弹簧调节车辆高度和悬架刚度。

应用:提高乘坐舒适性,适应不同的载荷和路况需求。

4. 电控机械制动(brake-by-wire)执行器

电控机械制动系统通过电子控制实现制动操作,取消了传统的液压传动,提高制动系统的响应速度和控制精度。

车辆底盘中的执行器种类繁多,各自承担着不同的功能,共同协作以实现车辆的高效、安全和舒适的运动控制。这些执行器通过电子控制单元和传感器网络进行协调控制,确保车辆在各种驾驶条件下的最佳性能。随着技术的不断进步,底盘执行器的智能化和集成化程度也将不断提高,为未来的自动驾驶和智能交通提供坚实的基础。

7.4.2 VMC 和 VDCM 之间的关系

车辆运动控制(VMC)和车辆动力学建模(VDCM)之间有着紧密的关系。车辆动力学建模是 VMC 系统的基础,通过建立车辆的数学模型,模拟车辆在各种工况下的动态行为,从而实现对车辆运动的精确控制。以下是两者关系的详细分析:

车辆动力学建模是指通过数学和物理方法描述车辆的运动特性和动态行为。这些模型通常可以测试车辆的纵向、横向和垂向动力学特性,以及转向装置、悬架和轮胎的动力学特性。常见的车辆动力学模型有以下几种。

1. 纵向动力学模型

纵向动力学模型主要描述车辆在前进和制动过程中的行为,包括车辆的加速度、减速度、驱动力和制动力。基本方程如式(7-41)所示:

$$m\dot{v} = F_d - F_b - F_r \tag{7-41}$$

式中:m 为车辆质量;$\dot{v}$ 为车辆加速度;F_d 为驱动力;F_b 为制动力;F_r 为空气阻力和滚动阻力之和。

2. 横向动力学模型

横向动力学模型描述车辆在转向时的行为,包括侧向力、转向角和车辆的横摆运动。常用的模型有单轨模型(single track model)和双轨模型(double track model)。单轨模型的基本方程如式(7-42)和式(7-43)所示。

$$m(\dot{v}_y + r \cdot v_x) = F_{yf} + F_{yr} \tag{7-42}$$

$$I_z \cdot \dot{r} = a \cdot F_{yf} - bF_{yr} \tag{7-43}$$

式中:v_y 为侧向速度;r 为横摆角速度;F_{yf} 和 F_{yr} 分别为前后轴的侧向力;I_z 为车辆绕垂直轴的转动惯量;a 和 b 分别是前后轴到质心的距离。

3. 垂向动力学模型

垂向动力学模型主要描述车辆悬架系统的行为,包括悬架的刚度和阻尼特性,车身的垂向位移和加速度。基本方程如式(7-44)所示:

$$m_s \cdot \ddot{z}_s + c_s(\dot{z}_s - \dot{z}_u) + k_s(z_s - z_u) = 0 \tag{7-44}$$

式中：m_s 为车身质量；z_s 和 z_u 分别为车身和车轮的垂向位移；c_s 为悬架阻尼系数；k_s 为悬架刚度。

车辆动力学模型为 VMC 系统提供了理论基础和数学描述，使得控制算法能够基于准确的车辆运动特性进行设计。例如，自适应巡航控制（ACC）系统需要纵向动力学模型来预测和控制车辆的加速度和减速度；车辆稳定性控制（VSC）系统则需要横向动力学模型来保持车辆在转向过程中的稳定性。

7.4.3 VMC 动力学模型

实现车辆运动控制所需的车辆动力学模型的自由度（degrees of freedom，DOF）取决于具体的应用场景和控制目标。不同的自由度模型能够提供不同程度的细节和精确度。以下是不同自由度模型的适用性分析，以及在实现 VMC 时选择模型的考虑因素。

1. 低自由度模型（2-DOF 模型，见图 7-45）

描述内容：仅包含车辆的纵向和横向运动。

适用场景：基本的路径规划、简单的轨迹跟踪、初级的车辆动态分析。

优势：计算简单、实时性好，适用于简单的控制算法和低速场景。

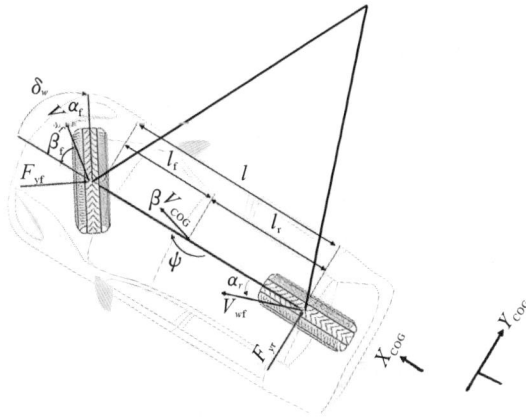

图 7-45　2 自由度模型

2. 低自由度模型（4-DOF 模型，见图 7-46）

描述内容：包括车辆的纵向、横向、垂向运动以及车轮旋转。

适用场景：悬架系统设计、乘坐舒适性分析、中等复杂度的车辆控制。

优势：能够描述悬架和车轮动态行为，适用于悬架控制和基本的稳定性控制。

3. 中自由度模型（7-DOF 模型，见图 7-47）

描述内容：在 4-DOF 的基础上，增加了俯仰、侧倾和横摆运动。

适用场景：综合车辆动态控制（如 ESC、ASC）、高级驾驶辅助系统（ADAS）、较高精度的车辆操控性分析。

优势：能够更全面地描述车辆的三维动态行为，适用于复杂的驾驶情景和高性能车辆控制。

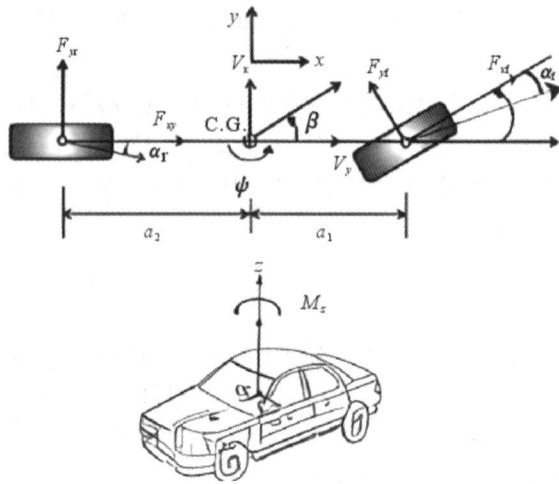

图 7-46　4 自由度模型

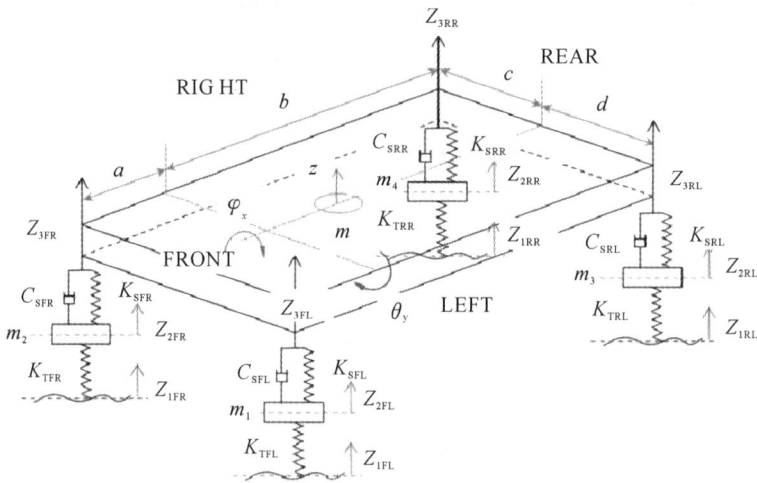

图 7-47　7 自由度模型

4. 高自由度模型（15-DOF 模型，见图 7-48）

描述内容：包括车辆的纵向、横向、垂向、每个车轮独立的旋转和垂向运动、俯仰、侧倾、横摆，以及车轮与地面接触点的动力学。

适用场景：赛车、高性能车辆、详细的动态性能仿真、复杂路况下的车辆控制和优化。

优势：最高的精确度，能够详细描述每个独立部件的动态行为，适用于需要高精度控制和优化的场景。

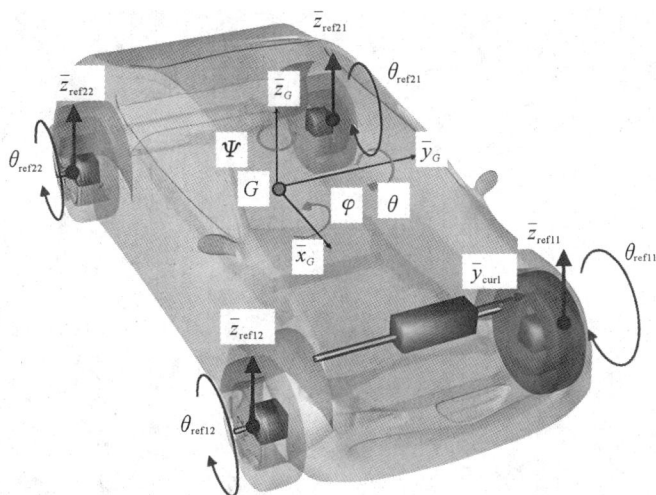

图 7-48　15 自由度模型

7.4.4　应用实例

1. 自动驾驶系统

自动驾驶系统需要全面的车辆动力学建模来实现精确的运动控制。通过综合纵向、横向和垂向动力学模型,系统可以实现对车辆加速、转向和悬架的综合控制,确保车辆在自动驾驶过程中的安全和舒适,如图 7-49 所示。

2. 车辆稳定性控制

车辆稳定性控制系统利用横向动力学模型来实时监测车辆的横摆角速度和侧滑角,通过对各轮的制动力进行独立控制,保持车辆在转向过程中的稳定性,防止车辆失控。如图 7-50 所示。

图 7-49　自动驾驶应用

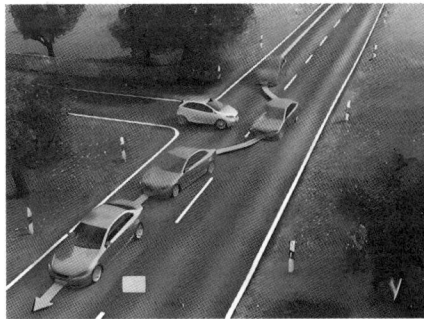

图 7-50　车辆稳定性控制应用

3. 主动悬架系统

主动悬架系统利用垂向动力学模型来实时调节悬架系统的刚度和阻尼,提供最佳的车辆垂向控制,提升乘坐舒适性和车辆的操控性能,如图 7-51 所示。

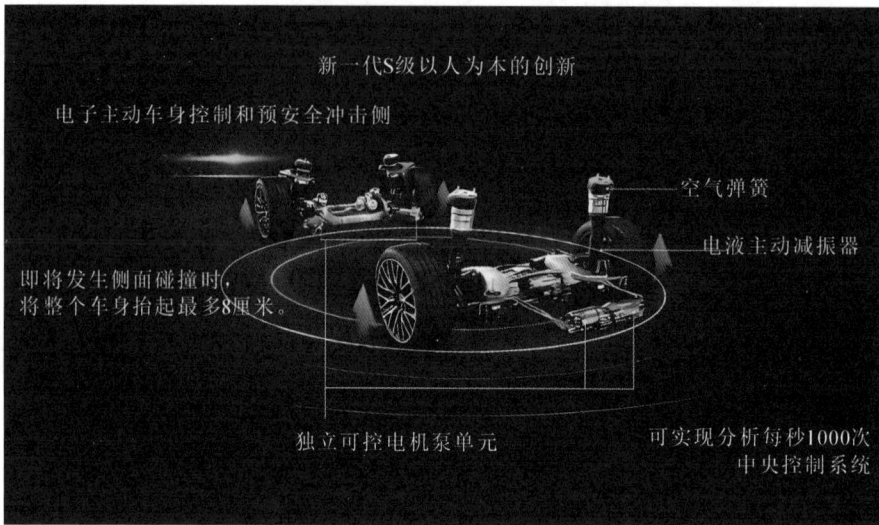

图 7-51　主动悬架系统应用

练习题

1. 什么是矢量控制技术？
2. 什么是转矩矢量控制？
3. 什么是制动矢量控制？
4. 什么是矢量协同控制技术？
5. 什么是自动驾驶中的底盘技术？
6. 简述驱动-制动-转向-悬架协同控制技术的应用。
7. 电子车身稳定系统的主要功能包括什么？
8. 矢量控制技术在未来的前景如何？

参考文献

[1] 杨燕玲,周海军.车联网技术与应用[M].北京:北京邮电大学出版社,2020.

[2] 崔胜民.智能网联汽车技术[M].北京:机械工业出版社,2020.

[3] 宋传增.智能网联汽车技术概论[M].北京:北京邮电大学出版社,2021.

[4] 崔胜民,俞天一,王赵辉.智能网联汽车先进驾驶辅助系统关键技术[M].北京:化学工业出版社,2019.

[5] 崔胜民.一本书读懂智能网联汽车[M].北京:化学工业出版社,2019.

[6] 中国报告大厅.智能汽车行业发展前景[EB/OL].(2020-03-31)[2024-08-05].http://www.chinabgao.com /k/zhinenqiche/54557.html.

[7] AI未来.聊聊无人驾驶汽车的发展历史(一)[EB/OL].(2019-12-18)[2024-08-05].https://www.cnblogs.com/yfinn/p/12064044.html.

[8] 新能源汽车.梳理中国无人驾驶过去30年的发展历程[EB/OL].(2016-07-25)[2024-08-09].http://www.cnelc.com/Article/56/160725/160725/AD100516149_1.html.

[9] 寒星.线控制动技术概述[EB/OL].(2019-09-19)[2024-08-10].http://www.chebrake.com/tech/2019/09/21/20431.html.

[10]《探臻科技评论》编辑团队.十大变革科技[EB/OL].(2022-11-20)[2024-08-05].https://new.qq.com/rain/a/20230223A07CXH00.

[11] 安信.2024年智能驾驶年度策略[EB/OL].(2024-01-01)[2024-08-10].https://www.sohu.com/a/748703274_121640652.

[12] 汽车未来科技.智能网联汽车底盘线控技术解析[EB/OL].(2022-06-08)[2024-08-15].https://www.dongchedi.com/article/7106682087163494915.

[13] 乔露露,文森淼.智能网联汽车的线控技术研究[J].内燃机与配件,2022(03):239-241.

[14] 汽车未来科技.智能网联汽车底盘线控技术解析[EB/OL].(2022-06-08)[2024-08-15].https://www.dongchedi.com/article/7106682087163494915.

[15] 王政军,李星,李源清,等.汽车线控技术的研究现状及展望[J].科技创新导报,2015(21):8-9.

[16] 李景涛,尹欣驰.汽车线控底盘产业研究报告[R/OL].(2021-08-04)[2024-08-26].https://new.qq.com/rain/a/20210804A08EVY00.

[17] 杨万庆.电子液压制动系统(EHB)发展现状[EB/OL].(2007-06-24)[2024-08-26].http://www.chebrake.com/tech/2007/06/24/9147.html.

[18] 汽车测试网.电子液压制动系统(EHB)[EB/OL].(2024-01-03)[2024-09-22].https://www.auto-testing.net/baike/show-1938.html.

[19] 王军.电机械制动(EMB)技术[M].北京:机械工业出版社,2020.

[20] 王士星.汽车智能控制技术[M].重庆:重庆大学出版社,2022.

[21] 吴暮春,柯松.汽车转向系统的发展[J].汽车维修,2009(04):44-46.

[22] 李志鹏,方玉良,杨凤英,等.电动助力转向系统扭矩传感器研究现状与发展趋势[J].传感器与微系统,2013,32(08):11-13.

[23] 严汶均.电动助力转向系统建模及控制算法研究[D].广州:华南理工大学,2019.

[24] 化永星,郭彬.电动助力转向系统(EPS)控制单元的实验研究[J].科技信息,2012(36):161-162.

[25] 于蕾艳.汽车线控技术[M].青岛:中国石油大学出版社,2013.

[26] 汽车操纵稳定性试验方法:GB/T 6323—2014[S].北京:中国标准出版社,2014.

[27] 汽车转向系统基本要求:GB 17675—2021[S].北京:中国标准出版社,2021.

[28] 郭应时,袁伟.汽车试验学[M].北京:人民交通出版社,2015.

[29] 李永,宋健.智能网联车辆线控技术[M].北京:化学工业出版社,2024.

[30] 李东兵,杨连福.智能网联汽车底盘线控系统装调与检修[M].北京:机械工业出版社,2021.

[31] 王希珂,詹海庭.智能网联汽车底盘线控执行系统安装与调试[M].北京:机械工业出版社,2022.

[32] 陈家瑞.汽车构造(下)[M].北京:机械工业出版社,2000.

[33] 刘刚,黄劭楠,嵇艳玲.悬架系统在汽车上的应用与展望[J].黑龙江科技信息,2011(23):10.

[34] 殷珺,罗建南,喻凡.汽车电磁式主动悬架技术综述[J].机械设计与研究,2020(01):161-168.

[35] 凌晨.全主动悬架的产业化应用综述[J].汽车工业研究,2023(03):22-25.

[36] 李培军.汽车底盘电控技术[M].2版.北京:人民邮电出版社,2011.

[37] 游专,杨秀芳,丁芳.汽车线控底盘与智能控制[M].北京:机械工业出版社,2024.

[38] 徐江.智能网联汽车底盘线控原理与应用[M].北京:北京邮电大学出版社,2024.

[39] 张俊智,吴艳,王丽芳,等.智能底盘关键技术及应用:线控执行、融合控制、失效运行[M].北京:机械工业出版社,2024.

[40] 黄山云.含磁流变阻尼器重卡驾驶室悬置系统的半主动控制研究[D].哈尔滨:哈尔滨工业大学,2015.

[41] 王楷焱.商用车驾驶室悬置系统隔振特性与优化研究[D].长春:吉林大学,2011.

[42] 杨建奎.半主动电子减振器内置式阻尼调节阀参数化设计研究[D].秦皇岛:燕山大学,2022.

[43] 徐广健.基于串联式主动悬架的全地形车姿态控制研究[D].长春:吉林大学,2021.

[44] 曹红兵.现代汽车电子控制技术[M].北京:机械工业出版社,2012.

[45] 张俊红,洪刘生,杨文钊,等.车辆悬架系统及其性能评价综述[J].机械设计与研究,2015(06):147-153.

[46] 李刚,于学兵.Bosch VDC系统的控制原理及展望[J].公路交通科技,2004,21(07):119-122.DOI:10.3969/j.issn.1002-0268.2004.07.031.

[47] ZHANG L,ZHANG Z Q,WANG Z P,et al. Chassis coordinated control for full x-by-wire vehicles-a review[J]. Chinese Journal of Mechanical Engineering,2021(02):11-35.

[48] 谢宪毅.分布式电动汽车操纵稳定性集成控制方法研究[D].长春:吉林大学,2024.

[49] 陈祯福.汽车底盘控制技术的现状和发展趋势[J].汽车工程,2006,28(02):105-113.

[50] 宗长富,刘凯.汽车线控驱动技术的发展[J].汽车技术,2006(03):1-5.

[51] 赵万忠,张寒,邹松春,等.线控转向系统控制技术综述[J].汽车安全与节能学报,2021(01):18-34.

[52] 郭孔辉,丁海涛.轮胎附着极限下差动制动对汽车横摆力矩的影响[J].汽车工程,2002,24(2):4. DOI:10.3321/j. issn:1000-680X. 2002.02.003.

[53] ZANTEN A V,ERHARDT R . VDC,The vehicle dynamics control system of Bosch[J]. SAE Transactions,1995,104:1419-1436. DOI:US7125086 B2.

[54] 李亮,王翔宇,程硕,等.汽车底盘线控与动力学域控制技术[J].汽车安全与节能学报,2020(02):143-160.

[55] 周洪亮,刘志远.基于模型预测控制的车辆横摆稳定控制器设计[C]//第二十七届中国控制会议,2008:4793-4797.

[56] 李波,李大为,黄泰硕,等.基于某新能源车的制动系统开发与验证[C]//中国汽车工程学会年会论文集(3),2021:223-227.

[57] 郭景华,李克强,罗禹贡.智能车辆运动控制研究综述[J].汽车安全与节能学报,2016(02):151-159.

[58] 宗长富,李刚,郑宏宇,等.线控汽车底盘控制技术研究进展及展望[J].中国公路学报,2013(02):160-176.

[59] 殷国栋,金贤建,张云.分布式驱动电动汽车底盘动力学控制研究综述[J].重庆理工大学学报(自然科学),2016(08):13-19,26.

[60] 余卓平,徐松云,熊璐,等.集成式电子液压制动系统鲁棒性液压力控制[J].机械工程学报,2015(16):22-28.

[61] 李亮,贾钢,宋健,等.汽车动力学稳定性控制研究进展[J].机械工程学报,2013(24):95-107.